# 创业

## 放飞你的梦想

[美]约翰·奇泽姆（John Chisholm）著
石岚 译

中信出版集团 | 北京

图书在版编目（CIP）数据

创业：放飞你的梦想 /（美）约翰・奇泽姆著；石岚译 . -- 北京：中信出版社，2019.1

书名原文：Unleash Your Inner Company:Use Passion and Perseverance to Build Your Ideal Business

ISBN 978-7-5086-9790-1

Ⅰ．①创… Ⅱ．①约… ②石… Ⅲ．创业－基本知识 Ⅳ．① F241.4

中国版本图书馆 CIP 数据核字（2018）第 266186 号



创业：放飞你的梦想

著　　者：［美］约翰・奇泽姆

译　　者：石　岚

出版发行：中信出版集团股份有限公司

（北京市朝阳区惠新东街甲 4 号富盛大厦 2 座　邮编　100029）

承 印 者：三河市西华印务有限公司

开　　本：880 mm × 1230 mm　1/32　　印　　张：12　　字　　数：350 千字

版　　次：2019 年 1 月第 1 版　　印　　次：2019 年 1 月第 1 次印刷

京权图字：01-2016-9676　　广告经营许可证：京朝工商广字第 8087 号

书　　号：ISBN 978-7-5086-9790-1

定　　价：68.00 元

向我在麻省理工学院、硅谷、卡内基公司和圣塔菲研究所的朋友和同事致敬，向新一代企业家致敬。

道路是螺旋式向上的。

——赫尔曼·黑塞《悉达多》

# 目 录

第 1 章

# 激情和毅力（步骤 1）：正反馈循环

事情并没有变容易，而是你变强大了。

——佚名

2001 年上半年，互联网行业不景气，我经常凌晨两点醒来，被汗水浸湿的床单粘在皮肤上。在出现资金短缺后，尽管我们紧急召开了一系列会议，但是从一月开始，计划已久的 B 轮融资始终没有到来。每天夜里，我都会浑身汗淋淋地被噩梦惊醒，只好起来冲掉汗水，再努力入睡。当我和管理团队最终得知 B 轮融资无法如期完成时，我们不得不赶紧采取行动。首先是减少我自己和财务总监薪水的 50%，几周后，再减少所有员工薪水的 10%。同时我们做出了裁员 40% 的痛苦决定。在随后的全体员工大会上，我跟留下的员工解释这是我们能够坚持下去的唯一办法。但在那时，我的沉着镇定终于崩溃瓦解，我当众啜泣。我的员工无不感到震惊、同情。

在连续几个季度的增长和盈利后，我们的经常性收益在 2001 年第一季度减少了 20%。[1] 停止向我们付款的第一批客户本身也是网络公司，例如 Webvan（美国一家网上杂货零售商）。在 IPO（首次公开募股）16 个月后，他们在 2001 年 7 月申请破产。甚至世界 500 强公司也不再接受我们的在线调查服务或直接终止向我们付款。为了帮我们渡过难关，我们的一个 A 轮投资人借给我个人 30 万美元，而不是给公司投资。这意味着，我作为公司的首席执行官兼创始人，需要自己偿还这笔借款。这笔钱可以让我们维持 90 天，之后我就要抵押自己在加利福尼亚州（California）门洛帕克（Menlo Park）的住房来偿还这笔钱。尽管如此，我还是对这位投资者心存感激。

在下一个季度，我们的营业收入再次下降。为了支付工资，我们将应收账款做了保理，同时将薪资再降 10%。我把自己的薪水降到法定最低限额。我们把公司搬到大楼二层，把最有吸引力的一楼租给另一家创业公司。那家公司 3 个月后就不付租金了。他们在一个周末的深夜搬空了办公室后就销声匿迹了。噩梦真的没完没了。

在经历了2001年上半年的风风雨雨后，我们终于在第三季度看到了盈利的苗头。然后，9月11日当天，恐怖分子袭击了美国，用飞机撞击了世界贸易中心（World Trade Center）大楼。110层高的双子塔在浓烟、灰尘中倾塌。美国东北部大部分地区通信网络中断，我们费尽全力来联系所有的员工，确认他们的安危。销售副总裁拉斯·哈斯韦尔（Russ Haswell）一个人在伦敦，无法返回美国，所幸有客户邀请他住在自己家。终于在第二天，我能够对外宣布："CustomerSat（作者创办的一家在线调研公司）所有员工都很安全。"虽然美国西海岸逃过了恐怖袭击的劫难，然而，甚至在硅谷，我所知道的每家公司都有客户或供应商在此次袭击中失去了员工或亲属。我们的客户阿卡迈技术公司（Akamai Technologies）失去了他们的杰出创始人丹尼·莱温（Danny Lewin），他当时乘坐遭劫持的美国航空公司（American Airlines）11号航班。我们的销售人员一直在拨打世界贸易中心大楼里的保险公司和其他公司的电话，可是电话就是没人接。在互联网行业不景气之后，"9·11"对很多创业公司实施了致命一击。

我们在第三季度没有破产，这成为一个转折点，让我们稍微喘了一口气。接着在第四季度，我们获得了很少的利润。这种困难状态一直持续到 2003 年上半年，在此期间，我们没有再招聘一个员工。但最终，我们熬了过来。在 2008 年 3 月份被收购之前，CustomerSat 几乎每个季度都保持盈利和增长。在这场互联网行业的萧条中，只有很少的互联网公司活了下来，其中几个发展成了大公司。为什么 CustomerSat 活下来了，而其他公司倒闭了呢?

《创业：放飞你的梦想》汇集了我在过去 30 年里积累的真实创业经验。我创立、发展、卖掉了两个互联网公司；与别人合办了第三家公司；投资了许多企业，其中一些已经成功上市；经营过战略营销和创业方面的咨询公司；辅导过全球数以百计的企业家。我现在的目标是帮助有抱负的个人通过创业获得自由、独立，取得成就。这本书是这个目标的一部分。

《创业：放飞你的梦想》为所有想创业的人提供了独特的指导和视角：

- 企业家不像电池和灯泡那样可以被随意替换；对你而言最好的机会只属于你。
- 你已经拥有的开始创业并获得成功所需的资源，比你想象的要多得多。
- 正反馈循环在创业和生活中无处不在，试着找出、培养并驾驭它们。
- 心理学是战略的一个必要部分。
- 不管多小的公司，都有可能发展成一个伟大的企业。

本书提供了已被验证过的创业路径：步骤 1，激发热情；步骤 2，确定客户需求；步骤 3，针对这些需求制定可行性方案；步骤 4-1，管理你的资源；步骤 4-2，根据资源提出附加需求；步骤 5，将需求与资源相匹配；步骤 6，获取或开发其他资源；步骤 7，发现你的优势；步骤 8，将需求与优势相匹配，选出最合适的配对；步骤 9，开始创业；步骤 10，把企业做大。

第 2 章的图 2.4 和图 2.5 详细解释了这十个步骤，它们可以指导你找到并踏上最适合你的创业之路，不管你是选择开发 App（手机应用程序）、从事建筑业、制造机器人、理发、从事管理咨询、制作美食、开发企业软件，还是选择从事其他行业。

在《创业：放飞你的梦想》中，你首先要了解激情和毅力的重要作用，学会如何培养它们。你将知道如何发掘出尚未被满足的客户需求，找出解决方案并发挥优势来满足这些需求，并且确定什么需求是最容易被满足的。你脑子里面是否有产品或服务并不重要，我们首先从客户需求开始，它优先于产品和服务。只要你按照本书所说的步骤去做，就很有可能提高创业的成功概率。

你只需要这一本书，就能正确开始创业。《创业：放飞你的梦想》教会你如何掌握未来，跟随你的激情，以你最喜爱的方式，用你的余生来为这个世界做出贡献。

为什么其他公司破产了，而 CustomerSat 能够生存下来并蓬勃发展？或者说得更广泛点，为什么有的公司能成功，而有的公司却失败了？我认为我们并不比其他公司的领导更聪明。我们确实迅速采取措施把对公司的伤害降到了最低。但是，如果非得让我说一个原因的话，我相信是因为我们所有人都更珍惜这份事业：关心每一个客户、每一款产品和每一项技术。我们的所有员工都互相关心。共同熬过互联网泡沫破灭的寒冬后，我们的员工多年来都没有人跳槽——说明他们有很高的忠诚度。另外，我们不像其他公司那样很快就放弃了。在我看来，正是这种激情和毅力的结合，帮助我们渡过了难关。

我们现在经常听别人提起激情，因为它听起来简单而有趣，但没怎么听别人提起毅力，因为它听起来就很难。所谓激情，就是你内心最在乎、有着最大期待、有着强烈感情或者让你生命有意义的东西。它可能是你的工作、团队、公司、家庭、运动、学校、爱好、社区、信仰、旅游、投资、游戏、小玩意儿等，可能是任何事物或活动。毅力是即使遇到许多困难挫折，也要坚持目标、理想。激情（态度）和毅力（行为）通常相伴而生。但你也可能只有其中一样：激情转瞬即逝；有毅力但缺乏激情。没有激情，坚持就变得很艰难；有了激情，长时间工作也觉得毫不费力。成功的创业者和其团队同时拥有激情和毅力。人们用各种词汇来描述激情和毅力的结合：繁荣、坚毅和心流（flow）。[2] 对我来说，当这两种品质结合在一起时，“心流”是最能说明时间飞逝和机构发展的词。图 1.1 表示了毅力、激情和心流的关系。

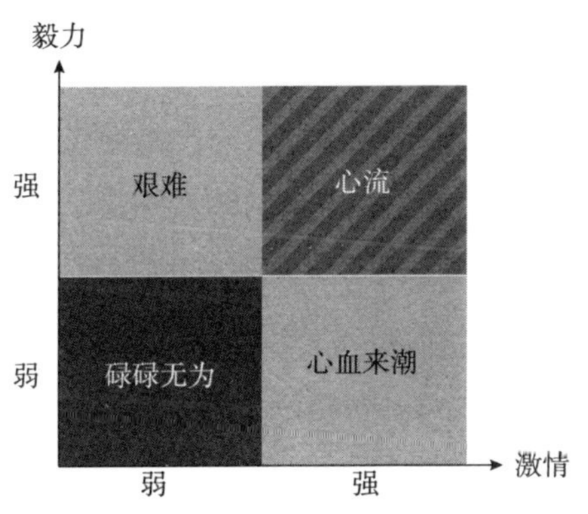


图 1.1　毅力、激情与心流

出于各种原因，你和你的创业团队都需要激情和毅力。有了激情和毅力，就能出现下列情况：

- 你更可能最先到达或发现你选择的领域的极限。这意味着，你可以抢在别人前面找到客户需求。因此，激情和毅力能使你的新事业取得进展。
- 你能够打破瓶颈或找到办法脱离桎梏。裁员、减薪、管理应收账款、搬去小办公室等都是艰难痛苦的举措。激情和毅力赋予你优势，让你能够采取一切办法使公司生存下来并继续发展。
- 你能够为它长期投入，不打算放弃。开公司做事业，要想达到既定目标，一般都比想象中要久；短期目标很快会变成长期目标。最终我花了 10 年时间来经营 CustomerSat。毅力使你不管多久都能坚持下去；激情使过程变得跟目标一样重要。
- 你会保持活力。毅力和激情是会传染的，你要感染周围的人，包括同事、客户、供应商和合作伙伴。
- 你的长处和优势都会被放大。

## 创造正反馈循环

激情和毅力相互促进。坚持练习钢琴、设计电路、攀岩，直到熟能生巧并因此爱上这项活动，这些都是毅力驱动激情的例子。同时，你的激情让你想要花时间在这项活动上，让你更加熟练，表现得更加出色，继而进一步增强你的激情……循环往复。

同样，深深沉迷于木刻、烹饪或帆船运动，甚至都感觉不到时间的流逝，这体现了激情驱动毅力。随着花费更多时间在一项活动中，你提高了技术，增长了知识，从而再次增强了激情。

这种相互促进就创造了一个正反馈循环，这也是你在创业过程中需要寻找或创造的其中一个方面。正反馈循环会创造奇迹。你看到的远超正常水平的任何结果——在运动、艺术、手工艺、科学、创新、商业、投资或其他领域中，都是正反馈循环在展现它的魔力。

可以把激情和毅力想象成一座高山的南北轴线和东西轴线。如果你只沿着其中一个方向前进，你的攀爬路线就会被限制，你就不太可能到达山顶。相反，如果你能够沿着两个轴线行进，不管在哪个方向，你都很可能会找到一条可以抵达顶峰的路线。激情和毅力的结合让你变得灵活，使你可以不断向前。它们相辅相成。

无论你的最初动机是什么，正反馈循环都能起作用：想要在同伴面前露一手，成为专家，担任领导职位或成为没有职位但是事实上的领导，达到具体的目标，赢得芳心，供养家庭，赚到第一桶金，证明某人是错误的，复仇，生存下来。这些动机中，有一些更有持续性，有一些则会产生负面影响，但任何一个动机都可以让你开始行动。我创立两家公司都是在我被炒鱿鱼之后。第一次被炒鱿鱼是在中学时期，我当时在为家乡的一家报社工作——证明前老板的错误当然也是激励我的一个因素。但是，如果你的初始动机没有很快转变成积极的一面，例如解决问题、满足客户需求或者以另一种方式让世界变得更加美好，那么它就无法激励别人，无法持续，这是我的经验之谈。

如果你对新事业没有激情，那么你获得成功的可能性就很小。即使有了激情，要成功创办企业也是一件困难的事情。但它是可以实现的，你可以做到。是的，就是你。而这本书，就是要告诉你如何做。

## 你可以变得激情四溢

你的激情里蕴藏着你开创新事业的最佳机会。例如，我从初中开始就是一个数学极客，我创办的两家公司都跟数据分析相关。以下列举了一些你可能的激情所在：

- 人：家庭、朋友、同事、队友、老师 / 教练、俱乐部成员、邻居、孩子、青少年、老年人。
- 活动：工作、学习、阅读、烹饪、运动、时尚、园艺、爱好、购物、旅游。
- 东西：家、食物 / 健康、电子产品、家用电器、移动设备、网络、运动器材、车辆、工具、钱、宠物。
- 媒体：书、新闻、照片、地图、游戏、社交网络、视频、动画和 VR（虚拟现实）。
- 艺术：音乐、电影、舞蹈、戏剧、绘画、雕刻、文学、设计、陶艺、艺术评论。
- 科学：研究、分析、发现、数学、物理、化学、生命科学、环境科学、天文学和宇宙学。
- 工程领域：土木、机械、电子、计算机科学、材料、交通、建筑、生物技术、太空、核。
- 商业：市场营销、销售、客户、计划、会计、营销、生产、采购、发行、战略、交流。

上面可能列出了你的一项或更多项激情所在，但千万不要以为只有这些。最近我读了《黑暗之星猎游》（*Dark Star Safari*）一书后，对非洲大陆产生了极大的兴趣。作者保罗・泰鲁（Paul Theroux）详细地描述了他从开罗（Cairo）到开普敦（Cape Town）的行程。泰鲁对非洲生活和风景的描述吸引着我去探访非洲大陆。这可能成为我新的激情所在。

如果你对这些都不感兴趣，没关系，总有能让你产生激情的东西。如果你尚未找到自己的激情所在，那么这一章结尾的模拟演练“如果还没有找到你的激情所在”就是为你而设。需要提醒的是：它们都需要毅力。在经过几个小时的探索和模拟演练后，你将在所选领域迈出很大一步；几周后，你就会了解很多相关知识；几个月后，你会成为专家。你学得越多，掌握得越充分，它就越能吸引你。假以时日，整个过程就会变得更像玩耍，而非工作。当它有了自己的生命，你就会被它深深吸引，它就成了你的激情所在——一个很可能激发你开创新事业的因素。

## 不流行也很好

如果你现在身处的领域或感兴趣的领域不是很流行，那就更好了：你面临的竞争非常少。在苹果手机的 10 万多个关于健康和健身的 App 中，只有很少的 App 会存活下来。相反，我想不到有什么事物会比《城市污水》（*Municipal Sewer & Water*）杂志更有吸引力。该杂志的文章都是关于自动水流控制、远程监测、实时预警、水压模拟、羟基雾化（臭气控制）和紫外线消毒的话题。创业者很好地将这些技术运用于污水治理，不仅改善了水质、卫生条件和公共安全，同时降低了人力成本和税收。[3] 所以，不要局限于当下流行的事物而失去了其他的机会。

“深度学习”是中学里的教学技巧：每天给每一位初一新生一个主题，例如苹果、蚂蚁、水、恐龙、桥、灰尘或铁路，让他们自己学习。如果一个学生选择的主题是苹果，他可能需要了解苹果的种类、种植、烹饪方法、遗传学，到苹果园实地考察，烤苹果派。很快，这些学生对专题的了解程度就会超过老师。经过初中阶段的学习后，每个学生在某个主题上就成了真正的专家。有趣的是，这些孩子也会对自己没有选择的主题产生强烈的兴趣。

我不建议你随便选择一个领域，或者让别人给你指定一个领域。但是你要知道，你对某个东西了解得越多，练习得越多，它就变得越来越有吸引力，你就会对它更有兴趣。正如《优秀到不能被忽视》（*So Good They Can't Ignore You*）的作者卡尔·纽波特（Cal Newport）所说："不要跟随你的激情，让激情跟着你。"[4]

尽心去行，无不亨通。

——历代志下（Second Chronicles），31：21

## 【解疑答惑】

**提问：**

我的激情所在都不够商业化，包括：长时间地洗热水澡，养猫咪，看漫画书。我该怎么做？

**回答：**

首先，确保你的激情所在能为你提供挑战、目标和反馈，可以作为长期谋生的手段，让你养活自己。纯粹的感官愉悦一般都不具备这些特征。

但是，如果你相信它们可以作为谋生手段的话，就要知道，所有的激情所在，即使是追求感官愉悦的激情所在，都潜藏着无限的机会。我们随后来看如何找出这些机会。例如，针对你的三项激情所在，下面给出了一些可能的机会：

- 一种防水的、可漂浮的容器，用来放置手机和平板电脑。有了它，人们在长时间地享受热水浴的时候可以阅读、给朋友发短信或者听音乐。
- 与成年的猫相比，幼猫有不同的饮食需求和偏好，而且又几乎是可爱的代名词，让人爱不释手。幼猫需要什么样的新型宠物食品、玩具或其他产品？正确的饮食或基因治疗能否让小猫更久地保持娇小可爱？
- 极受欢迎的、取得巨大商业成功的动漫展展示了漫画书、科幻小说和电子游戏。它每年吸引 13 万多名观众来参加。

在创业的早期阶段，如果有的话，先想想你的几项激情所在。有的激情所在会给你更好的机会，而且你难以预测是哪一个。我们也会看到，如果你不仅要超过别人而与众不同，那么你的创业之路会更加容易。所以，开始思考如何才能让洗澡、幼猫、漫画书和其他事物变得与众不同吧。

**提问：**

我的激情所在是帮助穷人、残疾人和暴力受害者。这些似乎更倾向于非营利性事业。对此你有什么建议？

**回答：**

这本书中的原理和技巧都能对你有所帮助。下列给出了两个要点。

第一，任何一项事业想要持续发展下去，不管其是不是营利性的，都需要自给自足。就算是非营利性机构，也能从运作和投资中获得收入，只要这个收入继续被用于推动非营利性事业的发展。机构实现了自给自足，你就不需要完全依靠外界捐款，因为捐款人的兴趣和重点可能会改变。另外，你也能花更多时间和资源来帮助你关心的人，花更少时间在筹款上。

第二，不管你的创业项目是不是营利性事业，授人以鱼不如授人以渔。

这也是长期来看最可持续的做法。给低收入国家的穷人的救济物常常落入了军事独裁者的手中。独裁者将救济物留给自己或亲信，或者利用这些救济物来进一步操控和镇压穷人。将救济物源源不断地送到低收入城市和乡村，可能会让当地农民和企业家破产，正如纪录片《贫穷股份有限公司》（*poverty inc.*）所展示的那样。被动的援助大大降低了人们学习自给自足技能的主动性。相反，扪心自问一下，你怎样才能帮助他们生产出食物或挣足够的钱来养活自己。让人们学会自给自足有助于你的事业持续发展，因为你能提供给他们的支持不是无限期的；减少你的负担，你就可以帮助更多的人。

孟加拉国（Bangladesh）的格莱珉银行（Grameen Bank, grameen 不是一个姓，而是从孟加拉语中 gram 这个词变过来的，意思是“乡村”[5]）给极度贫穷的人发放小额贷款。银行通过金融服务，帮助人们：改善生活、摆脱贫困，获得挣钱的新方法，了解健康、庄稼种植和金融方面的信息。除了援助比自己规模还要大很多倍的项目外，这家银行在世界各地做了很多可持续的慈善事业。它作为一个营利性机构，为其他营利性和非营利性机构树立了榜样。

**提问：**

我是否应该根据处于领导地位的市场分析和咨询公司——如麦肯锡（McKinsey）、高德纳咨询（Gartner Group）、波士顿咨询集团（Boston Consulting Group）、福雷斯特（Forrester）、博思艾伦（Booz Allen）、扬基集团（Yankee Group）——给出的报告，来选择创业的领域或市场？

**回答：**

不。这些公司体现的是它们的客户和分析师的兴趣，而不是你的兴趣。就算有一个领域刚好是你的兴趣所在，那些分析师一般也是使用当下和以前的销售数据或生产数据来预测市场的规模和增长速度。这种历史外推法能够帮助已经成立的公司证明它们在这些市场上的投资是正确的。但是，你所寻找的机会对你是独特的；这种机会可能来自市场上即将到来的创新，可能没有经验可循。总之，你和分析师的目标不同。你很可能在他们之前找到适合你自己的新机会。

**提问：**

如果只对挣钱有激情，那又如何？

**回答：**

要小心这一点。苹果公司的史蒂夫·乔布斯（Steve Jobs）、惠普公司的比尔·休利特（Bill Hewlett）和戴维·帕长德（Dave Packard）志在创造伟大的产品和伟大的公司。以挣钱为目标的管理团队接替了他们之后，这些公司就迷失了方向。

收购了我所投资的一家公司的高层更关心公司是否可以创造可供出售以获得经济收益的资产，而非建立一个伟大的公司或满足客户的需求。尽管高管努力掩饰这一点，但员工很快知道了这个态度。他们纯粹专注于眼前收益的做法使员工不再长期奉献于客户、全心全意为客户服务。结果就是，员工的忠诚度降低，客户关系被损害，离职率升高。这家公司后来不仅没有创造价值，反而遭到了损害。总公司最终亏本出售了这家公司。

就我的经验而言，仅仅追求金钱无法激励人们去设计、创造或销售可以促进公司发展的伟大产品和服务。要做到这一点，你需要用激情去解决问题，满足客户需求，让世界变得更加美好。

## 【模拟演练】

**如果你已经对某些事物产生了激情：**

1. 如果某些活动或主题让你的激情驱动了毅力或者毅力驱动了激情，那么把这些活动或主题都列出来。如果不止一个，请找出它们之间的共同点。如果共同点不止一个，那么想想哪一个最有力或者出现在更多的主题中。

2. 然后，我们来看一看，这些活动或主题的组合或交集如何产生创业的好机会。请认真思考自己列举的活动或主题的组合，是否有你从来没有考虑过的组合？你是否对这些组合产生了激情？

- 时尚和多人在线游戏：对于与时尚有关的多人在线游戏，你是否有激情，或者有没有可能产生激情？
- 旅行和航空航天：你是否对到世界各地的火箭发射基地旅行感兴趣，或者想要去宇宙空间旅行？
- 高分子聚合物和烹饪：高分子聚合物能否改善烹饪流程，带来更多健康或提升食物的口感？
- 高尔夫球和潜水：水下高尔夫球怎么样？[6]

**如果你还没有找到激情所在（或者对某个主题或活动更感兴趣）：**

1. 你的首要任务是对某个事物产生激情。列举至少 12 个让你感兴趣或愿意花时间的物品或活动。分别标记出以下类别：对你最重要的，你已经掌握的，对你有特殊意义的。从中挑选出综合评价最高的一个，这三个标准的权重你可以自己决定。如果两个或两个以上的物品或活动都获得了最高评价，那么就从中再选择一个——很可能这个就是最不常见或不流行的。

2. 在接下来的 10 周内，每周花至少 10 个小时或者一天花 90 分钟学习和培养（推荐）这个领域的技能。要制订自己的学习计划，确保自己能够坚持下去，这一点只能靠你自己。确定一个目标，在你原有知识的基础上再学习 5 倍多的新知识。可以从维基百科开始，维基百科为你提供了其他参考内容，从而又链接到新的内容。跟所有同样有兴趣的人交流。可以学习 edX（全球网络公开课平台）、MITx（麻省理工学院在线课程）、可汗学院（Khan Academy）、Coursera（在线教育平台）或 Udacity（优达学成）提供的免费课程。访问一些网站，找到你身边对相同主题感兴趣的人，或参加线下聚会，尝试制作各种手工艺品，认识这些活动的发起者。

3. 除了培养你的技能，在这个领域建立人脉外，还要研究这个领域本身：它的历史、发展、先驱、领导者、思想流派以及未来趋势——不管哪一个最吸引你。你可以选择下面的领域之一：

- 运动：了解各运动队、规则、运动员、所有者、比赛安排以及转播权。如果可以，亲自体验这项运动。
- 美食或烹饪：研究它的起源、营养学、生物学、生态学、在哪里销售、哪个餐馆可以提供。自己尝试烹饪、品尝食物或菜肴。
- 技术：研究发明这项技术的个人和公司、发展历程中的重要里程碑以及它的运用。了解它的运作原理以及如何使用。
- 地方：到这个地方去，了解它的地理、人文、政治、历史和经济。

在所选领域里，你可以沿着任意一个方向去探索，但不要彻底改变领域。10 周之后，你已经在这个领域花了 100 个小时。不管后面如何，没有学够 100 个小时或 4 周，不要停下来。

在此期间，让这个领域渗透到你的日常生活中。抓住每个机会跟朋友和同事讨论你学到的新知识。如果可以，关注这个领域的新闻，包括地方的、国家的和国际的新闻。找到同样感兴趣的人，向他们学习并分享你学到的知识。尽情享受新知识满足你求知欲的快乐时刻。尽管刚开始会有点勉强，但如果你可以分享这个领域里有趣的事情，就充满热情地去做吧。假以时日，你就真的有热情了。

如果你已经积极、努力地探究过这一领域，你很可能认识到这个领域深深地吸引着你（激情在增加），而你也愿意花更多时间来研究它（坚持变得更容易），两者又相互促进。这种促进作用可能不明显，特别是刚开始的时候。尽管如此，你总是会感受到激情和毅力之间的正反馈作用。

4. 在完成 100 个小时的学习后，如果你没有感到激情增加或坚持变容易，你可以选择继续或者改变领域。我非常希望你至少再坚持学习 100 个小时，原因有两个：第一，你可能不习惯保持努力和充满热情的状态。如果是这样，在第二轮的时候，要让自己更努力、更有激情。第二，你可能选了一个比较难、需要更多时间来研究的领域。如果是这样，这对你是有好处的——你将拥有更多的潜在市场，而且更容易与众不同。请一定耐心坚持下去。

5. 再次学习 100 个小时之后，如果你所选择的领域还是没有吸引你，那么重新查看你在模拟演练中列出的主题和活动清单。因为在探索第一次选择的领域时花了时间，你可能想要在列表中添加新的领域。同样，要选择你认为综合评价最高的领域。如果没有哪个领域排名最高，那就选择不常见、不流行的领域。

6. 找到激情所在后，你就可以开始做模拟演练的第一部分练习了，即“如果你已经对某些事物产生了激情”。

尽管看上去工作量很大，但你能做到。如果很容易，那么每个人都去开公司了，也不会把时间浪费在做无聊的工作或给别人打工上。按照这些步骤去做，你不会落入那样的俗套。要重复这个过程，不断尝试。

如果你仍然找不到吸引你的东西，不要过没有激情的生活，尝试彻底改变生活状态吧。例如，辞职或做兼职，将你的部分资产捐赠出去或卖掉，花一个月或更多时间去旅行，或者花一年时间去帮助那些需要帮助的人。你可能会发现新的激情所在或者发现有一种激情其实一直都在。

## 【核心要点】

- 激情和毅力密切相关：激情（态度）和毅力（行为）可以形成正反馈循环。
- 没有毅力的激情是心血来潮，没有激情的毅力是干苦力。
- 激情给了你解决问题的好奇心和愿望；毅力让你能够克服困难或找到突破问题的办法。
- 如果你对新事业没有激情，那么获得成功的可能性就很小。
- 所有人都能对某个事物产生激情。
- 想要激励别人，你要有解决问题、满足客户需求或让世界变得更美好的激情。如果只想着挣钱，就无法感染别人，这绝非长久之计。

第 2 章

# 需求与优势是你唯一的需要：创业之路

伟大的成就并非源自一时冲动，而是由一系列小事汇聚而成。

——文森特·凡·高（Vincent Van Gogh）

接下来，用你的激情与毅力来创业吧。如果你的头脑中没有特定的业务，本书将为你演示如何发现、创造及发展最佳机遇。如果你的心中已经有了某种业务，本书则向你演示如何测试、验证并优化这一机遇。这些步骤可能耗费数天乃至数个季度，主要取决于你与你的创业项目。[1]

以下展示的是你的路线图。若要创建一个新的企业，你只需要两样东西：需求，你所热衷的某个领域的真实存在且未被满足的客户需求；优势，能够满足该需求的优势。

## 真实存在且未被满足的客户需求

“真实存在且未被满足的客户需求”由四部分组成。

第一，需求——愿望、要求，或大多数情况下的理想状态与现实状态之间的差距。明确说来，我们在此处使用的需求这个词并不是指人类生存所需要的东西（食品、衣服或住所，特别是在发达国家）。这种需求可能像橡皮鸭一样轻飘飘，上面却印着你最喜爱的体育人物的面孔。

第二，客户——具有这种需求的个人、企业、非营利组织、政府或其他人群。与抽象的市场需求相比，我喜欢更加具体的客户需求。具体的客户需求使人很难忘记这种需求属于某个活生生的、会呼吸的人（或者对于企业客户来说，是一群人）。客户可能并未意识到这种需求—— 一种更好的可能性，而你则可能要灌输给他们这种意识。客户应该认识到这种更好的可能性。

第三，未被满足，指的是需求尚未被满足，至少现有产品及服务尚未完全满足该需求。

第四，真实存在，指的是需求是相当数量的客户共同的需求，或是一个或多个客户的足够强烈的需求，以至于其值得被满足。

## 你的资源与优势

在第 6 章，你将盘点有助于你满足客户需求的全部资源（技能、长处、资产等）。你可能会发现自己拥有比想象中更多的资源。有助于你满足特定需求的所有资源当中，你的优势，即不同于或优于可满足同样需求的当前或潜在竞争对手的那些资源。某项资源对于某种需求来说是不是一种优势可能并不十分明显，并且可能需要探索和试验。

客户的需求（你的企业将要满足的需求），你的资源及优势，这两方面就如拼图的碎片，你需要让它们相互匹配（如图 2.1 所示）。以下是几个例子。你流利的巴斯克语（Basque）对于满足毕尔巴鄂（Bilbao）地区的人们的需求来说可能是适用的资源，但并不适用于博茨瓦纳（Botswana）地区的人们。你的潜水教练证书对于提供水下定位服务来说是个优势，但对于移动支付解决方案来说则不是。即使个体户也可以拥有显著的优势，例如，你只想让玛丽亚（Maria）帮你打扫房间。我们会逐步帮助你找到需求与优势的最佳搭配，这是你最有可能取得成功的状态。

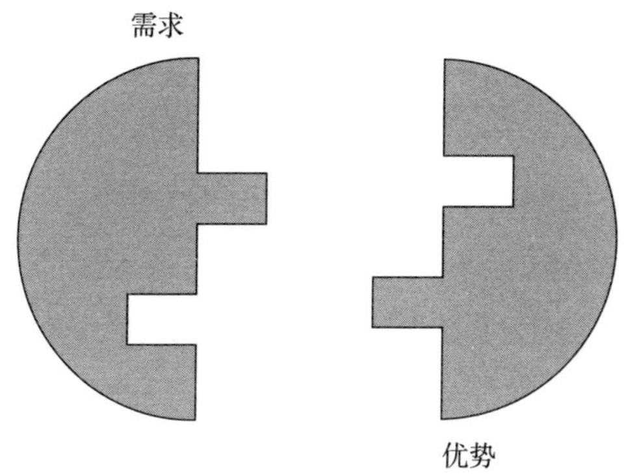


图 2.1　两个拼图碎片：需求与优势

## 10 步流程

下面说一下创业的流程要点。我们已经在第 1 章了解到激情与毅力的重要性。在第 3 章和第 4 章，我们会就你所热衷的领域生成数十种潜在需求。对于那些我们确定为真实存在且尚未被满足的需求（见图 2.2），我们会生成可能的解决方案（产品和服务）。

在第 6 章，我们会通过使用由技能（Skills）、技术（Technologies）、资产（Assets，包括知识、实物和金融）、成就（Accomplishments）、声望与人脉（Reputation &Relationships）以及潜能［（Inner）Strengths］的首字母组成的词语 STARS，来盘点所有的资源。此后，我们会探讨很有可能是你最重要的资源——你的内心和创业心理（第 7 章）。

你的资源包括你用来构思、设计并构建解决方案的基础。随着你对每个可能的解决方案的完善，它会成为你的资源之一。即使你的解决方案无效，你仍然有可以使用的资源。

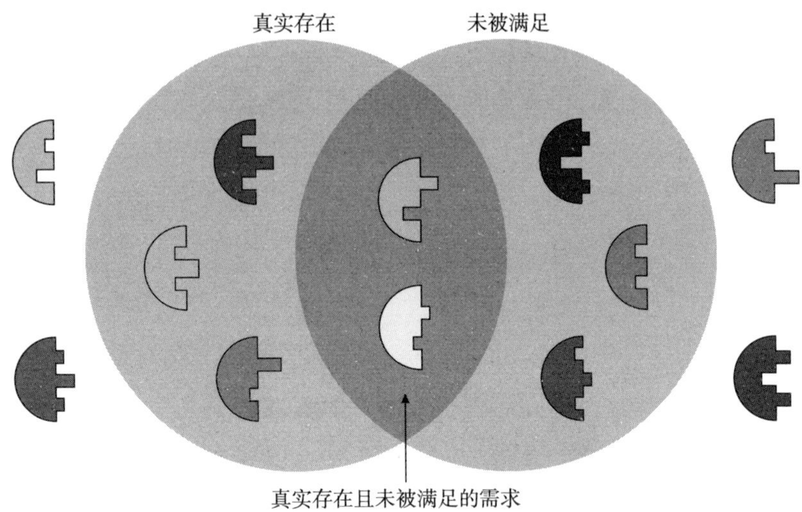


图 2.2　你所热衷的领域中潜在的、真实存在且未被满足的客户需求

一般来说，现有的企业将会拥有比你更多更好的资源。因此，与众不同通常比努力做得更好更重要（第 9 章）。接下来，我们看看如何才能组合你所拥有的资源来创造新的资源（第 11 章），以及选择正确的合伙人可以如何大幅度地扩展你试图满足的客户需求及你能提供的解决方案的范围（第 12 章）。之后，我们会找出并研究你的竞争对手，以确定你的哪些资源——如果有的话——对于你所确定的每个真实存在且未被满足的需求来说是优势（第 16 章到第 17 章）。

最后，我们会评估每个需求与你的相关优势（见图 2.3）及解决方案与你的最佳机遇的匹配程度（第 20 章）。在此之后，就是设计产品、客户测试、定价、发布产品，以及是否及何时被客户接受、扩大业务规模等事项（第 21 章到第 24 章）。

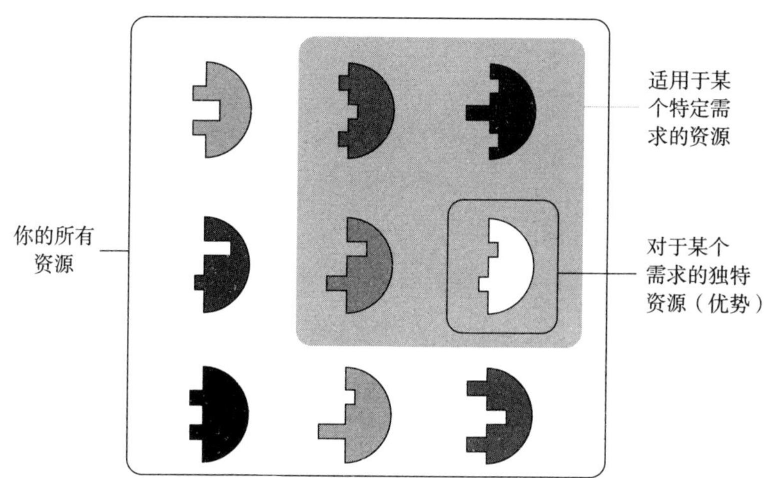


图 2.3　你对于某个需求的优势是你所有资源的子集

这个过程不是线性的，而是迭代的，即你不断尝试了解什么东西有效，什么东西无效，然后不断退回去，基于你所学到的东西来完善并重复这些步骤。这种试错看似随意或杂乱无章，实际上却是你的创业经历中最可靠的学习方式，是成功的必要条件。

本书的目录在涉及每个步骤的章节旁边列出了这些步骤。你要遵循的顺序应依据具体情况而有所不同。本书所述的 10 个步骤如下（参见图 2.4）。

1. 确定或开发你的激情所在。

2. 生成或细化这些领域中的客户需求，确认这些需求是真实存在且未被满足的。

3. 生成针对这些需求的可能的解决方案。

4-1. 盘点你的资源（STARS）。

4-2. 根据你拥有的资源开发更多的需求。

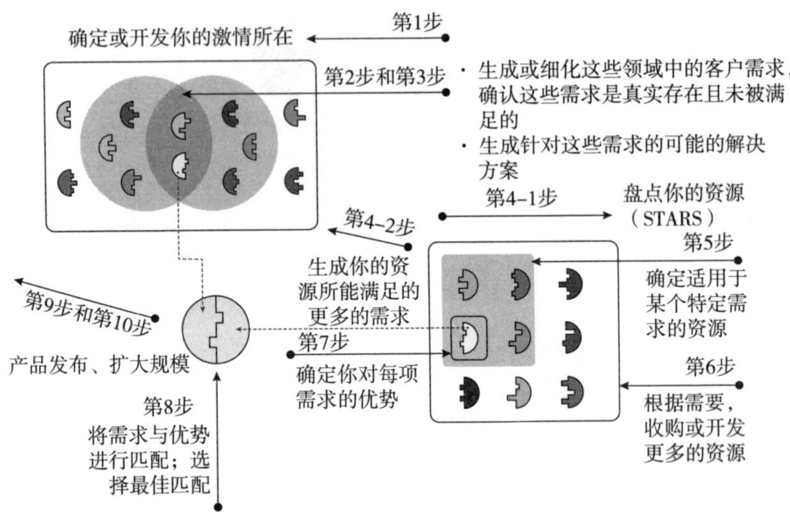


图 2.4 释放你的内在力量：10 步流程

5. 将需求与资源进行匹配，并评估匹配度。

6. 根据需要，收购或开发更多的资源以增强匹配度。

7. 识别竞争对手并确定你对每项需求的优势。

8. 将需求与优势进行匹配以确定整体最佳匹配。从这些匹配项中，选择你的最佳机遇。

9. 构建并启动你的 MVS（Minimum Viable Solution，最简可行性解决方案），对其进行客户测试。

10. 扩大规模。

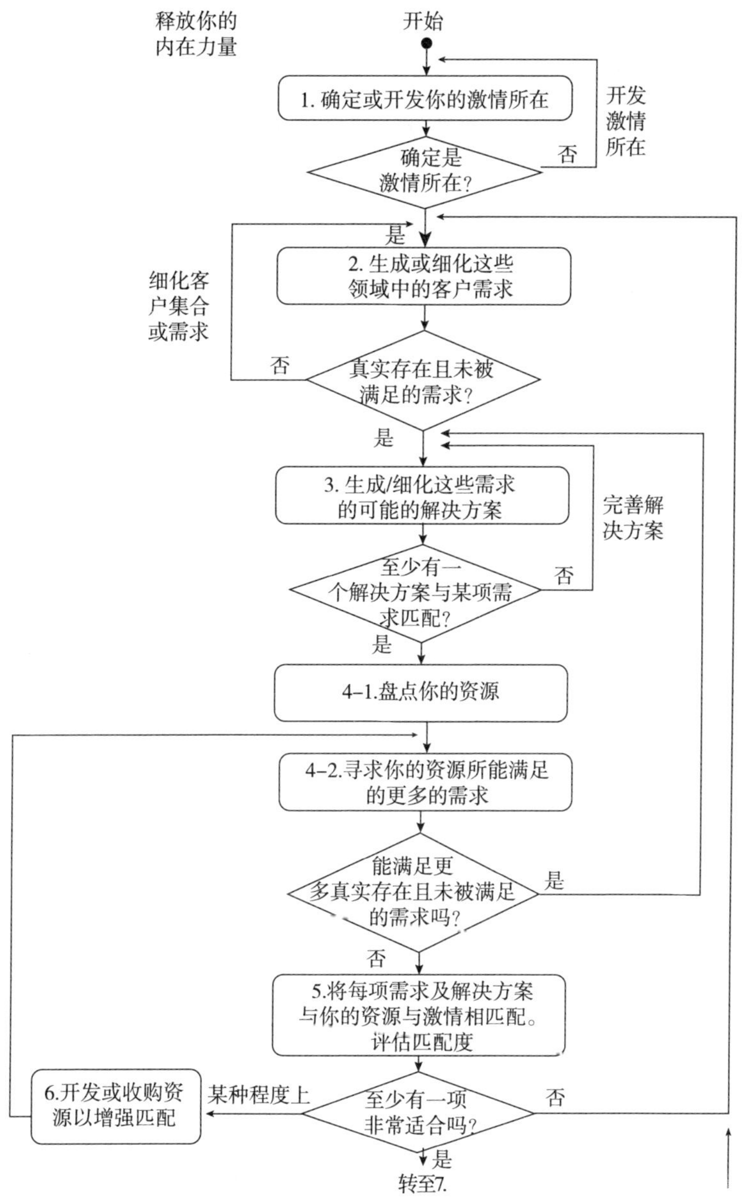


图 2.5　10 步释放你的内在力量（流程图）

7. 确定竞争对手并评估你的相对优势（对于每个需求及解决方案均不相同）
某种程度上
你至少有一项优势来为某项需求提供解决方案吗？
否
6. 开发或收购资源以增强匹配
是
8. 选择最佳机遇
9. 开发/完善并启动你的MVS
某种程度上
实现牵引？
否
6. 开发或收购资源以增强匹配度
是
10. 开始/继续纵向扩展/构建
仍热衷于所做的事情吗？
否
· 减压。如果恢复了热情，请转到第10步
· 如果未恢复，转移。如果恢复了热情，请转到第10步
· 如果还是不行，分化和/或撤资，请转至第1步
是
缓慢改变
市场、竞争与科技
快速改变
6. 开发或收购资源以增强匹配

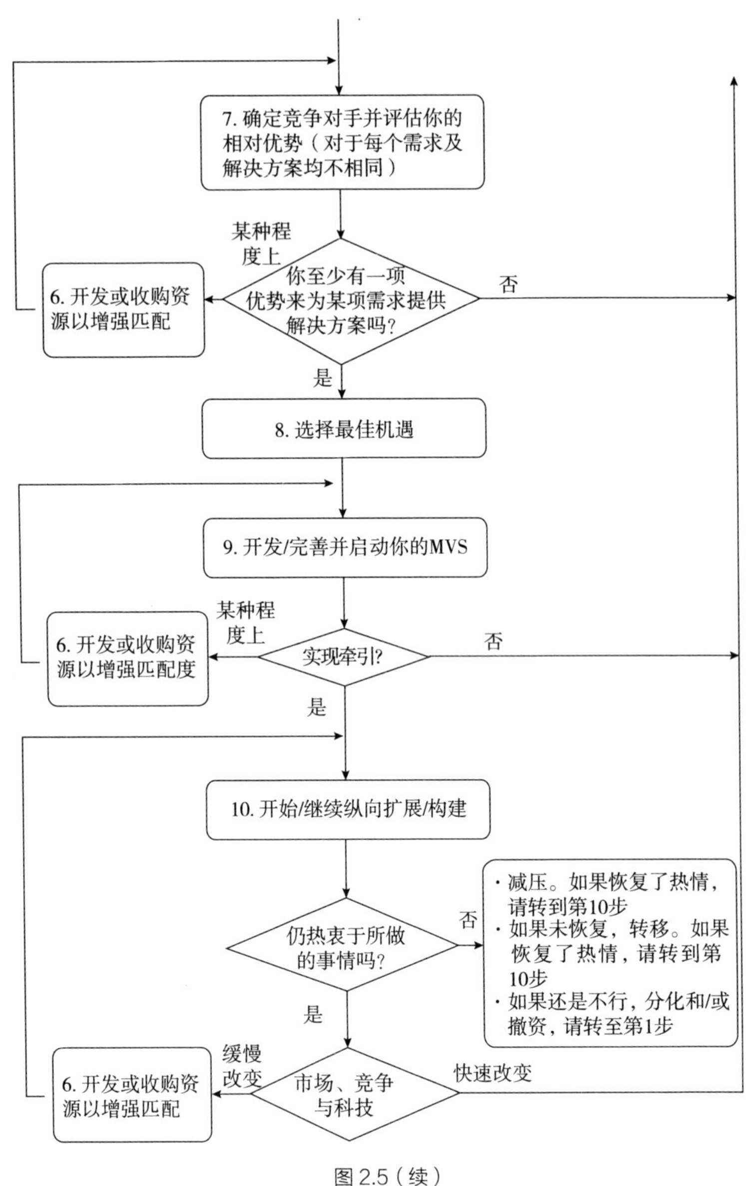

图 2.5（续）

当你开发并交付解决方案来满足客户需求，并最终赢得客户时，你的解决方案就成为了你的资源之一。当你优化解决方案以更好地满足客户需求，赢得了更多的客户，或解决方案超越了你的竞争对手所提供的，或两者兼而有之时，解决方案就会成为你的优势之一。你在满足客户需求的同时，也为企业创造了资源及优势——知识、专长、解决方案、知名度及财务收益。随着时间的推移，你的创业过程就会变得更加自立。随之，你也会有更多的选择来指导企业为你（你的合伙人或投资者）提供最大化的价值。价值可能来自企业的收入或财务价值、社会影响力、你的自由及财务独立，或兼而有之。价值最大化即是将企业向着你的目标优化。如果你遵循本书所说的步骤，不断应用资源并发展优势来满足你所热衷的某个领域的客户需求，你所创造的价值将最终超越初始资源的价值（见图 2.6）。

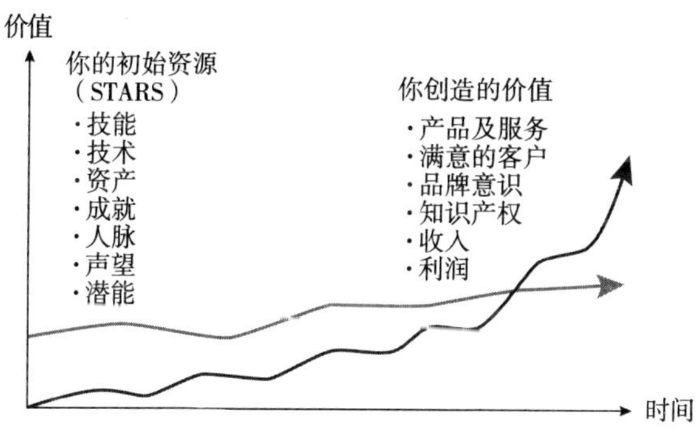


图 2.6　创造价值

## 【解疑答惑】

**提问：**

为什么先从需求入手？为什么不先从资源入手？

**回答：**

原因有二。

第一，这样做可以确保你的企业能真正满足某项需求。你很容易对一个新理念、技术或产品而兴奋，却忽略了或不确定真实需求是否存在。我最近调查的经验丰富的技术高管，他们绝大多数人赞成先从需求入手，而不是先从技术（你资源的一部分）入手来创建一个新的企业。

第二，你可以利用的资源近乎无限多：你对瑜伽或职业棒球联盟的了解，如何制作可丽饼，你家附近所有麦当劳餐厅的位置，Lady Gaga（美国著名女歌手）主打歌的歌词，你会说巴斯克语以及你与住在托莱多（Toledo）的表亲的友谊。在此，我们不可能将这些全部列出来，而其中绝大多数也与你可能要满足的需求无关。先确定需求，你就可以确定这些资源中哪些是与创业项目相关的。

然而，你的资源还可能会满足某些需求（第 4-1 步）。因此，我们会收录你认为可能满足一些需求的任何资源，即使这些资源并不适用于你在第 2 步中列出的需求。如果你确信你的资源所能满足的某项可能的需求是真实存在的，则你将在第 4 章了解到如何确认这种需求，然后就可以先从资源入手，如果你愿意的话。

**提问：**

当你不断“打磨”需求及优势，以使其更好地适应彼此时，需求会逐渐靠近优势，还是反之？

**回答：**

通常情况下，你对之信心不足或不太明确的就是那些会向另一方靠近的需求或优势。如果你对某项需求非常有信心，那么你往往会找到一种方式去满足它，即使这意味着要去获取或开发你目前并不具备的优势。如果你对某些优势非常有信心，那么你往往会找到可以应用这些优势的需求。所以，必须警惕那些要么定义不清，要么是你可能过于自信的需求与优势。清晰地定义需求与优势并测试其有效性以得到最佳效果。让我们来一探究竟吧！

第 3 章

# 挖掘千万客户需求（步骤 2 和步骤 3）

若要创新，就要坚信你生活的世界充满各种可能，而非一成不变。

——阿兰·库柏（Alan Cooper，交互设计之父）

## 挖掘客户需求

我创立的第一家公司名叫 Decisive Technology，它具有一项十分先进的技术，即条件投票算法[1]。我们的团队花费了大量时间和金钱来设计和构建软件的原型。随着时间推移，我觉得它并不是很重要，市场需求也不大。为了让软件更加畅销，我们在其中加入了其他特性，以便用户能用计算机进行客户跟踪调查。又过了几个月，我们完全搁置了条件投票算法的项目，开始启动决策调研项目。它也是第一个能通过邮件来进行自动调研的软件，在当时引起了轰动[2]。那么，我们对条件投票算法的热爱，究竟是促使我们全面考虑客户的实际需求，还是阻碍我们了解客户需求并找到解决方案？或许两者都有。不论是哪种情况，要创造商业价值，你必须尽快确定你热爱的领域中客户的实际需求，然后找到能满足他们需求的解决方案。

客户需求得不到满足的情况在我们身边比比皆是。例如，你曾在网上排队等待，对某个产品或服务心存不满或者买不到你想要的东西，这些都是还没被满足的需求。不论是针对何种产品和服务，你都可以使用以下形容词来描绘潜在的客户需求：更精准、更具可控性、更美观、更易降解、更便宜、更干净、更清晰、更兼容、更具持久性、更便捷、更经济、更快速、更灵活、更健康、更智能、更直观、更大、更轻、更强大、更具响应力、更安全、更小、更稳定、更美味。

寻找真实存在且未被满足的客户需求及设计解决方案是一个生成和选择的过程。

生成过程需要整合你的调研、创意和想象力来探寻如何为特定用户群创造更完美的体验。你的调研对象包括客户、现有解决方案以及行业竞争者。调研方式包括电话询问、面对面交谈、在线调查、测试和实验。调研能帮你更好地了解现有解决方案的可行性和缺陷。虽然调研或许能引导你单独完成部分的重要工作，但是其余大部分的调研需要和他人协作完成，这些人包括潜在客户、其他企业家、竞争对手或者你所在行业的专家等。连续创业家史蒂夫·布兰克（Steve Blank）曾说过："尽管去做，其实不难。"[3]就像本章开头引用的交互设计之父阿兰·库柏的话，大胆地去想象什么是可能的状态，方能看到更优越的解决方案，发现未被满足的客户需求。

选择过程需要采用相关的调研来确定客户需求的真实性和解决方案的可行性，或者排除虚假的客户需求和无效的解决方案。只有当大量客户具有相同需求或者少量重要客户的某项需求极其强烈时，才能证明这类客户需求是真实存在的。此外，也只有当大量客户（或者少量的重要客户）使用或倾向于使用某种解决方案时，才说明这种方案是真实可行的。

在生成和选择过程中也可以使用相同的研究方法。本章为你呈现的是生成和选择过程的部分案例，第 4 章呈现的是详细的调研过程和头脑风暴法。

在此列举的是其中一种方式，我们采用这种方式可以生成大量的客户需求和解决方案。此处，我们先讨论某种当前常用的产品或服务，如跑鞋。

## 以跑鞋为例

首先，我们暂不谈论跑鞋本身。考虑一下：跑鞋这一解决方案是为了满足客户的什么需求？谁才是目标客户？这两个问题容易回答：需求就是需要一些“舒适的跑步用产品”，而客户就是跑步或散步的人。

相应的解决方案有什么缺陷？你可以考虑你现在穿的鞋子有几种缺陷。我可以在我的跑鞋上找到三种缺陷：

- 鞋子穿久了会有异味。
- 鞋子无法记录跑步的路程和速度。
- 为了匹配其他装备而更换鞋带非常麻烦。

简单地重申这些缺陷能更好地了解客户的潜在需求，例如，“鞋子穿久了会有异味”。你还必须确认问题所在、客户需求、客户群体及解决方案。先假设你的调研证明了，这三种客户需求是真实存在的（见图 3.1）。

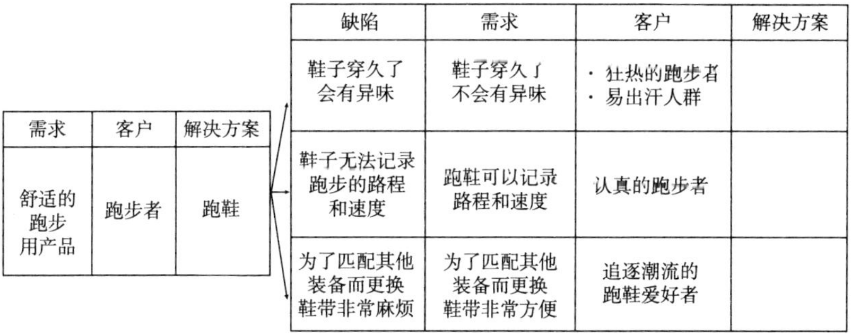

| 需求 | 客户 | 解决方案 |
|---|---|---|
| 舒适的跑步用产品 | 跑步者 | 跑鞋 |

| 缺陷 | 需求 | 客户 | 解决方案 |
|---|---|---|---|
| 鞋子穿久了会有异味 | 鞋子穿久了不会有异味 | · 狂热的跑步者<br>· 易出汗人群 | |
| 鞋子无法记录跑步的路程和速度 | 跑鞋可以记录路程和速度 | 认真的跑步者 | |
| 为了匹配其他装备而更换鞋带非常麻烦 | 为了匹配其他装备而更换鞋带非常方便 | 追逐潮流的跑鞋爱好者 | |

图 3.1　跑鞋的客户需求分析

接下来，你为了满足这些需求就必须调研相关的解决方案。你发现第一项和第二项需求分别都有对应的两种有效解决方案，但是，有一种方案可能是不现实的，不可能被大量客户使用和购买（见图 3.2）。这主要是因为以下两点：

- 它所要满足的需求是不真实的。
- 这种方案没有吸引力也没有效果。

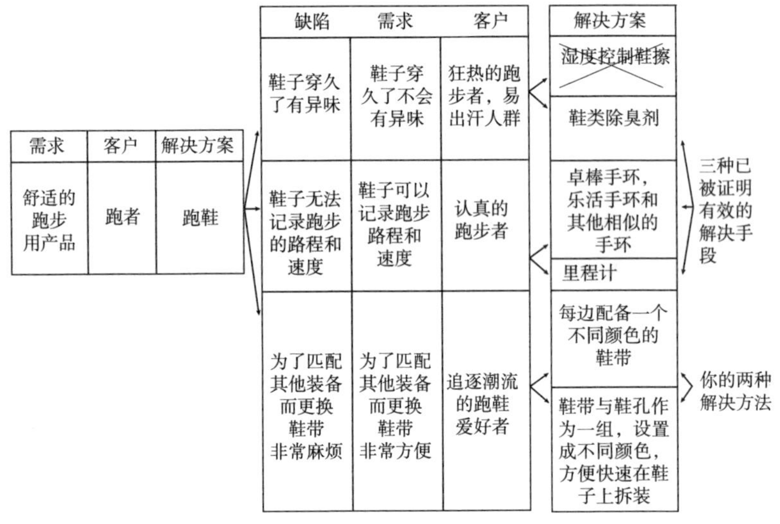


图 3.2

现在，你虽然已经证实了需求的真实性，但是你得知客户认为使用鞋擦来保持鞋子清洁很不方便。因此，你应该直接划掉这一方案，而不是继续研究和发展该方案。此外，假设你已经证实，针对第一项和第二项需求的另外三个解决方案是真实可行的。

对于第三项需求“如何方便快捷地更换鞋带来匹配其他装备”，目前还没有现成的解决方案。很好，这就是商机。你和你的朋友或同事可以开动大脑，然后提出两个可能有效的解决方案：使用正面和背面颜色不同的鞋带，只要翻转鞋带就能变换颜色；将不同颜色的鞋带和鞋眼组成套装，可以直接在鞋子上拆装。

针对经过确认的三种现成方案以及你提出的两种设想方案，你可以重复以下过程：研究和确认它们的优点和缺陷，与问题相关的客户需求以及每种需求的潜在客户。

使用球鞋除臭喷雾剂是一种现成的解决方案，必须每隔几天用一次。那么，一双跑鞋能否有更多的气孔，或者内置有效期长达几周或几小时的定时除臭剂呢？如果配备 Fitbit（美国一家致力于研发和推广健康乐活产品的公司）智能装置、Jawbone UP（一款可跟踪用户作息数据的腕带设备），客户就必须记得将它们戴上或者取下。那么，作为替代品，是否能够有相似的设备直接内置或者安装在跑鞋上呢？

同时，你要检验和改进提出的方案。为了探索和突破解决方案的缺陷，你必须先设计、生产出原型产品，然后提供给目标客户进行测试。一般而言，你可以通过改进方案或者把客户范围缩小到不受特定缺陷影响的人群来弥补方案的缺陷。

现在，你有了 6 种解决方案：有气孔的球鞋，内置清凉剂，内置速度和路程监测器，外置绑定式速度和路程监测器，两面颜色各异的鞋带且通过转动能呈现不同颜色，颜色各异的鞋带和鞋眼组成套装并直接安装在现有鞋眼上。

通过上述研究，你做出了如下总结：

- 具有透气孔的球鞋无法抵御寒冷和防雨水。
- 球鞋内置的速度和路程监测器的实用性不如外置绑定式的监测器。
- 追求时尚的人希望能有更多种颜色的鞋带供其选择，而不是只有正反面两种颜色的鞋带。

因此，你可以排除上述三种方案，剩下的只有以下三种：

- 内置清凉剂。
- 球鞋外置绑定式速度和路程监测器。
- 各种颜色的鞋带和鞋眼组成套装，并且可以直接安装在现有鞋眼上。

你可以继续列举、调研，然后排除相关客户需求、客户群体以及解决方案，并且提出无数个具有实际意义的新需求和解决方案，所有的这些都来源于你正在使用的某个产品或服务。你可以通过创建树状图来不断评估和检验各种需求和解决方案。

想象一下，假如你正在使用多个产品或服务，则这个树状图会多么庞大，几千个新需求和解决方案必将很快涌现。其中的可能性如此之多，你现在应该明白我为何催促你尽快在你热爱的并具有先天优势的领域中开展工作了。

概括而言，基于你的调研可得：

- 若客户需求真实存在并且已有相关的解决方案：找出解决方案的缺陷；找出其他不同需求。

- 若当前的客户需求并不真实存在（不论是否已有解决方案）：找出其他需求；对需求进行检验，检验其他客户群体是否也存在这种需求。
- 若你提出的解决方案不能满足客户需求：找出弥补方案缺陷的方法；找到符合客户需求的其他方案；找出适用于该方案的客户群体和客户需求。
- 若客户需求真实存在，并且当前不存在解决方案：很好，开动大脑，可以发展、检验并改进当前方案，以便满足需求。

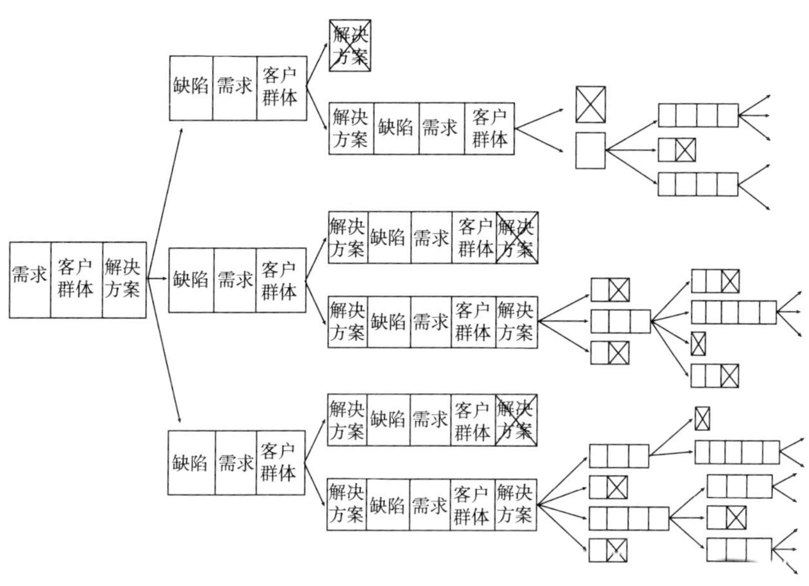


图 3.3　需求树状图

## 需求和解决方案的数量

一些人痴迷于提出需求和解决方案，他们在这方面花费了大量的时间，但是由于提出的需求和解决方案太多而不能完成。另一些人着重研究第一种需求和对应的解决方案，他们没有全身心地探索他们所热爱的行业。你要尽量平衡提出需求、选择需求和满足需求之间的关系。因此，你可以在合理的时间内研究一个行业，然后缩小范围，挖掘其中一种需求，提出一种解决方案。

迄今为止，基于你正在使用的产品和服务的缺陷，我们确定了客户需求。当然这只是很小一部分，并不是你身边所有的客户需求。接下来，我们将会采用其他技术手段来提出更多客户的潜在需求。

此外，我们也排除了大量看起来并非真实存在或者现有方案足以满足的客户需求。接下来，我们会排除那些你并没有优势去满足的客户需求。

对你而言，值得你去满足的客户需求是真实存在的客户需求（一般指大量客户的相同需求或者是少量极其重要的客户需求），当前的方案还无法完全满足的需求以及你有优势去满足的客户需求。

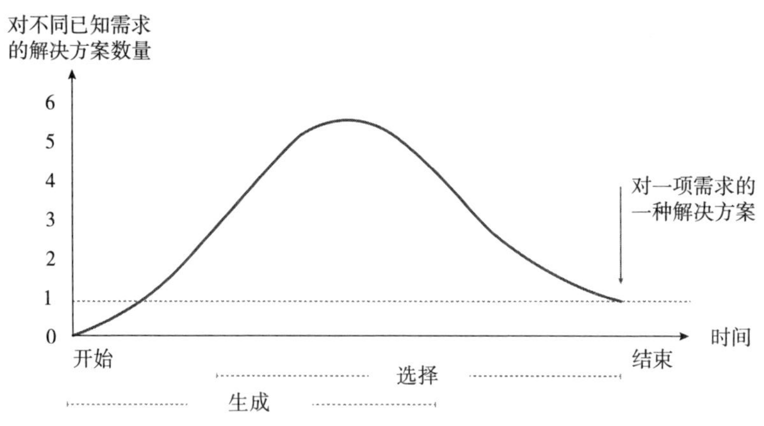


图 3.4　解决方案数量的变化过程

## 【模拟演练】

类似跑鞋的案例，你要选择一个你正在使用的产品和服务，最好是你所热爱的行业内的产品或服务。然后，根据这个产品或服务，创建一幅至少包括 6 种潜在需求和解决方案的需求树状图。

## 【核心要点】

- 当你面临全新的商业机遇时，你需要从一个或多个真实的客户需求着手，最好是从你所热爱的行业入手。
- 客户需求，实质上是客户当前状态和将来更好状态之间的差距。它由两部分组成：客户需求以及有这些需求的客户群体。你的客户可能是个人、企业或者其他机构。而解决方案就是能够满足客户需求的产品或者服务。若要找出还未得到满足的客户需求以及相应的解决方案，就得思考相关可能性：你究竟能做成什么样。
- 我们身边到处都有未得到满足的客户需求。建立需求树状图是一种生成或排除（例如：选择）大量未得到满足的客户需求和相应解决方案的技术手段。

第4章

# 别听客户的：发现他们的目的

明白自己想要什么不是客户的责任。

——史蒂夫·乔布斯

哈维沙姆太太（Mrs.Havisham）穿着睡衣，头发上别着发针，大晚上的因为家里有老鼠而睡不着觉。她的伴侣芬金先生（Mr.Finnkin）抱怨说，浴室有老鼠窜来窜去，让他根本没法好好在浴盆里泡一个澡。他们告诉你，他们两个人都需要一种安全、方便和干净的方式来处理家里的老鼠。

你坐在哈维沙姆太太家客厅里的一把椅子上，看着坐在你对面的两个人，你们之间摆着一套陶瓷的茶具。咕咕冒泡的开水倒映出悬在你头顶的吊灯，上面似乎有一只蜘蛛爬过。你是祖父母带大的，所以一直很热衷于帮助老年人。“你是说……更好的捕鼠器吗？”你问道。“没错。”芬金先生回答道，然后喝了一口花茶。身材瘦小的哈维沙姆太太点头表示同意，身子几乎快要被鼓鼓囊囊的椅子给完全吞了进去。

这就是他们告诉你的。

你在椅子上轻轻转了转身。“要是能一开始就把老鼠拒之门外呢？”你问。“不可能。”芬金先生说道，眼镜后的脸上露出一副无奈的表情。哈维沙姆太太再次点头表示同意，并坚称当她 50 年前与她现已故去的前夫帕西瓦尔（Percival）搬到这里之后，屋子里就有老鼠了。“有时候还有大老鼠。”她低声说道。

你礼貌地认可了他们的说法，然后记录在你的 iPad（苹果平板电脑）

上。但你是个企业家，因此需要跳出思维的限制，比你的客户想得更多、更富有创意。于是你开始思考能否找到或发明一种安全、方便、干净以及划算的屏障将老鼠挡在屋子外，甚至挡在院子外头。这样的屏障可能会用到物理、化学、电子、机械、超声波、光学的手段，或是以上所有手段的结合！[1] 人类与宠物感觉不到的超声波能否用来驱鼠呢？如果有必要的话，带有收发器的食物颗粒可以通过 GPS（全球定位系统）追踪老鼠的位置从而有助于超声波的定位，这样是否可行呢？如此就不用耗费精力布置捕鼠器与处理死老鼠了。

哈维沙姆太太费力地站起身，轻轻地用拐杖敲了敲墙上的老鼠洞，然后让你趴到地上往里头看。你突然意识到，无论是她还是芬金先生，都绝不可能愿意做第一个吃螃蟹的人，也许比起其他年龄段的人，老年人更能忍受住在年久失修、老鼠肆虐的屋子里。如果确实如此，那么你所开发的产品的安装与维护就必须对老年人来说非常的简便。你想知道安排灭鼠专家来协助安装与维护你所开发的产品是否可行；如果可以使用更加高级的防鼠方式，老年人还会继续买多长时间的捕鼠器？最好的客户到底是年轻富裕的家庭还是老年人？

这一场景中的信息量很大，因为你必须好好地思考哈维沙姆太太与芬金先生的回复。你谢谢他们能抽出时间与你见面，并为你泡茶。此时芬金先生已经躺在沙发上睡着了，打着呼噜，手中拽着一块蕾丝手绢。你走到门口时，哈维沙姆太太抓住了你的手。你答应她你一定会再回来，会会她的外孙女，一位著名的变性橄榄球后卫球员。

这则故事展示了明确客户需求的三个要素：

- 搜寻潜在客户，倾听他们的诉求，近距离观察他们，并与之交谈。

- 发现他们想要达到或完成的目标，明白他们的真实需要。
- 切勿将客户所讲的需求当成他们的真实需求。

## 寻找潜在客户

与潜在客户单独或以多人会面的形式聊天，以明白：

- 他们的目的、心愿或梦想。
- 他们目前的状态。
- 现状与目的之间的差距。

你可以邀请客户喝杯咖啡或吃顿饭，在此期间注意倾听并做笔记。如果你的客户是机构（比如呼叫中心、面包店或制造公司），选择与其员工、经理见面，如果可能的话，还可以与客户机构的领导见面，以了解不同人的不同观点。通过这样的会面，你可以确认或否认你之前所设想的客户需求，发现其他需求，或是两者皆有。

分享你自己曾经的需求是一个很好的出发点，但不要想当然地认为别人也有类似的经历。确保在当下或不远的未来会有较多的个人或机构产生与你所认定的客户需求相类似的需求。

将你的研究分成以下两个部分：头脑风暴与批判思考。第一部分能针对可能的需求提出创意；第二部分则否定那些目标人群较小或干脆没有目标人群的需求。寻找思维开阔的人从事第一部分的工作，寻找善于批判的人从事第二部分的工作。有时候，当第一阶段结束后，你可能会想额外增加一个阶段，即根据第一阶段留下来的创意进行发散思维。提炼需求是一个很长的过程，无法一蹴而就。

客户常常无法清楚地意识到自己的需求，因此，你需要直接观察潜在客户的现状，或亲自参与到客户对之有心愿、目的或梦想的事情中去。你可以在征得客户同意的情况下，录制一段视频作为观察材料，比如：

- 帮助家庭主妇或厨师以更加干净、迅速的方式准备食物，可以近距离观察他们是如何在厨房准备食物的。
- 帮助举办聚会的人、活动策划者、资金筹集人以更简单的方式在线发布相关活动的通知、注册表格，可以观察他们如何使用现有的在线工具，观察他们会在哪些环节出现问题。
- 帮助商家更好地通过监控记录辨别哪些人是真正的顾客，哪些人是小偷，可以观察其他公司如何利用与分析相关数据。
- 帮助 DJ（打碟工作者）迅速地获取想要的歌曲并自动与音乐同步，可以去其他夜店观察其他 DJ 是如何完成这项工作的。

如果我问人们想要什么的话，他们肯定会说是跑得更快的马。

——亨利 · 福特（Henry Ford）

## 发现他们的目的

在刚才的案例中，哈维沙姆太太与芬金先生的真实目的并不是需要更好的捕鼠器甚至并不是要抓住老鼠，而是想要让家里一开始就没有老鼠。

潜在客户常常不清楚满足其需求的方式。我母亲最近买了一个便携式静电 AM/FM（调幅 / 调频）收音机，因为她想在客厅里听音乐。她并不知道自己完全可以通过网络在线播放音乐而且不受干扰。不过，现在她已经知道了，还玩得不亦乐乎。因此，了解客户的目的，可以使你有更多的选择来满足他们的需求。

IBM（国际商业机器公司）的客户经理曾经是世界上最成功的销售人员，他们每次见客户时都会重复这样一句“咒语”：“多少？什么时候？”即你想要获得多少好处（比如，提高生产效率或节约费用，什么时候想要）。实际上，他们是在询问客户的目标与目的。在知道相关信息后，客户经理便会提出能在相应时间内达到相应目标（至少八九不离十）的 IT（信息技术）解决方案。同样，当你知道潜在客户的目的、心愿或梦想（想要达到的状态）之后，再结合他们的现状，便可以了解他们的真实需求。

只要你帮助其他人得到他们想要的，你就能得到你想要的一切。

——齐格·齐格勒（Zig Ziglar）

## 客户所讲的需求并非他们的真实需求

尽管根据客户所讲述的需求（比如抓捕和杀死老鼠）能够提出解决方案（更好的捕鼠器），但那不一定是他们的目标或想要被满足的真正需求（解决家里的鼠患问题）。如果是这样的话，你可以测试每一个需求。对于每一个需求，你都要问自己“这是真实的需求吗”以及“我应该提出怎样的探究性问题才能确定其真实需求”。

表 4.1 中的例子列出了你需要通过潜在客户（或是从自己身上）了解的事项，以及你为了确定客户需求要提出的问题。拿表中的第 4 种情况

为例，你需要问的问题是“石子是怎样落到院子里的”，然后你就会发现“确保割草机不会将石子抛到院子里”才是真正的需求。对于第5种情况，你需要问的是“新鲜水果或者有新鲜水果味的确很重要吗”。若重要的只是结果（茶的口味）而非方法的话（提供新鲜水果），除了提供新鲜水果之外，还有许多方法可以用来（比如使用液体添加剂、液体凝胶或液态晶体）得到同样的结果。对于第10种情况，潜水员使用水下GPS的目的究竟是什么？他们是想知道自己的确切位置，还是与潜水船、珊瑚礁之间的相对位置？或者是想知道自己的深度？对于第11种情况，比特币用户想要提高安全性的目的是什么？也许有一种不需要使用比特币的方法也能达到他们的目的。

表4.1　确认客户需求

| 客户所述需求 | 潜在客户对象 | 探究性提问 | 可能的目的 | 可能的真实需求 |
|---|---|---|---|---|
| 1. 当邻居下班或放学回来后，马上就能吃上热乎乎的饭菜 | 邻居 | 一定要先将饭菜准备好吗？如果只是让他们花费5分钟将饭菜热一下呢？ | 更多的与家人或自己独处的时间？想要令朋友对自己另眼相看？ | 让朋友、家人另眼相看以及/或享受美食家的待遇 |
| 2. 使风筝板冲浪更容易更安全，从而使你的祖父母也能享受这项运动 | 老年人或老年人的孙辈※ | 需要多长时间的练习？客户有多少时间可以用来练习？ | 有更多的时间与长辈一起玩耍？ | 年轻人与老年人皆适宜的趣味活动 |
| 3. 一种结合了《魔兽世界》的团队合作，又有《开心农场》这样的长期培养性的游戏 | 多人在线游戏玩家 | 你想和谁一起玩这个游戏？ | 与不同的朋友玩游戏，而不是与《魔兽世界》的公会成员一起 | 可以与任何人玩的游戏，一种参与度高而且能结识新朋友的方式 |

续表

| 客户所述需求 | 潜在客户对象 | 探究性提问 | 可能的目的 | 可能的真实需求 |
|---|---|---|---|---|
| 4. 能将院子里的石子清除干净的简易方法 | 拥有院子的住户 | 石子是怎样落到院子里的？ | 更干净的院子，更卫生的草坪 | 确保割草机不会将石子抛到院子里 |
| 5. 使用新鲜水果制作出味道更浓郁的橘子茶 | 饮茶的人 | 新鲜水果或者有新鲜水果味的确很重要吗？ | 全新的、味道更好的茶 | 制作出味道更浓郁的橘子茶的新方法 |
| 6. 能将软件应用从 Flash（Adobe 公司设计的一种二维动画软件）格式转换成 HTML 5（万维网超文本标记语言的第五次修订版）格式的简易方法 | IT 部门；独立软件开发者 | 转换的目的是什么？新的平台、更好的表现、更多功能还是使用更方便？ | 如何才能更简便地为 Flash 应用添加更多的功能？ | 更简便地将 Flash 应用转换成 HTML 5；更简便地使现有的 Flash 应用功能更丰富 |
| 7. 更好地清除阁楼上的蜘蛛网 | 拥有阁楼的住户 | 如果能从一开始就防止蜘蛛网的出现呢？ | 更干净的阁楼 | 防止蜘蛛网的出现 |
| 8. 从各个角度监测高层建筑楼顶的情况 | 安保公司；高层建筑物业公司 | “监测”的意思是什么？视觉监测？监测活动？还是监测是否有人进入？ | 阻止与监测入侵者进入高层建筑楼顶 | 阻止与监测入侵者出现在高层建筑楼顶的新方法（无论来自何处） |
| 9. 坐飞机时，你前面的座位压下来导致笔记本电脑屏幕不得不折回一点时，仍能看清屏幕的方法 | 需要在乘坐飞机时使用笔记本电脑的乘客 | 是否需要笔记本电脑配件，或是专门为经常乘飞机的人设计的特制笔记本，或者两者皆有，才能解决该问题？ | 即便笔记本电脑不得不半合上，仍能看清楚屏幕 | 两种需求一致 |

续表

| 客户所述需求 | 潜在客户对象 | 探究性提问 | 可能的目的 | 可能的真实需求 |
|---|---|---|---|---|
| 10. 潜水员专用 GPS | 潜水员 | 是否需要知道自己的确切位置？或与潜水船、珊瑚或其他潜水员之间的相对位置、深度？或是以上目的都有？ | 安全返回潜水船 | 在水下仍能知道自己与潜水船之间的距离与相对方位的方法 |
| 11. 提高比特币的安全性 | 比特币用户 | 达成目标是否需要涉及比特币？ | 确保网络投资的安全 | 使网络投资更加安全 |

※ 有时候购买者、用户与/或决策者并非同一个人。若是如此，需要列出所有人以确保可行性。

## 需求的增长是无限的

我常常听到人们说，最好的机会都已经被人抢占了。若是换成上文案例中的芬金先生的话，相信他会说“这简直就是一派胡言”。随着我们在第 3 章所见到的需求树变得愈发清晰，获得满足的需求会继续催生新的需求。新的解决方案通常会以以下三种形式催生新的需求：

- 解决方案本身存在缺陷，因此催生新的需求。
- 提供解决方案的人或机构有需求（如营销或销售需求）。
- 新的解决方案会衍生出需求（如数据中心会衍生出长时间供电与安保服务的需求）。

随着科技发展的日新月异，新的客户需求也会如雨后春笋般涌现。

其中的部分需求，只有你才能完美地提供解决方案[2]。

## 【模拟演练】

**针对你在第 3 章中创建的需求树：**

1. 选择一项可能的需求。确认、否定或进一步提炼该需求，通过网络以及与潜在客户面对面的形式进行调研。

2. 选择一项可能的解决方案。确认、否定或进一步提炼该解决方案，通过网络以及与潜在客户面对面的形式进行研究。

## 【核心要点】

- 跳出思维的限制，也就是说，你应该比你的潜在客户想得更多、更富有创意。不要将自己的思维禁锢在所提出的解决方案里。
- 了解你的潜在客户想要达成或完成的目标、心愿以及梦想，并不一定是他们所说的。然后思考应该如何帮助他们达成目的（例如，缩小现状与其目的之间的差距）。
- 检测潜在客户提到的每一个需求。通过问自己“这是不是真实的需求”或“我应该提出怎样的探究性问题才能确定真实的需求”来明确其真实需求。

第 5 章

# 大处着眼，小处着手

*失败不是犯罪，胸无大志才是犯罪。*

*——詹姆斯·拉塞尔·洛威尔（James Russell Lowell，19世纪美国诗人及文艺批评家）*

接下来，就请放飞你的想象力。刻意扩展客户需求与所需解决方案。例如，你正在思考以下的几种情形：

- 在家附近的购物中心租一个售卖健康零食的柜台。可以将目标放大为在全市各大购物中心开设售卖健康零食的连锁柜台。
- 为你所在城镇的独门独户家庭提供水管、电力或互联网连接服务。可以将目标放大为为家庭、零售店、办公楼、公寓楼等场所提供以上服务。
- 提高某款流行App下载速度的软件。可以将目标放大为可提高所有App下载速度的软件。

放大客户需求，能够为你的事业发展提供指导。如果你认为放大后的目标立刻就能实现，则说明你想得还不够大胆。因为要满足放大后的目标所需的一系列能力（知识、经验、关系、品牌意识等），都是你在首先满足了目前的客户需求之后习得的。

## 大处着眼

从大处着眼，放大客户需求。你可以扩大有特定需求的客户群体，或放大特定客户群体的需求。

从你家附近的购物中心扩展到更多的购物中心以提供相同的解决方案（即在购物时提供健康的零食），就是扩大有特定需求客户群体的例子。虽然你的客户群体由在某购物中心购买健康零食的顾客扩大为更多购物中心里的顾客，但是你需要满足的需求（提供健康的零食）保持不变。

相反，为独门独户家庭提供供电设施时增加网络连接服务，则是放大特定客户群体的需求的例子。虽然你的客户群体（独门独户的住户）不变，但是需求中增加了网络连接服务这一项。

客户群体与需求是相互渗透的。如果你在家附近的购物中心开设柜台，在提供健康零食的同时还提供矿泉水，就既扩大了客户群（加入了需要水的顾客），又放大了已有客户群体的需求（既有水也有食物）。如果你在为独门独户提供供电设施的基础上再提供网络连接服务的话，你就会发现小企业与饭馆也需要你的服务，这样一来，你的客户群体也得到了扩大（两者同时被扩展）。先考虑分别扩展你的客户群体与需求，然后再将二者结合。这样的话,你就肯定不会忽略扩展整体客户需求的方法，而且有需要的话，你可以从中选择一项进行扩展，而不是双管齐下。

## 使用“保龄球策略”找到最佳的途径

放大客户需求有许多种方法，比如，从“使自家泡制的橘子茶的口味更浓郁”到“使所有食物或饮料的口味更浓郁”，存在许多可能的途径。限定越少（橘子味、橙子味、自家泡制、茶），客户需求也就会越广泛。在这个例子中，有十几种方法可以让你基于最初的关切达到“大处着眼”的目标。你会如何选择呢？

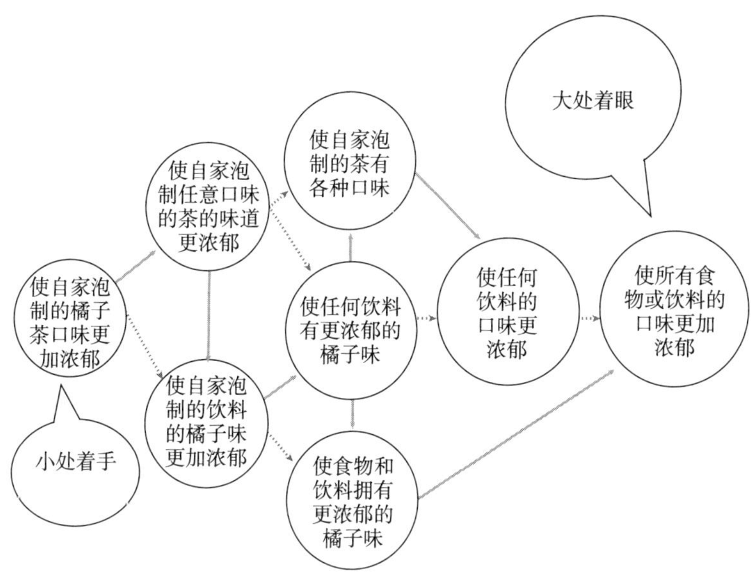


图 5.1　扩大客户需求

将每一项客户需求都想象成帮助你击倒下一个保龄球瓶的保龄球瓶[1]。你满足的每一项需求都将通过知识、经历、已验证过的技术、销售渠道以及满意的客户等方式或途径加强你的资源，帮助你满足更大的需求，找出最可能成功的道路。

当你沿着一条道路坚持走下去，你获得成功的可能性最大。但如果有两项需求与你现在正在满足的需求很接近，而且对于每项需求你的优势都很强，那么你就可以同时选择两条道路。正如图 5.1 中“使任何饮料有更浓郁的橘子味”之后的发展道路一样。

你所能想到的最大的客户需求，也就是你对创业项目的愿景。在这个例子中，最大的客户需求是：使全球所有家庭与企业都能让任何食物或饮料的口味变得更加浓郁。

需要注意的是，你的愿景应该聚焦于需要去满足的需求，而非具体的解决方案，甚至是资源与优势。解决方案经常变化，而最大的客户需求则很少变化。

在饮料口味的例子中，我们可以先放大（归纳）需求，或者扩大客户群体。图 5.2 向我们展示了从旧金山（San Francisco）到全世界扩大客户群体的道路。

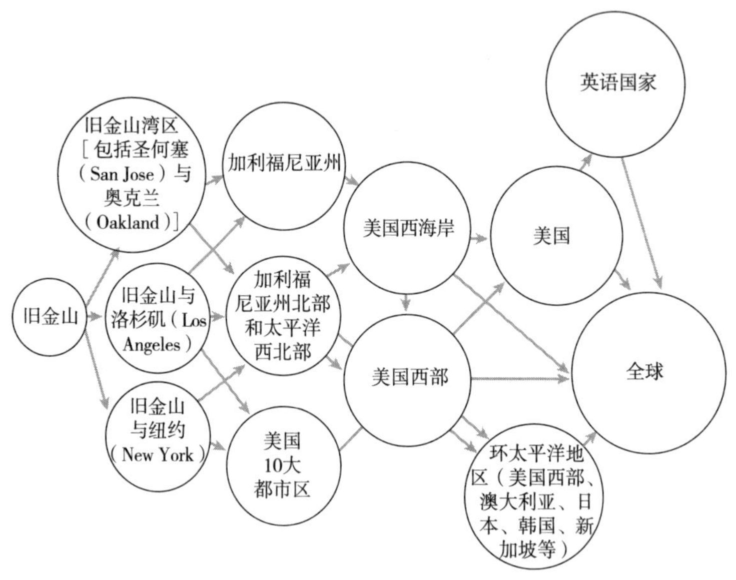


图 5.2　扩大客户群体

在本章后面，我们会探讨如何同时扩展客户群体与客户需求。

坐落于硅谷的奇点大学（Singularity University）向其学生创业者提出了一个问题："如何才能提高全球 10 亿人的生活水平？"这就是关于"大处着眼"的一个恰当的练习。其中一家孵化公司 Getaround（汽车分时租赁运营商）很严肃地考虑了这个问题。Getaround 意识到，全球数以亿计的私家车每天只使用少量的时间。于是他们提出一个问题，是否能够开创一种方式，让私家车车主安全地将自己的车租给其他人？如此，道路拥堵与停车位不够的问题都会得到缓解，而且有更多没车的人将享受到汽车所带来的便利。车主也能多一项收入来源。Getaround 的这项创意结合了手机、GPS 以及其他技术。世界人口已经接近 70 亿。我不知道 Getaround 能否达到提高全球 15% 人口（10 亿人）整体生活水平的目标。但我确信从"大处着眼"肯定能够促使他们为更多的人提供服务，并为这个世界带来更多积极的影响。

## 小处着手

你越放大客户需求，你的业务潜力也就会越大，但你所需的资源也会越多。对初始的客户需求进行限制，从小处着手，并将其具体化，这样你就能利用好一开始所具有的资源（和优势）来满足相关需求。如果你一开始就想得很大胆（恭喜你！），那么我希望你能够先将你初始的客户群体缩小一点。比如说，如果你初始的客户群体是你所在城市的居民，缩小之后的（更小的）客户群体就可以是你所在社区的居民。如果要满足的初始客户需求是提供一系列健康零食，那么缩小之后（更具针对性）的客户需求就是提供低碳水化合物的零食。表 5.1 与表 5.2 列举了经过三次扩展和一次缩小后的初始客户群体与需求的例子。

表 5.1　客户群体

| 缩小后 | 最初 | 放大后 | 再次放大后 | 第三次放大后 |
|---|---|---|---|---|
| 社区居民 | 全市居民 | 全州居民 | 全国居民 | 全球 |
| 旧金山巨人队球迷 | 全美棒球联盟球迷 | 主要棒球联盟联赛球迷 | 主要体育联赛爱好者 | 体育爱好者 |
| 需陪护的老年人（65岁及以上） | 老年人（65岁及以上） | 成年人（55岁及以上） | 成年人（40岁及以上） | 成年人（20岁及以上） |
| 宝马SUV（运动型实用汽车）车主 | 宝马车主 | 豪华品牌车主 | 车主 | 机动车拥有者 |
| 在纽约观光的日本游客 | 在纽约观光的亚洲游客 | 在纽约观光的游客 | 在美国旅游的游客 | 游客 |
| 安卓（Android）用户 | 安卓或苹果手机用户 | 智能手机用户 | 手机用户 | 个人电子设备用户［手机、iPad、Kindle（亚马逊电子阅读器）、MP3播放器］ |

表 5.2　需求

| 缩小后 | 最初 | 放大后 | 再次放大后 | 第三次放大后 |
|---|---|---|---|---|
| 自家泡制的橘子味的茶 | 自家泡制的任何柑橘类茶 | 任何橘子味的饮料 | 任何口味的任意饮料 | 任何口味的任意食物或饮料 |
| 清除独户住宅的鼠患 | 清除独户住宅的啮齿类动物（包括老鼠、耗子） | 清除独户住宅的害虫（啮齿类动物或昆虫） | 清除所有住宅（包括共有与独套公寓）里的害虫 | 清除所有商业建筑与住宅里的害虫 |
| 低碳水化合物零食 | 各类健康零食 | 健康零食与饮料 | 健康的、营养均衡的膳食 | 健康膳食、瑜伽、有氧健身 |

续表

| 缩小后 | 最初 | 放大后 | 再次放大后 | 第三次放大后 |
| --- | --- | --- | --- | --- |
| 在亚马逊上购物更便利（使其更快更简便） | 在所有购物网站上购物更便利 | 在所有购物网站上购物更便利、更便宜、更易追踪 | 所有购物活动更便利、更便宜、更易管理 | 优化个人支出与存款 |

## 从两个维度拓展所选途径

接下来，为了进一步阐明问题，请想象一下为了扩展客户群体与需求，你最有可能选择的途径。制作一个表格，在纵坐标上列出扩大后的客户群体，在横坐标上列出放大后的需求，并尽量按照从易到难的顺序排列，然后一步一步从表格的左下角走到右上角。

两度食品公司（Two Degrees Food）的联合创办人劳伦·沃尔特斯（Lauren Walters）与威尔·豪泽（Will Hauser）致力于解决全球的饥饿问题（请浏览 www.twodegreesfood.com）。该公司生产水果和谷物棒：每卖出一件产品，他们便会为陷入饥饿的儿童捐赠一顿饭。2010 年，该公司开始在线出售全天然、素食、不含谷蛋白和低钠的食物棒，在 2011 年，他们将业务扩展到了社区的食杂店。全食超市（Whole Foods Market）公司首先在其加利福尼亚州北部的 35 家门店销售这款食物棒，然后推广至全美国 300 家门店。自此，公司业务获得重大突破。全食超市公司的良好口碑使两度食品公司得以将其业务扩展至企业、大学以及医院食堂。本书在创作中时，两度食品公司的业务仍然呈扩展状态。他们发现，扩展的每一个销售渠道均有利有弊。全食超市公司为其带来良好口碑与销量增长的同时，两度食品公司仍然只是其门店货架上 50 款食品棒中的一款。

而在企业、大学与医院食堂中，全食超市公司虽然往往只供应两度食品公司的产品，但也意味着竞争更小，折扣更低。

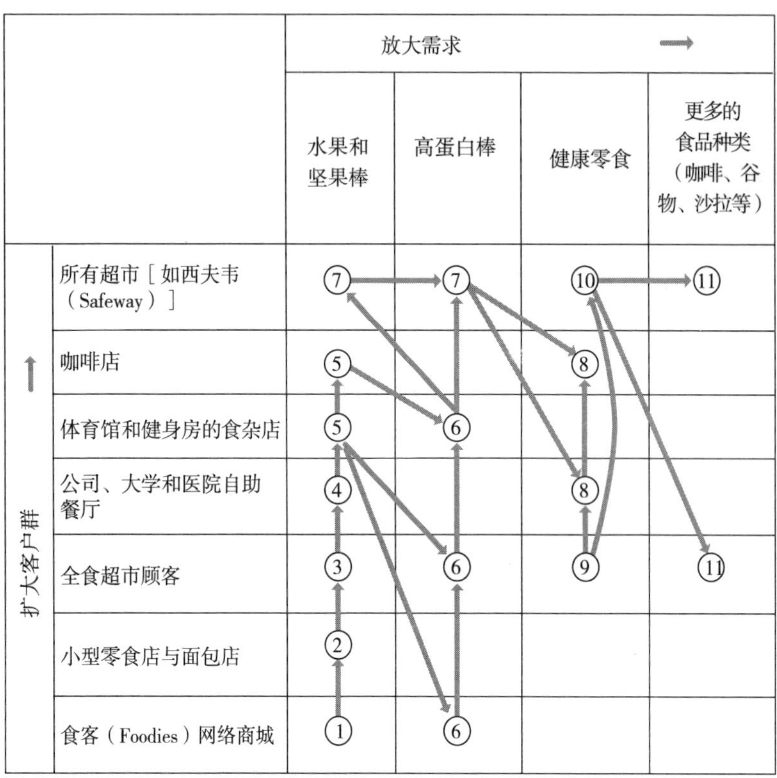


图 5.3　扩展客户群体与需求

两度食品公司现在将目标转移到了体育馆和健身房的食杂店以及咖啡店。他们还计划通过互联网、全食超市公司门店、体育馆和健身房的小卖部销售高蛋白棒。这时，他们才开始规划主流超市的渠道。产品线的进一步扩展将使该公司进入健康零食与其他领域，通过优选渠道进行销售，并逐步淘汰社区食杂店的渠道。

类似地，根据你现在观察到的情况，画出从现状出发实现你愿景的途径。无论你选择走哪条路，有一点是肯定的：你绝对不能一条路走到底，因为你无法一开始就知道接下来发生的情况。即便采用如今最先进的预测与规划技术，你也不可能像驾车行走在从纽约到洛杉矶的州际公路上一样，将创业项目提前规划好。反而更像是在一片茂密、漆黑、充满荆棘的丛林中，在不知道距离的情况下，你只能用你手上唯一的指南针寻找前进的道路。你翻过很多巨石，艰难地爬上悬崖，却发现是死路一条。随着你一步步往前走，地势会变得越来越开阔和平坦。而你的愿景只有在地势开阔的时候才能“指导”你前进：你的愿景没法儿告诉你如何到达目的地，甚至没法儿告诉你还有多远，但是会一直吸引着你前进。你的愿景的可见度越高，对你的吸引力就越强。你选择的途径有助于提高你的愿景的可见度，也会告诉你接下来该怎么做以及为什么要这么做。

## 从愿景开始倒推

作为谷歌公司的一名销售与营销专员，希琳·耶茨（Shireen Yates）常常需要与客户、供应商以及合作伙伴共进晚餐。但是有一个问题：她患有乳糜泻。这是摄入谷蛋白后的一种过敏反应，会导致小肠肿胀、体重减轻、腹部饱胀以及腹泻。谷蛋白是一种存在于小麦、大麦与黑麦中的蛋白质。许多食物在烹饪过程中都会有谷蛋白的加入，但是很少有饭馆会提供无谷蛋白菜单，而且饭店员工也不知道哪些菜中含有谷蛋白。腹痛，特别是在饭后，成了希琳日常工作生活中的常事，遭遇这种情况的并非她一人。希琳调查了数百人，发现这些患有乳糜泻的人出去吃饭，每三次中就会有一次出现腹泻症状，即便吃了无谷蛋白的菜也是如此。希琳的父母是面包师，所以她决定创办一个提供无谷蛋白面包的面包坊，这样一来，患有乳糜泻的消费者就可以在这里很放心地买面包了。

但是，为了满足扩大后的客户群——全美国 300 万的乳糜泻患者以及全球数千万的患者，希琳需要将父母的面包房从单独的门店发展成地区连锁店，甚至是全美国连锁店，直至最后成为一个国际品牌。达到这一目的需要大量的资金，而且会面临很多竞争与监管。而且最重要的是，这仍然无法解决最根本的需求，即消费者在大部分饭店中仍然无法知晓所上的菜中哪些含有谷蛋白，哪些不含。因此，希琳希望找到一种紧紧围绕该需求，可以让数千万患者放心点餐的解决方案。在一次婚礼上，希琳想吃某种点心，却不知道是否能吃。也就是从那时起，她萌生了利用便携式设备检测食物谷蛋白含量的想法。

在市场上能找到的唯一有效的解决方案是一套用于特殊目的的化学用具：试管、移液管、溶液、试纸和用来碾碎食物的研钵与研杵。将以上所有工具带到饭店里不仅不现实，而且整个测试过程耗时 20 分钟。于是希琳从中看到了商机。

与制作无谷蛋白食物不同，她可以在一个地方生产出一款结构紧凑的、用电池驱动的检测器，然后以很低的成本将其运送到世界各地。希琳明白，自己不具备相应的技术知识来生产这样一种设备，所以她与一名化学工程师和一名机械工程师组成了一个团队，一起设计研发出了一种只有一包烟大小，可以在两分钟内检测出谷蛋白的设备，在旧金山成立了 6SensorsLab（美国一家食物过敏检测设备开发商）公司（www.6sensorslab.com）。

简而言之，如果你所规划的解决方案不可行，也就是说需要过多的资金或其他资源才能满足放大后的客户需求的话，那么从你的愿景出发，往后倒推，直至找到可行的解决方案（见图 5.4）。重新升级后的方法所需要的资源与一开始升级后的方法不同，而且需要的资源更少。请参考第 9 章，了解更多关于不同资源的信息；请参考第 24 章，了解更多关于可行性的信息。

最后，你可以从自己父母身上获取灵感，向他们学习，但切勿盲从。

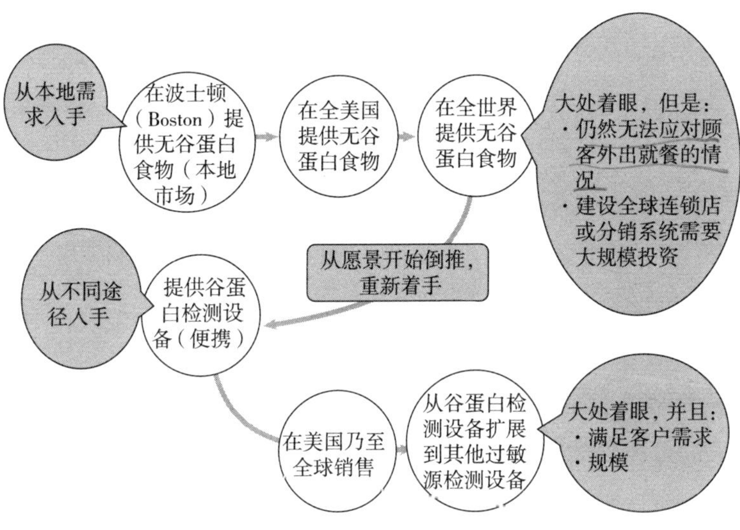


图 5.4　从愿景开始倒推，找到可行性方法

## 【模拟演练】

**对于所有初始的客户需求（即在第 3 章中你所想到的那些）：**

1. 提出经过三重放大的客户需求和一次缩小的客户需求。

2. 针对你所选择的一项或多项初始客户需求，分别写下你的愿景，然后画出表示各种可能途径的图，将客户的初始需求与你的愿景联系起来。

3. 找出你觉得最自然的业务增长路径。

第6章

# 未来在你的 STARS 中（步骤 4-1）

我在整个职业生涯中有 9 000 多个球没进，输了近 300 场比赛，浪费了 26 次绝杀的机会。我的人生一直在失败，这就是我成功的原因。

——迈克尔·乔丹（Michael Jordan）

## 钻石就在你家后院

几百年前，在如今印度的海得拉巴（Hyderabad），一位佛教徒对成功的波斯（Persia）农民阿里·哈菲兹（Ali Hafed）说，开采钻石能让他成为世界上最富有的人[1]。哈菲兹被他的话说动了，尽管自己已经坐拥大量的财富，仍然感到不满足。于是，哈菲兹卖了自己的农场，抛妻弃子，用了 20 年时间走遍了亚洲与欧洲，搜寻钻石，但一无所获。此时他早已身无分文、饥肠辘辘、痛苦不堪，身上的衣服破破烂烂，一副可怜的模样，于是他走到地中海边的一处悬崖上，眼神里充满了绝望，然后纵身一跃葬身在了大海之中。就这样，“他沉入了波涛汹涌的海浪中，再也没有出现”。

然而，就在哈菲兹刚刚卖了他的农场后不久，买他农场的人在骆驼喝水的时候，发现农场小溪里有什么东西在闪闪发光。于是他撸起袖子，走进了小溪里，挖出来一块奇怪的黑色石头，上面嵌着一块小小的圆润的“眼睛”，反射出彩虹的光芒。他把石头带回了家，放在壁炉架子上，然后就把它忘记了。

几周后，之前那位佛教徒回到了农场，当他看到壁炉架上的石头后，一眼就认出来那是一块纯天然、未经打磨的钻石，于是他大声叫来了农场的新主人。两个人随后一起跑到农场里，一会儿就挖出好几千块黑色石头。整个农场里都是这种石头，这座农场成了聚宝盆，不仅是全印度最大的钻石矿，更是全世界最大的钻石矿，英国国王与俄国沙皇王冠上的钻石都来自这里。若是阿里·哈菲兹当初能够留下来，在自己的农场里继续工作，而不是满世界寻找财富的话，他早已坐拥金山银山了。

你也一样，你可能拥有连自己都尚未意识到的能帮你获得成功的资源。在本章中，我们将不仅探讨如何发现你家后院的“钻石”，也会探讨如何对自家后院的“钻石”进行归类与存储。

## STARS= 钻石

你的“钻石”是指你的资源（或者与你共同创业者的资源），通常包括以下 5 大类：

- 技能。
- 技术。
- 资产（知识、实物资产与金融资产）与成就。
- 关系与声誉。
- 优势（如内在优势）。

以上类别不以其重要性排序——其重要性在不同情况下有所不同，主要是为了使其首字母能够拼成 STARS 以方便记忆。在满足客户需求的过程中，你也在为你本人及你的业务创造新的资源，这些资源的重要性最终都会超过你一开始手头所有资源的重要性。但此刻，我们仍然需要将注意力集中在你此时所拥有的资源上。

## 技能

你的技能包括你通过学习、实践、公开展示与应用等方式习得或获取的能力。举例如下：

- 化学学士学位与实验室技能。
- 潜水资格认证。
- 熟练使用 Office（一款办公软件）。
- 能用西班牙语交流。
- 三年从事医疗服务业的经验。
- 曾在摇滚乐队里担任四年的吉他手。

## 技术

技术指的是你所获得的第一手知识与经验，既可以通过直接使用相关技术而获得，也可以因为研究或使用相关技术以协助工作而获得，或是因为与熟悉相关技术的其他人有过密切合作而获得。大部分人首先想到的一般是消费技术，例如手机与微波炉。但这些只是你所了解的技术中很少的一部分。以下是浩如烟海的数百万例子中你所知道或是希望知道的少部分例子：

- 交通：汽车机械、航空电子、GPS 工具、自动驾驶汽车、高速公路铺筑、清扫积雪、交通管理、物流。

- 能源 / 动力：供暖、通风、空调、水力压裂、太阳光电、电力传输与分配、制冷。
- 生命 / 健康科学：基因组、微流体、制药、聚合酶链式反应（PCR）、修复术、放射学、超声波扫描、可穿戴设备。
- 建筑与制造：钎焊、陶瓷、防火、住宅建设、机器人、包装、电动工具、人造纤维、3D 打印（三维打印）、焊接。
- 电脑与电信：电路设计、内存、存储、感应器、路由器、电池、数据传输、视频压缩。
- 信息：软件开发、数据安全、分析、信息图表、用户体验、机器学习、虚拟现实。

新的技术应该在你所拥有的技术与你的 STARS 中占据一席之地。借助互联网、社交网络与移动技术，技术越来越容易分享、混合或与创意进行匹配，并且变革的速度在加快。最终，旧的技术被新的技术所取代，技术被淘汰的速度越来越快。推特（Twitter）与传真都可以用于营销传播，但是推特会更好地帮助你满足客户需求，而传真则不能。

相同的资源（比如电路设计）有时候可能会被分到多种类型里：既是技能、技术，也可以是知识财产。这都没问题。只要确保至少被分到一类里面即可。这些分类主要是为了提醒你拥有什么资源。对于我们的目标来说，如何分类相对来说没那么重要，更重要的是你不能够忽视其中任何一种。

## 资产与成就

### 资产

你的资产可以是知识或信息，也可以是实物资产或金融资产。

1. 知识或信息资产。

- 你所拥有的实践性知识——不被大多数人所知的食谱、服装或家具设计、电路或算法。
- 引用诺贝尔经济学奖得主弗里德里希·哈耶克（Friedrich Hayek）的原话，“当机器无法正常使用，或某人的才能无法得到有效施展，或……当供应中断而你没有多余的存货”时的知识。
- 先于其他人辨认出真实的客户需求。
- 软件设计或原型。
- 关于你家乡或你现在居住地的第一手资料。
- 失败的创业经历。

你对家乡的详细了解同样值得被列出来。你对家乡的街道、商户、民间领袖、建筑、商业以及邻居的了解可以让你在回家乡创业时具有优势。Stik（施都凯）是一家提供基于客户评论的营销服务的网站，其联合创始人内森·拉本茨（Nathan Labenz）与杰伊·吉拉克（Jay Gierak）当初从硅谷回到了自己的家乡底特律（Detroit）。他们在老家广阔的人脉与工作关系网让施都凯很快就实现了腾飞，并且赢得了 2014 年的奖金为 10 万美元的“崛起新星”大奖。这项由 AOL（美国在线）公司联合创始人史蒂夫·凯斯（Steve Case）设立的奖项主要颁给在4座美国中型城市中的最有前途的创业公司。

没错，即使是失败的创业经历也值得被列入其中。我们稍后就会看到，只要你每次都努力去做，无论成功与否，你都能有所收获从而提高下次成功的概率。

2. 实物资产。

- 你家里可以被用作办公室、研究实验室、展厅或生产设施的卧室或车库。
- 电脑、服务器、软件、网络连接以及智能手机。
- 设备、机械以及与你的业务相关的用品。

我成立的两家公司都是在我位于加利福尼亚州门洛帕克的家里创立的，我将一间大的主卧改造成了办公室。当CustomerSat成立时，我雇用了程序员，购买了办公桌、电脑、服务器，于是我的公司开始慢慢离开了这间所谓的“办公室”，搬到了客厅与餐厅。后来，公寓大厦管理委员会写信给我，抱怨称我们客户的车霸占了沙岭（Sand Hill Circle）小区的所有可用停车位，我这才意识到不允许居民在居住区经营企业，于是最终搬到了写字楼。

3. 金融资产。

- 存款中可用于投资的部分。
- 良好的还款记录，无论金额大小，你因此而获得的良好信誉与可靠性可以让亲戚朋友更加乐于借给你钱或是给你投资。

- 通过提供服务赚取资金的能力。

我的第二家公司 CustomerSat 在前三年里通过提供以下服务投资了软件开发：为企业设计、实施以及管理在线调查。

成就

我们将列出你的成就，以此提醒你，你需要在这一坚实的基础上开始发展，建立自信。成就包括以下几条：

- 在规定时间与预算内完成项目。
- 支付房子首付。
- 还清债务。
- 获得大学学位。
- 供孩子读完大学。
- 在重要的比赛中占据先机。

如果你战胜过这些挑战，就一定能再次战胜它们。

## 人际关系与声誉

人际关系

你的人际关系包括：

- 向你提供意见、帮助、资助或鼓励的家人、朋友与导师。
- 同一领域内可以成为潜在联合创始人、员工、客户或合作伙伴的同事或其他人。

- 你的社交网络好友以及职场伙伴或校友联盟。
- 忠诚亲密的配偶或伴侣，能够在你事业刚刚起步的时候从情感上、财政上或从两个方面同时支持你（包括你的家庭）。

### 声誉

声誉即他人如何看待、了解或谈论你，他人对你的信任程度一般都和你的成就有关。你对待别人的态度是你的声誉的主要决定性因素之一。

将声誉想象成对你思想、语言与行为的反映或总结。人们往往通过自我推销和夸大自己的成就来直接关注反映与总结本身，而没有关注被反映与总结的思想、语言与行为。这样的行为也许能在短期内让你建立声誉，但不是长久之计。

一个连续创业者能创造的最重要的声誉资源，就是之前创业项目的利益相关者——员工、客户、投资者、供应商或合作伙伴——愿意加入你的下一个创业项目。简单来说就是，“我们之前与你的合作很棒，我们相信你这次同样能做好”。如果从头到尾都没有人愿意与你合作，一定有什么地方出错了。

### （内在）优势

最后，让我们谈谈你的优势所在——我们指的是你的内在优势，比如你的个人特质：勇气、忠诚、健康、正直、坚持、平和、友善、智慧、知识、信念、体力与协调性、细心、礼貌、远见、自信、谦卑以及同情心。

内在优势十分重要，我们将在第7章“从内到外，实现心智的成长”中进行探讨。

## 你的 STARS 表

建立一个类似表 6.1 的表格，然后仔细想想你到底拥有多少资源。表 6.1 只是一个例子，制表时请务必参考你个人的情况和资源。你的技能、技术、知识资产以及（商业）关系网对于你确认客户需求或者确认你最适合满足的客户需求大有益处。而你的其他资源——金融资产和实物资产、成就、（个人）关系网、声誉、（内在）优势——通常被认为能提高满足客户需求的可能性。列出你的成就、个人关系以及内在优势以建立自信。

表 6.1　STARS：你的资源（举例）

| 项目 | 类别 | 资源 |
| --- | --- | --- |
| S | 技能 | ——化学知识（学士学位）<br>——三年在医疗服务业的工作经验<br>——潜水资质认证<br>——可用西班牙语交谈 |
| T | 技术 | ——社交网络<br>——在线搜索<br>——NLP（自然语言处理）<br>——GPS 工具 |
| A | 资产与成就 | **资产**<br>实物资产<br>——笔记本电脑、打印机、高速网络连接<br>——硬件原型<br>金融资产<br>——存款<br>——全职工作与收入（医疗服务）<br>知识资产<br>——软件设计与原型<br>——熟悉家乡（当地出生长大）<br>**成就**<br>——获得大学学位<br>——在规定时间与预算内完成项目 |

续表

| 项目 | 类别 | 资源 |
|---|---|---|
| R | 关系与声誉 | **关系**<br>——给予帮助与鼓励的家人<br>——给予建议的导师<br>——可成为潜在联合创始人、员工或客户的同事<br>——校友会<br>**声誉**<br>——相互信任的朋友<br>——推荐<br>——良好的信用记录 |
| S | （内在）优势 | ——领导力（带领地方足球队获得冠军）<br>——勤奋 / 毅力（尽管脚骨折，但仍在本季度获得了加薪或是争得了荣誉）<br>——同情心（当邻居房子被水淹后，伸出援助之手）<br>——企业家精神（从朋友处买入 DVD，然后在网上销售获得利润）<br>——身体情况良好 |

## 资源有限的优势

如果你的资源有限，千万不要泄气。首先，我们往往是对自己最严苛的批评家。其次，有限的资源也可以成为优势。为什么这么说呢？试想一下：移民到达一个新的国家后，他们的资产与其他资源往往非常有限，然而在创业者中，移民所占的比例相当高。美国的新美国经济合作伙伴联盟（Partnership for a New American Economy）的一份报告显示，《财富》（*Fortune*）杂志 500 强公司中有 40% 的公司由移民或移民的子女成立[2]。

根据阿伯丁大学（University of Aberdeen）的汉斯・K. 维德（Hans K. Hvide）教授与挪威经济学院（Norwegian School of Economics）的雅

勒·摩恩（Jarle Møen）的观点，流动资金较少的创业者往往资源更加丰富、更加谨慎，而且也更容易获得成功。他们发现，个人财富排名前 25 位的挪威创业者的经营业绩表现通常比资产更少的创业者的经营业绩表现要差。根据他们的理论，财富更少的创业者的犯错空间更小，也似乎更容易接受来自投资者与债权人的金融方面的建议[3]。

“巨大的财富对创业者而言往往弊大于利。”摩恩说，“通常认为资金短缺是创业创新的障碍，但我们发现，如果创业初期没有遭遇资金短缺的挑战，那么创业者与投资者都应该提高警惕。”

CustomerSat 之所以能够在 2000 年至 2002 年的互联网泡沫中幸存下来，部分原因是，如果我们弄砸了，没有风险投资者会出来保护我们[4]。正因为意识到这一点，在市场出现萎缩时，我们不得不立刻削减开支。财务状况更好的竞争者自认为投资人会在关键时刻保护他们，在开支上仍旧肆无忌惮。部分竞争者没有得到保护，最终只能关门歇业。其他的竞争者确实得到了投资人的保护，度过了泡沫期。然而，随之而来的估值稀释令他们的投资人与公司员工无论是在财务上还是心理上都对行业的兴趣锐减，使他们的竞争力大幅下降。而 CustomerSat 在被收购前一直是盈利的，而且估值也没有被稀释。激情可以让你时刻保持寻找新的解决方案的好奇心，让你打破障碍，让你的资源成倍增长。无论你对自己的业务抱有多大的激情，你所拥有的资源也往往比它们看上去以及你所认为的要多得多。

创业公司甚至比成熟企业更有优势。正如克莱顿·克里斯坦森（Clayton Christensen）在《创新者的窘境》（*The Innovator's Dilemma*）一书中所说，现有客户的需求和收入来源阻碍了成熟企业发现和利用会影响现有业务的商机。因此我们说，创业公司在利用相关商机方面比成熟企业更有优势。

## 实验能增加你的知识与信心

成功与失败的经历都能让你获得以下两项宝贵的资源：

- 明白自己在拥有特定资源的情况下能够达到怎样的程度。
- 明白他人在拥有相同资源的情况下能够达到怎样的程度。

### 明白自己能够达到怎样的程度

图 6.1 表示，你应该从知道自己能够做成的事情出发（第①步），它可以是你感兴趣的任何事情，比如清扫房子或卖房子，在规定时间与预算内完成工程项目，成为 Python（一种计算机程序设计语言）编程语言专家，或者为你的博客赢得一位忠实的“粉丝”。从这个基础出发，你便可以继续尝试新的事情，把它想象成一个实验，然后圆满完成（第②步）。恭喜！

你知道自己能够做成的事情的边界随之往外扩展。鼓起勇气之后，你可以尝试与之类似的新事物，这又是一次新的实验，只不过这次实验的规模更大，也更具野心（第③步），然后，你再次获得了成功！成功的区域再次扩大。于是你又尝试了一次，但是这次失败了（第④步）。你认为到目前为止，你在这个方向上已经做了最大限度的合理尝试，因此，你决定换一个你感兴趣的方向，但又失败了。只是这一次，你相信在这个方向上你一定能获得成功，而且你已经吸取了之前失败的教训。于是你稍微缩小之前的目标，再次进行尝试，这次你获得了成功（第⑥步）。你认为自己能够成功的区域已经比最初扩展了三倍。成功的经验与失败的教训让你不断探索、扩展你的潜力范围，并能让你更好地知道自己在有限资源的前提下能够达到怎样的程度。

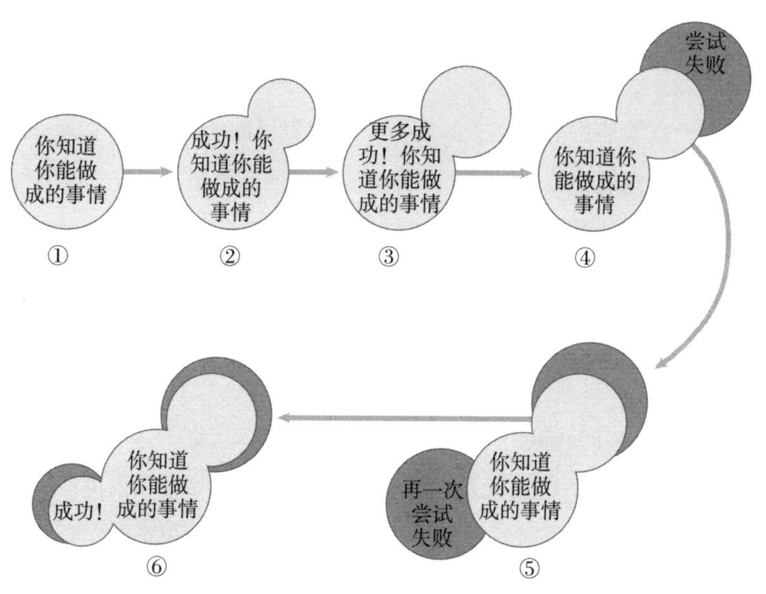


图 6.1　成功与失败都能扩展你的视野

通过这些尝试，你学到了很多：不只是知道哪些事情你可以做到，还知道在特定资源条件下（技能、技术、资产等），哪些事情你做不到。两者之间的区域是不确定性。成功和失败都能帮助你更好地了解和拓展自己的能力边界，更好地判断接下来的情况。

若你在每次尝试新事物的时候，都由于资源的限制而比较保守，那么你的成功概率会更高，但是你无法了解或扩展你本来能到达的领域。如果你的野心太大，失败的概率也会随之提高，这样一来，你同样无法了解到底哪些事情对你来说是可能的。为你和你的资源选择最恰当的风险水平。如果你已经连续尝试了多个新的方向，而且每一次都取得了成功，那么你在开始下一次尝试时，可以也应当做更重要的尝试。如果你每次都失败了，那么你的目标应该相应缩小一些。

## 明白别人能够达到怎样的程度

每一次实验都能让你更好地认识到你自己的能力所在。除此之外，每一次实验也能让你更好地认识到其他人在同样资源的前提下能够做到怎样的程度。这种真实世界里的体验能够提高你作为创业者、高管或是未来投资人的判断力。实验次数越多，且不论成功与否，都能让你尽早在人生与事业上做得更好。

埃里克·雅各布斯（Eric Jacobus）与他在特技演员（The Stunt People）公司里的同事共同制作了一部名为《死亡之握》（*Death Grip*）的武术电影，预算为 10 万美元。如今，他们已经非常熟悉用同等预算制作同等水平的电影需要做哪些工作，也能更好地向其他电影制作者提出建议，并对其他电影项目进行评估。基于他们从《死亡之握》的成功中学习到的经验，他们希望能为下部影片筹集更多的资金。

在接下来的两章里，我们将继续深入探讨 STARS 里的两个项目——内在优势（第 7 章）与技术（第 8 章）。

## 【解疑答惑】

**提问：**

在开始创业前，我是否应该在目前的公司里积累一定的工作经验？如果是的话，应该积累多久呢？

**回答：**

考虑从事那些在你看来能够最大限度且最快速地加强你的 STARS 的工作。这实际上取决于你对 STARS 里每个项目、你目前所在的公司以及你目前的职位所赋予的权重。请考虑以下 5 种思路。

1. 如果在目前的公司，你会与能力强的人共事，获得直接有利于你创业的技能与知识，而且能够存下一定的资金用于创业，那么你要尽可能留下来。在选择公司与职位的时候一定要谨慎，无论你赋予它们多大的权重，请务必确保它们能够最大限度地满足这些条件。你所选择的公司所处的阶段越早越好。

2. 你在公司做职员的时间越长，自己创业的可能性就越低。谨防自己在公司里过得太舒服、过于专注手头工作或是过于依赖其他同事。担任职员时，你能学到的东西会逐年减少。所以，切勿停留太长时间。

3. 在成功企业中工作能让你了解第一手的客户需求信息。大部分缺乏工作经验甚至没有工作经验的创业新人只会考虑消费者的需求，而忽略了企业客户的需求，因为他们对此知之甚少。每满足一项客户需求，通常意味着你的竞争对手更少了。当你在制度完善且分工明确的企业中任职时，可以思考自己的使命是什么，然后发现并确认今后创业时需要去满足的一项客户需求，当你开始寻求解决方案时，请立刻准备离职。如果之后你出现了各种忧虑，比如知识产权的归属问题——究竟属于你还是属于你所任职的企业，请尽早离职。在你着手开发相应解决方案前离开公司，通常会让你免受相关问题的困扰。

4. 2001 年是我在学习有关管理、业务以及生活等知识方面收获最大的一年。在这一年，CustomerSat 经受住了我在第 1 章中所说的互联网泡沫。那是很艰难的时期，我的所有 STARS 都得到了加强。在我看来，那一年，我第一次具备了管理能力，那时我已经40多岁。这种强度的学习与体验越早越好。所以，千万别耗太久。

5. 即使你已经在一家制度完善且分工明确的企业里任职多年，也千万别绝望。创业永远不晚。

**提问：**

我在创业之前是否应该获得MBA（工商管理硕士）学位？是否应该参加创业学习班？

**回答：**

MBA学位具有三个潜在的好处。第一个好处是能得到囊括企业、商业与经济学三个方面的教育。其中大部分内容对你的创业不会有立竿见影的效果。如果你有足够的金钱与时间，那么不妨学习一下，因为MBA课程可以拓宽你的视野。正如我在上个问题的第4点中提到的,对我而言，学习创立公司最好的方式就是付诸实践。当你了解自己需要什么、什么时候需要之后，为了达到目标，学习本身便会成为你的知识与技能体系的一部分，比你通过学校作业获得的要更加完整。通过招聘那些知道应该满足什么需求、如何满足这些需求的员工，以及自己开展相关研究，你还能得到进一步的学习。

读MBA的第二个好处是拓展你的职业社交网，可能包含相当大的职能领域、行业以及地理跨度。有些社交网优于其他的社交网。因此，请将这一部分优势也放入你对读MBA的评估当中。再次强调的是，你不一定非得通过读MBA才能拓展自己的社交网，参加各种聚会、对别人施以援手以及介绍别人互相认识也能达到同样的效果。请寻找你所在领域中的各种专业组织、民间组织和商务社交组织。

第三个好处是MBA学位在帮助你进入成熟企业时所体现出的价值。

不过，你的创业公司的客户可能更关心产品的质量与服务，而不会关心你本人是否拥有 MBA 学位。对众多天使投资人来说，包括我自己在内，拥有工程学或理学方面的学位对于创业的重要性远高于 MBA 学位。此外，任何证书的重要性都会因为你在进入职场前几年是否有所成就而渐渐消退。如果你能证明自己的确是经过了层层选拔、测试，并最终完成了学业，获得了知名学府的 MBA 学位，那么它的市场价值会更长久一些。然而，它的重要性也会随着你最近是否取得了什么成就而渐渐消退。

从成本角度来说，读 MBA 会让你担负数万美元的债务，而这些都会从你的创业投资中扣除。

鉴于以上所有因素，读 MBA 对大多数创业者而言并非理想的选择。如果你认定 MBA 适合你，你可以通过问自己以下几个问题来评估具体的 MBA 课程：

- 创业课是不是核心课程？如果是的话，学习创业的学生比例是多少？这将让你知道有多少同学是有抱负的创业者，以及整个课程对于创业课题的关注程度。
- 关于创业的课程是以课堂教学为主，还是以实验教学为主（即通过实践学习）？如果课程以实验教学为主，担任顾问与导师的分别是谁？理想情况下，他们应该都是最近或目前比较成功的创业者[5]。
- 创业者中应届毕业生有多少？
- 同学关系网有多强？主要构成是怎样的？
- 课程费用是多少？

如果你是因为害怕迈出创业的第一步而选择读 MBA 来拖延时间，请重新考虑你的想法。最好先迈出创业的第一步。

与参加 MBA 课程相反，我强烈推荐你参加创业加速器项目。加速器项目不会颁发学位，但通常都会邀请成功的创业者与天使投资人为学员讲课，并提供 90 天或更长时间的创业孵化空间使用权（即入驻创业公司），以换取入驻公司的部分所有权。在硅谷，最知名的创业加速器有 Y Combinator（硅谷最大的创业孵化器）、TechStars（美国一家创业孵化公司）、500 Startups（美国一家创业投资孵化器及早期股资机构）、Draper University（英雄学院）以及 Thiel 20under20 Fellowships（泰尔少年创业计划）。其他参加者也都是与你一样致力于创立公司的创业者。创业加速器会根据它们对你创业项目的潜力与可行性评估决定是否接受你。此外，你也无须支付几万美元的学费，因为许多加速器会提供初始资本、可转债，或是两者皆有。最知名的几家加速器的学费也低于知名商学院的学费，而且你更有可能进入哈佛大学（Harvard University）学习。好消息是，目前全美国乃至全世界各地都已经出现了许多类似的创业加速器。

**提问：**

我对某项技术的掌握非常具体，比如，我不光了解某个整体系统，也了解其组成部件，还了解这些部件的构件。那么，我是否应该将其全部列在我的 STARS 表当中呢?

**回答：**

将所有你认为能够使你成功满足客户需求的技能与技术都列出来，或者写出你可能需要解决的新的客户需求，既可以单独写出，也可以与其他技能与技术写在一起。

例如，如果你在汽车的机械构造方面很有经验，那么你在技术清单上就可以列出传动系统、冷却系统、悬挂、制动、转向、灯光以及仪表盘等子系统。另外，这些子系统能否应用在自行车、滑板、滑雪板、全地形车、帆船、滑翔机或自动驾驶汽车上呢?

如果你在客户满意度测量与企业反馈管理方面很有经验，那么你在技能清单上就可以列出问卷编制、调查结果分析与报告、设计可用于反映组织业务流程的企业级反馈系统以及将客户满意度与高管薪酬相联系等内容。目前，许多调查由非专业人员利用如 SurveyMonkey（一家网络调查公司）网站提供的 DIY（Do It Yourself，自己动手制作）工具编制，其调查结果毫无意义。那么，你能否运用自己的技能设计一个互动式对话框，使任何人都能创建出专业的、可行的调查，而不仅仅局限于有经验的市场研究人员呢?

## 【模拟演练】

按照类别将你所拥有的资源做成一个类似表 6.1 的 STARS 表。即便某些资源可能不太适用于你目前要满足的客户需求，也请尽可能多地、合理地将你所能想到的资源列入不同的类别当中。随后你就会发现，它们最终都可以被用到，或者当你在解决其他客户需求时可以用到这些资源。如果你认为某项资源在满足某项客户需求方面能让你比其他人（竞争对手）更具有优势，或者能够帮助你确定应该满足哪一项客户需求的话，那么你就应该将其列入。在每个类别下至少列出 6 到 8 种资源，然后按照顺序放在一起，从你认为最重要的一项开始。

## 【核心要点】

- 你与你的联合创始人可能拥有类似“钻石就在你家后院”式的资源，但是，你们还未意识到。

- 将你的资源按以下 5 种类别进行梳理：技能、技术、资产与成就、关系与声誉、（内在）优势。
- 事实上，所有成功的创业者与公司起步时的资源都十分有限。有限的资源有时可以成为你的优势，迫使你集中注意力，并且行动迅速。

第 7 章

# 从内到外，实现心智的成长

如果我们止步不前，就永远也变不成我们理想中的模样。

——马克斯·德普雷（Max De Pree）

## 将自己无法改变的事情看作自己的资产

在我 30 多岁时，我终于接受了自己是同性恋的事实。许多人并不觉得作为同性恋者也可以算是一个人的资产，对此我不敢苟同。对我来说，这就是我的资产，至少体现在以下 5 个方面：

- 人们一向认为所有人都会被异性吸引。长久以来，我就很确信这种想法不一定正确。因此，身为同性恋者，我更愿意对常见的观点与现状提出质疑，这使我成为一名更加优秀的企业家。
- 身为同性恋者，我对女性、黑人以及其他少数族裔所遭受的歧视更为敏感（更不用提同性恋群体所遭受的歧视了）。
- 在我成长的年代，社会尚不能公开接受同性恋的行为。因此至少可以说，我将一部分原本会消耗在谈恋爱上的时间与精力投入到了学习、体育以及工作上。当初的付出令如今的我受益匪浅。
- 如今我公开了自己的性取向，其他人认为我对自身的状态很满意且毫不隐瞒，这使我与他人建立了信任。
- 更广义地说，作为同性恋者，我变得更加自信，别人是否知道我的性取向也不会对我造成任何影响。

同样，如果你确实无法改变自己的某些方面，比如身高、种族、口音、童年，或是你本人或你的父母坐过牢，想办法将它们转变为你的资产。另外，将你的标准定得高一点，如果你想要改变自己某些的确能够改变的方面，比如抽烟、肥胖或是还未完成某项学业，切勿将“我天生如此”这句话当成你不愿做出改变的借口。

如果改变它们确实在你能力范围之外的话，想方设法将其视作你的优势之一，这可以大大释放你的潜力并促使你进步，与我一样，它们之后也会成为你的资产。

几年前，我在危地马拉（Guatemala）谈到了以上观点。当时，坐在观众席后面的一位年轻人举起了拳头，然后轻轻地放在自己的胸口。最开始，我以为这手势只是表示他赞同我的观点，但当我仔细观察时才发现，他并没有握拳，他没有手指。我想他一定是在说：“这一点我无法改变，但这也正是我的优势。”

开启一段新的冒险旅程时，你需要利用自己拥有的一切资源与优势以提高自己的成功概率。其中关键的资源之一就是你的心智。正所谓“成也萧何，败也萧何”。本章将探讨保护、开发以及利用你的关键资源——心智——的 8 种方法。

比起天资，勇气更加难得。

——彼得 · 泰尔（Peter Thiel）

## 永远不要对自己做负面评价

2010 年 12 月，我登上了“普朗修斯号”（Plancius）极地科考船。它从火地岛（Tierra del Fuego）出发，穿越德雷克海峡（Drake Passage），前往南极半岛探险。漂浮在洋面的冰山从我们身旁掠过，上面挤满了企鹅。

冰山只有 10% 的体积会露出水面，剩下的 90% 都藏在水下。我们的心智与冰山类似：我们所接受的评价、信号、声音、气味与触感，能够被自己主动意识到的往往只有 10%。而心智会在我们毫无意识的情况下，将其余的 90% 暂存起来。其中的部分信息与信号，特别是那些不断重复的信息与信号，会被我们的心智当成真理，继而影响我们的自信心、态度以及行为。最危险的信息是那些我们不断大声重复或是告诉自己的负面信息：

- 社交令我不安。
- 我不擅长运动。
- 我很健忘。
- 我学习能力很差。
- 我数学不好。
- 没人会听我的。
- 我没有方向感。
- 我无法管理别人。

这些信息到头来都会成为“自我证实的预言”。如果你对自己说你的社交能力很差，那么你就会变成（或者仍然是）一个社交能力很差的人。如果你不断在潜意识里暗示自己不擅长运动，那么你就会变成（或者仍然是）一个不擅长运动的人。切勿让这类信息在你的心智当中被奉为真理。永远不要对自己做负面评价。如果一定要批评自己，就用过去式来描述吧：“我曾经……”

需要澄清的是，我们的目的不是避免给他人留下负面印象，他人怎么想跟我们没关系。我们关心的是自己的潜意识是怎么想的。所以一定要避免给自己的潜意识留下负面印象，它可是你最重要的观众。

同样，不要把之前在社交场合的笨拙表现或是较差的运动表现放在心上。怎样才能避免重复呢？想想别的事情吧，除此之外别无他法。

回想一下你最近对自己做过哪些负面评价，或是最近在你的脑海中留下了哪些负面想法。针对以上负面评价，列一个清单，事无巨细地列举出你有过的与以上负面评价恰恰相反的行为、表现或是动作（见表 7.1）。

表 7.1　负面想法与积极时刻

| 负面想法 | 积极时刻 |
|---|---|
| 社交令我不安。 | 在派对上，所有人与我沟通都很轻松。 |
| 我很健忘。 | 我记得所有文件的存档位置。 |
| 我数学不好。 | 我会心算。 |
| 我没有方向感。 | 我带领大家到了目的地，没有迷路。 |
| 我不擅长运动。 | 我在那场比赛中的发挥十分出色。 |
| 我学习能力很差。 | 他还没解释，我就知道该怎么做了。 |
| 没人会听我的。 | 我在一个小时内一直吸引着人们的注意力。 |
| 我无法管理别人。 | 我的团队在预算与规定时间之内完成了任务。 |

加入图片、视频、物品、奖品或是其他东西，尽可能地让你的积极

时刻更加具体、更加生动。展示你的证书与奖杯，其实最大的受益人就是你自己。乔希·拉穆尔（Josh Lamour）是 CustomerSat 公司的明星客户主任，他在办公室里摆满了自己赢得的几十个销售奖杯，多得都快放不下了。看着这些奖杯，乔希每天都在加强自己的潜意识，认为自己是成功者，而这也在推动他获得更多成功。你也能做到。将展示成就看作心智的精神食粮，就如同你给身体的食粮一样。

正如麻省理工学院（Massachusetts Institude of Technology）安·格雷比尔（Ann Graybiel）所言："打破旧习惯的唯一方法就是养成新习惯。"

## 不要抱怨或批评他人

当你抱怨或批评他人的时候，谁能得到好处？你自己。但这并不是获得好处的正确方法。

卡内基梅隆大学（Carnegie Mellon University）教授兰迪·波许（Randy Pausch）在 2007 年罹患胰腺癌，将不久于人世。但就在那时，他发表了震撼人心的演讲，即人家所知的"最后一课"，这场演讲很快传播开来，根据演讲所出的书也成了畅销书。波许教授在演讲中说道："抱怨不是策略。我们的时间和精力都是有限的，任何花费在发牢骚上的时间对我们实现目标都毫无用处，也不会让我们更快乐。"[1]

在我们批评他人时，内啡肽流入大脑，给我们持续 5 秒钟的快感与优越感。但是 5 秒钟之后，随着内啡肽消失，我们便会回到原来的状态，而被批评的人则会灰心丧气。不管怎样，结果都是消极的。

我曾经说，积极回馈与消极回馈的比例应维持在 10∶1。话虽如此，随着时间的流逝，在我脑中，这一最佳比例已经变成了 25∶1、50∶1、

100：1，甚至更高。

许多方法都比抱怨和批评好得多。比如，你可以提出问题来帮助他人寻找其行为或动作的含义，或是真诚地说出你希望通过改变行为或动作得到什么结果，又或是请他人给出建议，对他人做得好的方面表示祝贺。试试以上办法吧。

## 发现他人身上的优点

众所周知，提醒自己具有优势能够让我们变得更强。同样，提醒周围的人具有优势也能使他们变得更强。即便只是发现了他们有少许的勇气、判断力或者毅力，都应该让他们知道我们注意到了他们的优点（越具体越好），从而帮助他们建立内心的优势。人们往往会被帮助自己的人所吸引。因此，通过寻找他人身上的优点，你也能吸引一批优秀的人才，从而助你走向领导的位置。

想象地毯上的一个点，然后尝试通过这一点将地毯拎起来。如果其他位置的点没有同时被拎起来的话，光靠拎这一个点根本没法把地毯拎很高，不是吗？我们就像地毯上的一个个点。

## 短期目标变成长期目标是很快的

很早以前，当我还在读高中的时候，我属于手脚笨拙的那类人，体育成绩在学校也是垫底的。在夺旗橄榄球比赛中，我仅仅触杀过对方带球队员一次。可是帅气逼人的朱庇特高中（Jupiter High School）橄榄球队副队长巴迪·斯莫尔伍德（Buddy Smallwood）说这次触杀不算，没人认为我有能力触杀别人。

这么多年来，我一直在努力锻炼，保持健康的饮食。我不沉迷于此，但是一直在坚持。到我 40 多岁时，我的体能水平在这个年龄段的人里已经是前 10% 了。

你也可以做到。人生的各个方面，如运动、专业、学术、管理、交际、爱情，只要你坚持，就能从任何出发点达到你想达到的任何水平。在努力的过程中，评估自己的表现，收集反馈意见并采取相应行动，然后不断改进自己的方法。

创业也是一样。如果你擅长吸取经验，那么每开始一段新的冒险，你的成功概率都会比上次要高。如果你有热情与毅力，机会之神就会向你靠拢。举个例子吧，假如你的第一次冒险的成功概率只有 30%，那么第二次冒险的成功概率就会变成 50%，第三次变成 70%，第四次变成 85%。在四次冒险中获得一次成功的概率超过了 98%。[2]

## 对自己的“原创”想法要谦虚

在 20 多岁的时候，我想出了一段悦耳动听的大提琴的旋律，忙不迭地写在了乐谱纸上，然后得意地演奏给我的老师谢丽尔·费彭（Chergl Fippen）听。听后，她认为这段曲子的确比较悦耳动听，但是总觉得很熟悉。我坚称这不可能，这是我的原创，是直接从我的内心、我的灵魂深处传来的旋律。

几个月后，我正在开车，没想到收音机里竟然传出了我的曲子！不仅曲子一模一样，而且这个大胆的作者创作这首曲子的时间竟然比我早 100 年！原来，我的曲子来自鲍罗丁（Borodin）的《伊戈尔王》（*Prince*

*Igor*）前奏曲，这是一首非常经典的曲子，我肯定之前听过，但后来忘记出处了。

类似的事还包括通过电子邮件进行调查。尽管在 20 世纪 90 年代初期，这种方法比较新鲜，但我最初肯定是受了某人或某物的启发才想到的，只不过后来忘记了。我的意思是，不管什么时候你有了（或者自认为有了）原创的想法，一定要谦虚，谁知道你是不是某次受了某人或某物的启发才想到的。

## 找到一位你崇拜的祖先

我所听到的关于我曾祖父威廉·奇泽姆船长（Captain William Chisholm，1819—1903）的故事都令人印象深刻。奇泽姆船长出生于新斯科舍省（Nova Scotia）的安蒂戈尼什（Antigonish），他是家中十几个孩子中的一个，长大后成为了大师级别的水手与船员。他几乎造访过全球所有主要的港口，担任过太平洋某座岛屿的总督，并在“大东方号”（Great Eastern）上担任过官员，正是这艘船铺设了第一条横跨大西洋的海底电缆。他身强体壮。我的奶奶曾说，我曾祖父的手特别大，放在身体两侧时活像两条火腿。曾祖父在老家的地位也特别高，他的去世被马萨诸塞州（Massachusetts）马布尔黑德镇（Marblehead）的当地历史记载为 1903 年发生的十四件大事之一。[3]

总的来说，我的家族也没有特别出众。我的曾外祖父母路易吉·迪基伍尼（Luigi Digiuni）与玛丽亚·贝尔特拉米（Maria Beltrami）既不会读书也不会写字，我也是家族里第一个获得学士学位的男性。但是，所有人都会与某位成功人士有所联系，你要做的就是找到那位与你存在联系的成功者。威廉·奇泽姆船长就是我的榜样，作为他的曾孙，能够与他有血缘关系令我感到十分自豪。所以，你需要找到自己家族中令你崇拜的祖先。了解自己与这些祖先有哪些共同之处，然后从中得到动力。

## 建立人与人之间的联系：让世界变得更美好

回想一下是谁将你介绍给了你最好的朋友、你的联合创始人、非常重要的一个人或是你的伴侣。这些介绍人给你帮了大忙，不是吗？正是他们让世界变得更加美好。也许你对他们心存感激，你也可以为别人做同样的事。

如果一周过去了，我们还没有介绍两位有着相同兴趣爱好——如在运动、行业、科技、书籍、技能或学术方面——的人认识，那么我们无疑错过了丰富他人生活的好机会。在电子邮件的帮助下，这件事变得越来越简便了。如果是职业方面的介绍，我会这样写邮件，“玛丽，给你介绍一下来自 A 地的约翰·史密斯（John Smith）；约翰，给你介绍一下来自 B 地的玛丽·琼斯（Mary Jones）”；如果是比较私人化的介绍，我会省略掉“A 地”和“B 地”。记住，在介绍两个人认识的时候，至少要提及两个人有共同兴趣的一个方面，否则他们可能根本没有兴趣见面。以下是几个真实的例子。

——

玛莎（Marsha）、马丁（Martin）：

你们好。你们两位都是居住在布宜诺斯艾利斯（Buenos Aires）的企业家，我觉得有必要介绍你们相互认识一下！玛莎经营着一家营利性的中学，而马丁正在经营一家刚刚创立的音乐媒体公司。谷歌地图显示你们两位的距离不到 5 英里（约 8 千米）——跟邻居差不多嘛！

约翰

——

乔：

最近还好吗？我想向你介绍丹尼·特鲁希略（Danny Trujillo），他是一位健美运动员，正在学习房地产知识，目前在旧金山与海沃德（Hayward）的健身房做教练。

丹尼：

你好。我想向你介绍乔·卡雷罗（Joe Carrero），他曾经是加利福尼亚州轻量级的举重冠军。他许多年来一直在坚持锻炼身体，身材很棒。我之前住在门洛帕克的时候，他带我在山景城（Mountain View）的金吉姆（Gold’s）健身房进行过健身培训。现在他在房地产领域工作。

乔，我告诉丹尼，说你很愿意和他探讨职业与健美比赛方面的话题，他也很乐意与你见面。如果你们下个月有空的话，我请你们两位吃午饭，方便你们两位认识，同时我也可以和你们两位见面。

如果方便的话，请通知我。希望早日和你们见面。

约翰

——

亲爱的布鲁斯：

我在旧金山向你问好！你和你的家人在锡达拉皮兹市（Cedar Rapids）过得还好吗？我想向你介绍来自中国深圳中核集团的大卫·吴（David Wu）。大卫是他们公司核安全系统设计办公室的主管，他主要负责为客户设计核安全系统，工作内容包括项目设计、施工设计、设备选型和相关资讯服务。他的团队已经成功为五座核电站（1 000MW）设计了安全系统，其中两座目前已经投入运营。

亲爱的大卫：

很高兴能够在从旧金山飞往阿尔伯克基（Albuquerque）的航班上与你相识。我想向你介绍我认识了很久的好友，布鲁斯·莱西（Bruce Lacy）。布鲁斯曾经在美国陆军担任了四年的军官，退役后在加利福尼亚州圣何塞为著名的索尔·利维（Sol Levy）博士工作。利维博士曾经负责过通用电气公司的核电项目。后来，布鲁斯前往艾奥瓦（Iova）州锡达拉皮兹市，成为了当地的杜安·阿诺德（Duane Arnold）核电站的维护主管。之后，他被联合能源公司聘为战略主管。现在，他创立了莱西咨询集团（Lacy Consulting Group，可参考网址 www.lacyconsultinggroup.com），为核电行业提供咨询服务。

两位，我相信你们一定会有很多共同话题，也一定会从相互的结识中受益良多。希望能够很快再次见到你们，在美国或中国都可以。

约翰

介绍别人认识需要什么成本吗？你只需要想一想两个人有哪些共同兴趣爱好就行了。这才是无价的。

## 【模拟演练】

回想两到三个你曾经对自己做出的负面评价，然后想想有没有哪些事件能够证明你对自己的负面评价是错误的。

## 【核心要点】

- 如果你无法改变自身某些方面，想方设法将其视作自己的资产。
- 永远不要对自己做负面评价。
- 不要抱怨和批评他人。
- 发现他人身上的优点。
- 短期目标变成长期目标是很快的。
- 永远对自己的“原创”想法持怀疑态度。
- 找到一位你崇拜的祖先，明白自己继承了他的一部分特质。
- 建立人与人之间的联系，让世界更加美好。

第 8 章

# 记住，你是一名技术主义者

我们至今仍处于互联网革命的黎明。

——斯科特·库克（Scott Cook）

我成长于20世纪60年代的佛罗里达州（Florida）朱庇特市，那里随处可见海龟、渔具和冲浪用具商店。100多年以来，朱庇特市的红砖灯塔一直是当地最知名和最受欢迎的地标建筑。每天晚上，我们家里的孩子都会抬起头，看着灯塔上的灯光每隔90秒扫过一次我们家100英尺（约30米）长的前院，仿佛盖上了一层保护罩。周末，灯塔便会开放供参观，人们可以爬105级楼梯来到塔顶。自1860年开始，这台巨大的菲涅耳（Fresnel）透镜大灯每晚都会“俯视”着从洛克瑟哈奇河（Loxahatchee River）驶向朱庇特入海口的一艘艘快船、克里斯（Chris）游艇和单桅帆船。

1979年，朱庇特最出名的居民伯特·雷诺兹（Burt Reynolds）大张旗鼓地宣布他的餐厅剧场正式开业。于是，这个明星荟萃的旅游景点很快取代灯塔成为朱庇特最知名的地标。短短几年后，伯特卖出了他的剧院，而剧院在1996年突然关门歇业。于是，灯塔再次夺回了首席地标的位置，似乎对这一切概不知情，什么都没有变。

我7岁那年，一辆卡车在拐弯时把数百颗卵石甩到了我们家，前院里到处都是，甚至连马尾藻附近都有。父亲和我不得不一颗一颗将它们从草地和沙地上捡起来。我突然说：“用耙子吧！”父亲对我的想法提出了表扬，我也对自己的主意十分得意。于是，我连忙跑到车库里的杂物间，拿了一把竹耙子出来。多亏了耙子，我们很快就将卵石清理干净了。或许我父亲首先想到了这个办法，然后通过某种方式让我说了出来，从而在我心间点燃了热爱创新的火苗。如果是这样的话，我会十分感激他。50 年之后，我仍然认为创新的方式没有变，即在需求驱动下产生的新工具、新技术或新的解决方案。

不管你记不记得，实际上你也想出过许多用于解决问题的工具、技术与方案。比如你曾经：

- 在忘记拿钥匙的情况下，仍然想办法打开了房门、车门或是公寓门。
- 在紧要关头修补好一件衬衫或一条裤子。
- 将剩菜又做成了一桌菜肴，或者帮助了某个误入歧途的人。
- 买到了已经售罄的演唱会门票。
- 记住了整张单子上列出的数字或物品。
- 通过推特使用脸书（Facebook），或通过领英（Linkedin）使用谷歌。
- 将创可贴当作透明胶使用，或反之。

你自己就是一名创新者。从很大程度上来说，所谓企业家精神，就是将类似的想法一次又一次地付诸行动。你无须成为第一个想出办法的人，其他人可能都有过相同的想法，但是从未付诸行动，而你付诸了行动，这就是你与他人不同的地方。有的创意你还会不断地使用。

除了创新，你每天也会用到新科技：智能手机、即时通信、Instagram（照片墙）、Skype（网络电话）、脸书、iPod（苹果公司音乐播放器）、PayPal（贝宝）或 iPad 等。只是这些技术出现最早的至今也不过 10 年，如果再加上出现更早的常用技术，那么还有电子邮件、彩色打印机、Windows（微软视窗操作系统）、笔记本电脑、电脑投影仪和数码相机。如果再加上出现了 50 年左右的常用技术，那么还有电视机、口服避孕药、无线车库开关、微波炉、商用喷气式飞机和软性隐形眼镜。在这些技术中，你每天总会用到那么一两个。

如果再加上出现了 100 年甚至更久远的技术，那么就包括汽车、电梯、电灯、双光眼镜、冲水马桶、摄影、缝纫机和阿司匹林。如果再往前追溯 1 000 年，则包括炊具、油灯、文字。再往前追溯 10 000 年，则包括农业、轮子、鞋、油彩和各类打猎打鱼工具。要是你再往前追溯，就连你在紧要关头修补好的衬衫或裤子都算得上是新科技。人类学家称，人类的第一项技术发明是 200 万年前用来切割或劈砍东西的石头。你就是一群技术主义者的后代，他们的创新积累为我们创造了便利。

所以说，你也是一名创新者，每天使用着由许许多多技术主义者所创造的技术。不管你自己怎样看，你就是一名技术主义者！

## 能够为任何商业类型带来益处的技术

尽可能地运用科技有益于所有创业活动。它们一方面让你的业务更有效率和效益，另一方面也可以让你在同行中脱颖而出，即让你更具优势。

有些技术几乎可以被有效地应用在任何商业类型上，比如：

- 网站。
- 客户或潜在客户数据库以及电子邮件地址管理系统。
- 可以让你的客户在线预订或购买产品或服务的工具。

- 在线客户反馈调查。
- 可以使客户与潜在客户分享与你的产品或服务有关的观点（最好能够进行热烈的讨论）的在线社区。
- 可以用于分享公司各种数据的工具，数据包括团队成员的地址、通讯录、工作安排、近期活动、客户信息、项目现状以及其他可用的资源。
- 使支付、会计、库存、预测、发工资和发货等环节实现自动化的软件。

这些技术可以让你的业务更有效率，更有效益，更有效果。随着产品的增加或业务量的提升，你可以试着使用这些技术中的一部分，如此你便能与竞争对手处于同一起跑线上。

## 对你的业务特别有利的技术

下面我们继续谈谈能让你获得优势的技术。为了获得优势，你需要找到合适的技术，并知道如何利用好它们。所有商业活动都能够从技术中受益并获得优势。对于酿酒、手工编织篮筐以及集邮等传统行业而言，技术似乎无关紧要，甚至完全就是科技的对立面。即使对于这些传统行业来说，使用新技术也绝对能够展现优势。

- 酿酒：可以通过化学方法在产品离厂前识别哪些酒已经坏了，也可以根据不同宴会或口味的要求准确定制产品。
- 手工编织篮筐：使用光学纤维制作能够在黑暗环境中发光的产品，

而且还能变换图案，图案还可以定制。用激光引导编织者的手指，从而迅速可靠地完成复杂图案的编织。

- 集邮：可以使用智能手机扫描邮票，利用图像处理技术与邮票数据库进行比对，评估其状况，并根据目前的市场价格迅速判断邮票价值。

如果这些传统行业都能够从技术中获益，那么你的业务就更不用说了。

预测未来最好的方式就是创造未来。

——艾伦·凯（Alan Kay，计算机科学家）

## 新科技很可能还没有被利用起来

尽管你知道哪些技术能够让你脱颖而出，但事实上，最新的技术成果很可能从来没有被其他人使用过。我的第一家公司 Decisive Technology 在 25 年前是第一家实现自动化在线调查的企业。大部分从业人员，特别是我们的竞争对手，都在坚持传统的纸媒或电话调查，都对我们的业务不以为然。他们坚持认为我们绝对不可能通过互联网获取受访者任何有代表性的反馈。然而时至今日，在线调查获取的数据量远远超过了其他方式。同样，10 年前很少有人会想到，今天我们会通过网络售卖图书、用平板电脑阅读或是通过推特为客户提供服务。所以，千万不要听信那些说新技术没用或是绝对没戏的人。时刻竖起你的耳朵，坚持做“第一个吃螃蟹的人”，尽可能多地去尝试最新的技术。

你很可能对以下消费技术最为熟悉，例如，智能手机、iPad、脸书、推特、

Skype、GPS、Bluetooth（蓝牙）以及PayPal。来自硅谷风险投资公司克莱纳·帕金斯（Kleiner Perkins）的约翰·多尔（John Doerr），将这类在线技术归类为SoLoMo，即其具有社交性、本地性以及移动性。但是最新的技术数量绝对不亚于这类技术的数量。

- 能够使大量产品——从软性饮料罐到SUV——变得更轻、更坚固，从而使运输成本更低的新型材料。
- 能够使电动汽车与混动汽车更加实用，价格更加低廉，并能够让用户进行长途家庭旅行的新型电池。
- 供制药企业使用的高精度基因复制工艺。
- 能够清理近地轨道的太空垃圾，使卫星更加安全的激光。

还有一些介乎消费技术与商业技术之间的技术：

- 能够追踪体温、血糖含量、呼吸、心率以及更多体征信息的可穿戴式设备——这也属于量化生活与个体化治疗运动的一部分。
- 能够让所有人都可以开发App的编程语言。
- 可以供DIY爱好者使用的基因测序设备。
- 商用与个人的自动飞行器（无人机）。

每个领域几乎都能列举出数千种最新科技，由于篇幅所限，我就不一一说明了。你可以看一下表8.1。

表 8.1　各领域新技术举例

| 领域 | 举例 | |
|---|---|---|
| 能源领域 | 生物燃料<br>混动汽车<br>核聚变<br>水力压裂 | 地热能<br>太阳能电池<br>水平钻井<br>风能 |
| IT | 分析学<br>NLP<br>个案管理<br>网络安全<br>相关性<br>在线搜索 | 众包<br>优化<br>GPS 工具<br>用户界面设计<br>图像识别<br>用户生成内容 |
| 材料领域 | 3D 打印<br>膜材料<br>电池<br>内存 / 数据储存<br>制陶<br>冶金 | 复合材料<br>纳米器件<br>转基因材料<br>聚合物<br>磁学<br>半导体 |
| 医学、制药以及医疗设备 | 生物可吸收聚合物<br>智能修复术<br>人工血液<br>寿命延长<br>计算机辅助药物设计<br>微型泵<br>药物递送 | 核磁共振<br>基因组药理学<br>营养医学<br>触觉学<br>智能手机诊断<br>移植技术<br>超声波 |

## 如何了解新技术

数千种技术供你选择，因此一定要谨慎。以下是两条标准：

- 哪种技术你最有兴趣去了解或能够引起你的兴趣？

- 哪种技术最有可能帮助你更好地满足客户需求并脱颖而出？

在所有资源中，维基百科对我个人而言是最好的学习资源。我每周都会使用很多次维基百科。博闻网（HowStuffWorks.com）上有对各种各样事物的解释，从电吉他、房地产泡沫到几大橄榄球球队头盔中的无线电台，等等。Quora（一个知识分享网站）则提供各类人士对不同问题的回答。另外，为了让自己随时都能了解最新的技术成果，我还会做下面的事情：

- 和“技术宅”交朋友，和他们聚会，或是邀请他们来我家做客。
- 看 TED（美国一家私有非营利机构发起的知识分享会）视频，参加本地的 TED 大会。
- 阅读《连线》(*Wired*)、《技术评论》(*Technology Review*)、《科学美国人》(*Scientific American*）等杂志。
- 参加科技展会：
    - 拉斯维加斯（Las Vegas）的国际消费电子展（CES）。
    - 得克萨斯州奥斯汀（Austin，Texas）的西南偏南艺术节（SxSW）。
    - 创客展会（Maker Faire）。

许多全球顶尖大学，如麻省理工学院、哈佛大学、斯坦福大学（Stanford University）等，都提供免费的在线科学与工程课程。另外还有人提供免费计算机编程教学。可以浏览以下网站：

- www.edx.org。

- www.coursera.org。
- www.udacity.com。
- www.codecademy.com。

可汗学院提供数千门高中与大学层次的免费在线“迷你”课程。

如果你此前由于高昂的学费、大量的资格考试或水平低下的公立学校教育等而无法接受顶尖的教育，那么如今这一切都不再是问题。越来越多的免费在线课程正在向所有人开放，你需要的只是激情与毅力。

尽你的所能，跟上与你相关的领域中最新的科技趋势。在 CustomerSat，我们注意到个案管理——对客户需求进行记录、归类、分配以及增强的能力——是客户关系管理软件的核心，也是与我们相关的领域。于是，我们的产品团队主动探索如何能够让个案管理有利于并融入我们的软件。[1] 因此，当我们的重点客户霍尼韦尔（Honeywell）公司提出让我们把个案管理添加进系统的时候，我们能够迅速做出反应。于是，这也成了 CustomerSat 的关键优势之一。

## 【解疑答惑】

**提问：**

我学的是诗歌专业。我从来都没有下载过任何 App。我的人文学教授坚称我不是技术主义者，也永远变不成技术主义者。

**回答：**

你直接找到你的教授，向他表明你的不同意见。你是人类吗？当然是了。根据本章之前的内容，你毫无疑问就是一名技术主义者。

## 【模拟演练】

1. 列举出在过去 30 天里你自己提出的三项创新，无论多么微不足道，无论哪一方面都可以。

2. 确认一项在你看来能够满足目标客户需求的技术。找到相关技术的在线课程，如果是免费的当然更好了。开始学习课程，但不能只是看讲课内容，还需要参加并通过考试，最终掌握这些材料。如果你尚未开始，就将该项技术加入你的资源清单。

3. 将你的知识与他人分享。创建或编辑维基百科词条。

## 【核心要点】

- 你是一名技术主义者，在你之前，有无数技术主义者。
- 几乎所有商业类型都可以从一到两项技术中受益。技术不仅能让你更有效率，还能够使你具有优势，脱颖而出。
- 最新技术一般来说都还没有被用来满足客户需求。尽你最大的努力了解尽可能多的技术信息。
- 同时考虑消费技术与商业技术。
- 尽你最大的努力，紧跟你所关注领域的技术前沿。

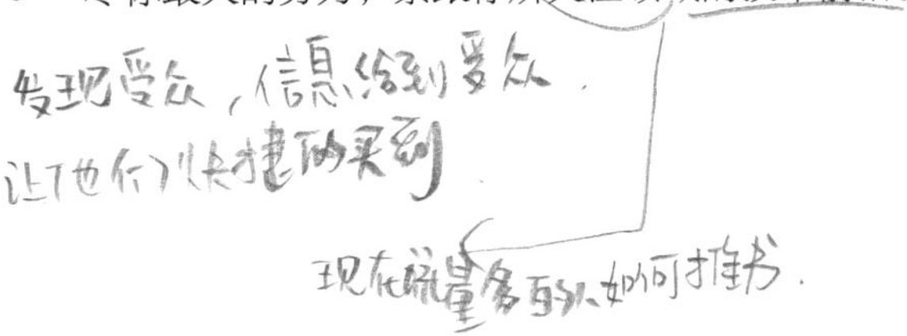

第9章

# 做得更好不如与众不同

所谓战略，就是进行选择和权衡，就是故意选择与众不同……从一家公司的战略就可以看出它想要在哪方面变得独一无二。

——迈克尔·波特（Michael Porter，哈佛商学院著名教授）

惠普、联想、戴尔以及其他销售笔记本电脑的公司使用的操作系统都是微软的 Windows。每家公司的产品都会在某些方面越来越优于其他公司的产品，比如，会有一两家公司的操作系统的运行速度比其他公司快 20%，而 30% 的优惠还会使其拥有更高的性价比，产品包装压缩了 20%，电池续航时间也延长了 25%，或者配备了比原来尺寸大 20% 的显示器。

相比之下，苹果公司就显得与众不同了（见图 9.1），其产品更方便用户使用，更图像化，还拥有比 Windows 更多的更独特的关于推广、照片、音乐和视频的工具和 App。与惠普、联想和戴尔不同，苹果公司不仅有专属的硬件系统，还开发了自己的操作系统，并将两者紧密结合在一起。苹果公司多年来的口号就是“非同凡想”（Think Different）。多年来，苹果公司一直稳扎稳打，不断抢走微软的市场份额。2010 年，苹果公司的市值首次超过微软。2011 年，苹果公司成为世界上市值最高的公司。

所以说，做得更好不如与众不同。

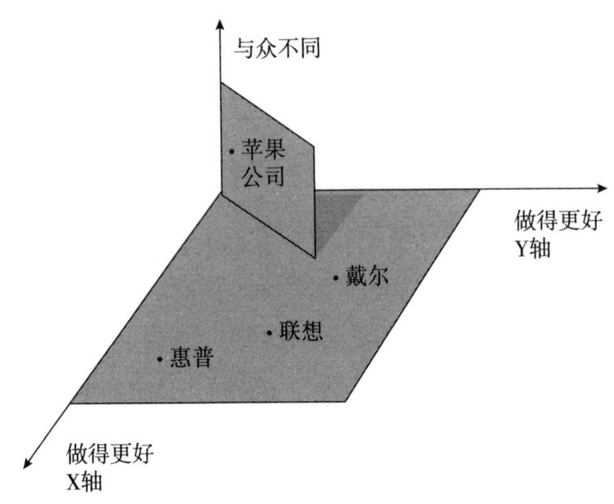


图 9.1　与众不同会让产品的维度也变得不同

我这么说是什么意思呢？当我说“做得更好”的时候，我是指其在定量上比当前可达到的水平更高。比如，电池续航时间比别的电池长 25%，计算程序或软件的下载速度是别人的两倍，存储设备比竞争对手便宜 20%。对于新成立的公司来说，这样的定量优势可以说是微不足道。你的竞争者可能包括那些规模更大、发展更完善、更知名的公司，而且大多数行业的产品性能和成本也会不断地进行定量改进。对于刚成立的企业来说，仅拥有定量优势是很难维持运营的。CustomerSat 将需要单独发布的企业反馈分析的计算速度提高了 10 倍，而其竞争对手拥有的唯一优势就是将数据处理速度提高了两三倍，这使后者的处境更加艰难。

当我说“与众不同”时，我指的是一种定性优势，这种优势就是通过使用不同的方法、设计或技术，使你的产品或服务成为某些重要客户群体的最佳选择。与众不同可以让你在一个或多个不同的维度上区别于你的竞争对手，无论是客户需求还是产品特点，例如：

- 其他牙医会限制前往其牙科诊所的患者流量，你作为牙医，则会上门看病。
- 其他电工和木工会互相举荐，但你知道，很多工作都会同时涉及这两项技能，所以你和另一个工种的伙伴会使用在线工具来整合你们的日程安排、需要提供的服务和计费单。
- 其他客服中心都是让客户在接受电话服务后填写一份满意度调查表，但你会询问客户是否可以进行电话录音，然后和经理运用音频处理技术来测量客户声音中的紧张或愤怒程度，监测其在电话服务过程中是否有上升或下降的趋势，并标记出异常值。

与众不同的产品或服务并不是面向每一个客户的，但没有关系，只要你能赢得一群虽然规模小但足够强大的客户对产品的忠诚度，他们就会成为你的产品或服务的回头客。久而久之，他们会购买你更多的产品或服务，并将你的产品推荐给他们的同事或朋友，而你则可以从良好的口碑中获得更多的好处。

如果你具有足够强大的优势，那么你想要在同一方面区别于那些已经发展得很好的竞争对手也是有可能的，但这比在没有竞争对手的方面变得与众不同更加困难。内存是其他平板电脑 20 倍且价格相似的平板电脑，可以利用其内存大的优势来运行全新的使用模式和 App，这才是真正的与众不同。也许你使用了一种新的存储技术来实现这一功能，但由于内存大小是平板电脑制造商的主要竞争方面之一，所以你一定要注意其他竞争对手会努力在短时间内赶超你（使用一个或多个专利证书、许可证等充分保护你的新技术）。

“做得更好”意味着新成立的公司必须直面更强大的竞争对手。“与众不同”则是指找到一个没有竞争对手但某些客户群体很看重的方面，并在这一方面超越其他竞争者。如果你能找到两个这样的方面并在这两方面超越其他竞争者就更好了，这样你就不用与已经发展得很好的竞争对手直接竞争了，你还会有更多的时间和空间来发展自己。

## 更健康的游泳池

身材高挑的卡萝尔·麦克纳（Carol Mckenna）吃了半辈子粗粮，并坚持做瑜伽多年。在 2004 年，当她收购了位于威可洛亚（Waikoloa）的西夏威夷游泳池和水疗中心（West Hawaii Pool and Spa）后，就对这个处于竞争红海的公司进行了彻底的变革。在炎热的气候中，纯氯会迅速蒸发，所以夏威夷的游泳池都会添加可以减慢纯氯蒸发速度的三聚氰酸，这样就可以让游泳池在一周的时间里都保持充分氯化。大多数游泳池只是简单地添加了一种混合了氯和酸的片剂。但当氯蒸发时，酸却没有随之一起蒸发，这使游泳池里产生了大量会使眼睛烧伤、皮肤干燥、墙壁腐蚀的残留物。更糟的是，酸的浓度越来越高的话，氯就不能杀死池中的藻类。

这些问题让卡萝尔感到头疼。其他游泳池的经营者每年都把自家游泳池里的水排干一次，清除残留物，然后再灌满清水。但卡萝尔不想让自己的客户和他们的家人整整一年都在一池越来越不卫生的水中游泳。最后，她找到了一个简单的解决办法：每个星期，除了往池里加入混合了氯和酸的片剂外，她还会抽出两英寸（约 5 厘米）高的水，然后再补充一些新鲜的水。这样就可以适量地减少水中酸的含量,也就不会产生残留物了。虽然这会增加维护游泳池的时间和工作量，但为客户提供了一个更卫生的游泳池。卡萝尔每周都会很愉快地完成这些额外的工作。

现在，西夏威夷游泳池和水疗中心正是以其全天然的游泳池维护工作而闻名威可洛亚。卡萝尔还将其服务进一步扩展，在游泳池中添加了能杀死藻类、软化水质的矿物质，减少或消除对酸和氯的使用。她的游泳池跟威可洛亚其他的游泳池明显不同。对卡萝尔来说，做得更好不如做得与众不同。

## 更轻的飞机，可收缩的聚合物

因为被偶然分配到美国原子能委员会（Atomic Energy Commission）的一个研究项目中，麻省理工学院毕业的化学工程师保罗·库克（Paul Cook）接触到了当时尚未成熟的高能辐射工业应用。在斯坦福研究所（Stanford Research Institute），库克发现如果将聚合物暴露于电离辐射下，就会产生具有各种属性的绝缘体。这些属性包括质量小，具有耐热性，甚至可以进行热收缩。经过各种实验和改进，他将这些绝缘体变成了有用的商业产品。这些绝缘体可以用来包裹电线，而且因为其质量小，还可以显著降低飞机和导弹的重量，这对增程来说尤其重要。能进行热收缩的聚合物则可以用来制造把管道、电线或电缆连在一起的电子管。将用聚合物做的电子管的相邻两端穿圈，再用热风枪加热，使其收缩，一个密封、防水、防尘的连接线就做好了。

库克和别人共同创办了瑞侃（Raychem）公司——第一家将放射性化学品商业化的公司。瑞侃公司有意开发和销售一些完全不同于其他公司产品的产品，这样就可以避免直接竞争。在成立的最初几年，该公司的全部收入都来自售卖其产品，因为瑞侃公司是这些产品的唯一供应商。

即使在20年后，该公司仍是市场上近半数此类产品的唯一来源。该公司发展迅速，在20年间，其年均增长率为25%，成为《财富》杂志500强公司之一，而且其收入在被收购前就达到了20亿美元。对瑞侃公司来说，做得更好不如做得与众不同。[1]

与众不同不仅可以让你拥有独特的客户群体，也会使那些已经发展得很好的竞争对手难以招架。在《创新者的窘境》一书中，克莱顿·克里斯坦森精心整理了以下资料：在20世纪80年代和90年代，一些名气很大的硬盘驱动器生产商发现很难将其产品转变成一种新的、外形更小的系统，最开始是5.25"，然后是3"，再然后是2"，接下来是1.8"，尽管外形较小的驱动器更适合迭代后变得更小、更方便携带的电脑。这些名气很大的硬盘驱动器生产商现有的客户——大型计算机主机和小型计算机的制造商——则希望存储容量能够变大，而存储每兆字节数据的价格能够降低。相比之下，新型硬盘（最初阶段）不仅容量更小，存储每兆字节的价格也更高。在这种情况下，总会有一个或多个突然兴起的硬盘制造商因为没有参与大型硬盘驱动器的市场竞争，而赢得了小型驱动器的市场。所以说，做得更好不如做得与众不同。

## 【模拟演练】

客户为什么会选择那些能够满足与你试图满足的需求类似的公司？列出三到四个理由。现在，想想那些客户会选择你的理由，只列出不适用于其他公司的理由。这些理由是你区别于其他公司的地方。

## 【核心要点】

- “做得更好”意味着新成立的公司必须直面更强大的竞争对手。

- 在某些客户群体很看重的方面做到“与众不同”，你就不用与已经发展得很好的竞争对手直接竞争了，而且你还会有更多的时间和空间来发展自己。
- 与众不同不仅是产品的核心，也可以为你想解决的需求问题提供帮助，当然，也可能是你成功的关键。
- 随着你的回头客越来越多，他们会把你推荐给其他人，你在此过程中也在不断成长。

第 10 章

# 盘点你的资源（步骤 4–2）：还能满足哪些需求

就从此地开始，用好手中资源，做力所能及之事。

——阿瑟·阿什（Arthur Ashe，美国世界顶级网球选手）

## 报废车的价值

在休斯敦（Houston）以西74英里（约119千米）的小镇哥伦布（Columbus），高大魁梧的雷·戴利（Ray Daley）14岁了，拿到学习者驾驶证的他正开着家里的大卡车围着自家农场转悠。不久后，他用自己所有的积蓄购买了一份珍贵的财产，一辆1965年产的红色福特雷鸟（Ford Thunderbird）。

这辆配备了V8发动机和两个车前灯的双门敞篷车是雷的骄傲，开着它在哥伦布四处转悠是他最开心的事。在这个到处都是采矿场和养牛场的小镇上，没人不知道雷和他的车。一天晚上，雷的哥哥隆尼（Lonny）借走了他的雷鸟。隆尼在有停车标志的地方和一辆银色的奥兹莫比尔德尔塔98（Oldsmobile Delt 98）撞到了一起，奥兹莫比尔彻底毁了，而雷鸟的正面也被撞得粉碎。雷非常生气。

为了尽快解决问题，男孩们的父亲让隆尼按原价买下了这辆奥兹莫比尔。气恼的雷想让隆尼支付修理雷鸟的费用，但他们的父亲不允许。相反，他让隆尼把被撞毁的奥兹莫比尔给了雷。雷就不得不通过卖掉奥兹莫比尔的零件来赚取修理或替换雷鸟保险杠、格栅与发动机罩的钱。这真是个麻烦事。他贴了一张要卖掉奥兹莫比尔的发动机的广告，并开始寻找已报废的1965年产的雷鸟，准备用其零件替换被撞的雷鸟的正面。然后，一个机会就在不经意之间出现了。

镇上一个来自古巴（Cuba）的老寡妇刚好要处理掉她院子里那辆没有发动机的旧雷鸟。这完全符合雷的需要。只有一个问题：她还想一并处理掉另外4辆报废车。雷只有带走所有车才能得到那辆雷鸟，而且如果他这样做，那5辆车都会免费给他。雷表示他根本用不上这5辆车，也没有地方停放这5辆报废车，但是老太太很固执。雷和他的一个朋友就借了一辆小货车和一根拖车链，分5次把所有车拖到了自家的农场。

现在，雷已经有7辆坏掉的车了：被撞毁的奥兹莫比尔，他自己的雷鸟，从古巴老太太那里得到的没有发动机的雷鸟，以及其他4辆车。他找到了愿意买奥兹莫比尔发动机的人，用报废雷鸟的零部件修好了自己的雷鸟，大部分修理工作也都是他自己完成的。然后，其他事情发生了。他有好几辆报废车的消息被传开了，邻居们开始跟他要一些汽车零部件。虽然雷才念初中，但他意识到自己有做生意的天分。他用这7辆报废车开了一个叫“戴利救助”的汽车零部件店。经过多年的努力，这家店变成了价值百万美元、拥有9名员工的戴利钢铁公司。

在这个案例中，雷·戴利最开始并不是在看到客户的需求后再来寻找满足这些需求的资源的。恰好相反，是他所拥有的那7辆报废车使他能满足被激发出来的客户需求。

同样，正如我们在第9章所提到的，保罗·库克发现了一种可用于飞机和其他商业用途的新型绝缘体。正是这一发现让库克和别人共同创办了瑞侃公司——后来发展成价值20亿美元的企业。在这个案例中，库克也不是找到客户的需求后，再去寻找一种可以满足这种需求的技术。

恰好相反，是该技术不寻常的特性表明它可以满足某种需求。

## 资源激发需求

历史上最重要的一些发明并不是源于它们要满足的特定需求。相反，发明者往往是在开始使用一种技术或其他新奇的资源后，才在偶然的情况下发现它们可以满足的需求。这些意外的发明包括麻醉药、玉米片、炸药、烟花爆竹、微波炉、心脏起搏器、青霉素、便利贴、薯片、糖精、橡皮泥、弹簧、尼龙搭扣和万艾可（Viagra）[1]。在本章和下一章，我们会对“从拥有的资源开始，发现其可以满足的需求”这一过程进行介绍。

确实是需求而不是资源激发和推动了大多数创新和发明，但资源也激发了足够多的需求和创新，所以，有意去寻找你的资源可能满足的需求是非常值得一试的，特别是当你的资源与众不同时，就像 7 辆报废车或一种新型的绝缘体。这里有 5 个需要记住的小窍门。

第一，尽可能多地考虑你的资源可能满足的潜在需求，因为这些潜在需求大部分都是看似无用的。前面列举的那些有意外发明的人并不比你聪明。在许多情况下，只不过是因为他们很幸运。但比起其他人，他们一定尝试了更多的可能性，因为绝大多数的试验都不会成功。你也会想做同样的事情。

第二，聚焦于你资源中的各种技术，尤其是那些新技术。技术越新，你越可能发现其他人还没有考虑到的用途（它可以满足的需求）。

第三，思想要开放，这样才能识别和找到那些与资源相匹配的有效需求。客户的需求往往难以识别，直到一种能够满足他们需求的手段进入你可以接触到的范围。在 19 世纪早期，人们从没想过可以跟远方的人对话，因为这听上去完全不可能，就像今天的大多数人认为像《星际迷航》（*Star Trek*）里的远距离传送是不可能的。甚至在电话首次展示后不久，在美国西部联合电报公司（Western Union）的一份备忘录中出现了这样一句话，“作为一种通讯工具，‘电话’的缺点太多了。该设备本身是没有价值的”。[2]所以，不要犯同样的错误，对所有的可能性都不要有偏见。

第四，做事要谨慎，因为用资源激发需求是有风险的。通过与潜在客户进行讨论和细致研究，比其他人更加努力地确认这些由资源激发出来的需求是真实存在的。

最近，两位年轻企业家向我介绍了一种有趣的新技术：一款“基于浏览器的”“可互动的”“具有网络意识”的软件。但是，他们说不出这种软件可以满足哪些需求。在经过深入讨论后，我们认为他们的技术可以帮助分散式分布的项目团队共享信息。但几乎每一个主要的IT供应商——苹果、谷歌、微软、甲骨文（Oracle）、Salesforce（赛富时）和SAP（思爱普）——都有满足这一需求的工作组办公软件。他们研发的新软件可能会更优秀，但与这些主要供应商的办公软件并没有什么明显不同。

为了避免与IT行业的巨头进行直接对抗，这两位企业家可能需要选定一种更具体的客户需求。比如，在他们的家乡安装或升级这种用于企业的工作组办公系统。因为在家乡，这些企业家不仅有熟悉当地情况的优势，而且他们的竞争对手会变成规模更小的系统集成商，而不是那些大型IT供应商。或者，他们可以利用他们的软件增强当前主要的工作组办公软件的应用能力。在这种情况下，他们就要与目前的IT巨头进行合作，而不是与它们竞争。

第五，系统考虑资源的所有组合，最有效率地利用时间。我们将在下一章讲解这一点。

## 【模拟演练】

1. 我们将对下面这张展示了你所拥有的资源的 STARS 图进行讲解。现在，考虑一下可能会用到这些资源的需求。通过创建图 10.1 所展示的各项联系，你需要想出两个你以前从来没有考虑过的需求：病人和医生之间英语 – 西班牙语的自动翻译，同城当天送药。

再次强调，对这些潜在客户的可能需求进行确认是非常重要的。

2. 如果你还没有这样做过，那么制作一张像图 10.1 一样关于你所掌握资源的 STARS 图。找到至少三个由你的资源激发出来的，可以使用你的资源来满足的需求。

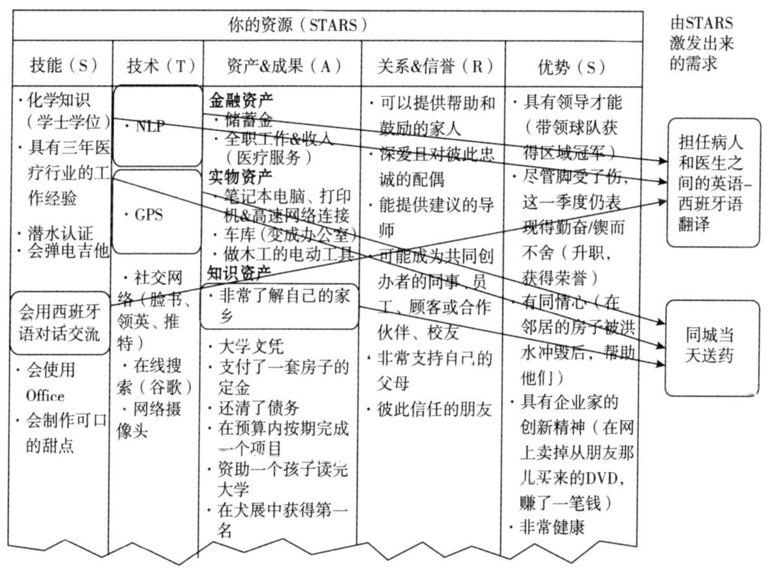


图 10.1　你的资源所激发的客户需求

**【核心要点】**

- 你的资源本身就能激发待满足的需求及其解决方案，许多重大创新都是这样发生的。
- 尽可能多地考虑你的资源可能满足的潜在需求，因为这些潜在需求大部分都是看似无用的。
- 聚焦于你的资源中的各种新兴技术。
- 思想要开放，这样才能识别和找到那些与你的资源相匹配的有效需求。
- 要牢记：用资源激发需求是有风险的，要更加努力地去确认这些由资源激发出来的需求是真实存在的。

第 11 章

# 老妈，快看！我在搞发明！——技术混搭和组合

天地之大，赫瑞修，比你所能梦想到的多出更多。

——《哈姆雷特》(*Hamlet*)

我们通常将一个灯泡视为单一整体，但是事实上，它是由许多技术组合而成的。一款节能灯是由一个带有荧光涂层的玻璃外壳、氩气、水银蒸气和整流器组成的。一款传统的白炽灯，是由玻璃外壳、灯丝、真空、惰性气体、底座组成的。很多创新，包括很多专利，通常都代表着当前最新的技术组合。[1]

如果两项技术都很新，而且还没有被组合使用，那么这就是机遇。也就是说，目前还没有人注意到或发现某种需求或解决方案是同时需要这两项新技术的。但是，如果不断地采用这些新技术，那么人们就会了解或发现一种或多种需求和解决方案。虽然同时使用两项或更多项新技术的机会越来越少，但是比起使用单项技术，技术组合的发展还是越来越快（见图 11.1）。

通过手机、网络地图、GPS、餐厅评论和网上预订服务，你能立马找到离你最近的泰国餐厅以及这些餐厅在 Zagat（美国一款收集消费者对全球酒店、餐厅、购物和其他场所的评价的软件）上的等级评定，并可以预订座位。麻省理工学院数字商业研究中心（MIT Center for Digital Business）主任埃里克·布莱恩约弗森（Erik Brynjolfsson）说："只有组合新技术，才有可能想出新奇的解决方案。"[2]

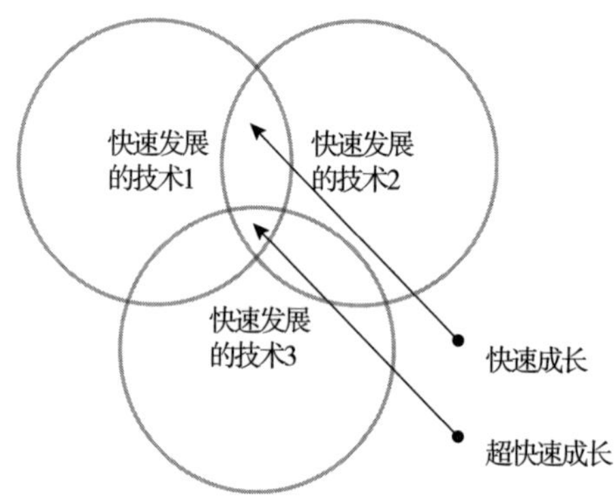


图 11.1　技术组合产生新机遇

在本章，我们将系统地组合一些你所熟知的技术。我们不断寻找、测试这些组合，因为这些组合或许能够满足新的客户需求，或为你的业务提供帮助。换句话说，你的任何资源都可以被组合。而且，如果技术、技能和其他资源本身就很专业化的话，那么你很可能会找到它们之间有用的组合方式。

随着新技术的不断涌现，技术组合的数量也在快速增长。假设你对技术组合充满了激情并坚持不懈地探索下去，那么你就具有很大的优势。你的激情和毅力会让你更快更彻底地发现各种技术组合，你会因此找到别人未发现的前景良好的相关组合。

## 组合你所熟知的技术

我们按照以下步骤来组合技术。

1. 列出你（如果可以，包括你的联合创始人）所熟知的技术。

2. 列出这些技术可以形成的组合模式。

3. 考虑这些技术组合可以满足的客户需求，以及它们可以提供的解决方案。

4. 通过调研以及与潜在客户的讨论，确认需求的真实性并确保该需求还未被满足。

第一，假设你和你的联合创始人最熟悉以下 6 种技术：

- NLP。[3]
- GPS。
- 社交网络。
- 在线搜索。
- 网络摄像头。
- 太阳能电池。

第二，列一个如表 11.1 的表格，在表格的第一排和第一列里都写上你所熟悉的技术。单元格中的数字表示这些技术两两相配可以产生的组合数量，空白的单元格表示重复的组合，在此我们将其忽略。从 1 到 15，我们列出了这 6 种技术的 15 种不同组合。数字 1 表示 NLP 和 GPS 的组合，数字 2 是 NLP 和社交网络的组合，以此类推。

第三，在以下内容中，我们每次只考虑 15 种组合中的一种。这些组合是最新的吗？例如，市面上是否已经存在融合了 NLP 和 GPS 的产品？如果你已经确认的客户需求对你没有任何限制，你是否想过每种组合能够满足什么客户需求？这些都值得你花大量时间思考。

表 11.1　6 种技术的两两组合

| | NLP | GPS | 社交网络 | 搜索 | 网络摄像头 | 太阳能电池 |
|---|---|---|---|---|---|---|
| NLP | | 1 | 2 | 3 | 4 | 5 |
| GPS | | | 6 | 7 | 8 | 9 |
| 社交网络 | | | | 10 | 11 | 12 |
| 搜索 | | | | | 13 | 14 |
| 网络摄像头 | | | | | | 15 |
| 太阳能电池 | | | | | | |

1. NLP+GPS。这种组合可以被应用在 App 上，当我靠近自己的目的地（例如商店、朋友的家）时，这种 App 可以提醒我。我会在 App 上设置好做完事情所需的天数。当我距离目的地足够近的时候，App 会提醒我去完成任务，以此来优化我的时间安排。此外，由于它会追踪我在城镇中的日常出行以及提醒即将到来的最后期限，不论我是现在还是以后去做某件事，该 App 都会更新我的状态。注意：这种技术组合已经被用在了 GPS 导航仪上，来为司机导航。

2. NLP＋社交网络。当你对某些人感兴趣并且处于在线状态时，该组合就可以自动和他们在线聊天。NLP 会翻译他们发来的信息，然后智能地回复他们，以此找到和讨论你们共同感兴趣的话题，确认日程，最后给出一个对双方都比较方便的地点，好让你们一起吃饭或者喝饮料。这对你而言并不需要投入太多精力。

3. NLP＋搜索。Ask.com 和其他一些网站已经将 NLP 前端用于搜索：在搜索框中输入英语句子，它就会搜索答案。

4. NLP＋网络摄像头。当你在散步、开车或者逛商场时，佩戴式网络摄像头可以通过 NLP 来读取和解读你所经过的标识，寻找并对限时优惠或其他你感兴趣的信息进行处理。

5. NLP+ 太阳能电池。NLP 可以读取和解读天气预报，以此控制太阳能板在地理位置上的排布，帮助人们优化太阳能电力的分配和储存。

6. GPS+ 社交网络。这项技术已经被用在了关于网上约会、会面的 App 和其他 App 中，它让你知道你朋友现在的位置，或者在你附近都有谁。当你的朋友或者你还没见过的网友出现在你的附近时，该 App 就会提醒你。当你的孩子从院子里或者邻居家跑出去时，它也会提醒你。当已经和你分手的恋人在你附近出现（例如，在派对上）时，该 App 也会提醒你。

7. GPS+ 搜索。这项技术目前已经被应用在一些 App 中。当你在网上搜索一个产品或者服务时，这些 App 会告诉你距离最近的、能提供这一产品或服务的商店、饭店、酒店、加油站或者零售商店。与零售店不同，这些产品和服务可以来自出租房间、车辆或其他东西的个人，也可以来自有大量藏书的图书馆。

8. GPS+ 网络摄像头。一个全球性的众包型实时网络摄像头，为你提供你想看的地区的实时图像，它特别适用于新闻报道工作。

9. GPS+ 太阳能电池。在轿车、公交车和卡车顶部安装太阳能板，然后用 GPS 优化太阳能板的位置，让它们尽可能朝向太阳（即使位置优化不需要 GPS）。这样是否有利于车顶安装太阳能板的不同车辆之间的通信交流？

10. 社交网络 + 搜索。谷歌和脸书是目前使用范围最广的在线应用程序，这两项技术的组合已经是老生常谈了。

11. 社交网络 + 网络摄像头。在网上和别人分享聚会、音乐会或者其他事件的信息。

12. 社交网络 + 太阳能电池。让朋友到处炫耀并吹嘘他们个人的能量消耗总和，这些消耗的能量来自可循环能源，例如太阳能。

13. 搜索 + 网络摄像头。可以通过搜索摄影头，获得实时图像。

14. 搜索 + 太阳能电池。在网上搜索太阳能装置，借此预测可能会是阴天的地区，短期内，这些地区的太阳能电价可能上涨。

15. 网络摄像头 + 太阳能电池。太阳能充电的摄像机可以拍摄户外或者偏远地区，优化后的网络摄像头可用于偏远地区的太阳能板阵列的安全监控。

第四，对客户需求和解决方案进行分析，与潜在客户讨论其中哪些是最有发展前景的发明，根据需求强度从高到低进行排列。哪些需求是真实存在的、迫切需要满足的？哪些又是并没有相应的真实需求和现实意义的技术？接着排除没有实际客户需求的那些技术组合。

假设基于你的研究和讨论，你总结出以下两种技术组合最有发展前景：

- NLP + 社交网络。针对不适应打字或网上聊天的用户或者为了节省时间而选择使用“小助手”来处理信息的用户，这种技术组合可以在网上自动聊天。
- GPS + 社交网络。当你的朋友或者还未见过的网友出现在你的附近，它会自动提醒你。

思考一下，重复上述步骤，将每三种技术组成一组。6 种不同的技术，可以产生 20 种技术组合。同样要想一下，这些组合是最新的吗？不考虑你之前已经确定的客户需求，这些技术组合可以满足什么客户需求？

假设基于你对潜在客户的思考，你认为众多组合中只有一种是最具潜力的：

- GPS+ 社交网络 + 网络摄像头。只要将网络摄像头加入上述 15 种组合中的第 6 种，就能够实现。这样一来，假设你没见过你朋友的朋友，那么你就可以在网上看见对方，并且相互交流。一旦你所处区域内有你的一个或多个网友，该 App 就会通知你，还可以让你们看到对方并相互交流，好让你们最终决定是否实地见面。

在本案例中，由于只有 6 种技术，每次将三种技术组合后产生的组合数量（20种），实际上只比每次将两种技术组合后产生的组合数量（15种）多一点。在真实世界里，我们每天都在接触数以千计的潜在技术，其中将三种技术组合后产生的组合数量远远多于将两种技术组合后产生的组合数量。如果把 100 种技术两两结合，产生的组合数量就有 4 950 种；如果把每三种技术相组合，就能产生 161 700 种组合。但是，你越是将更多技术组合在一起，就越难找到这些组合所能满足的真实客户需求。一种组合涉及的技术越多，它能立刻发挥作用的可能性就越小。随着你对新技术的逐渐熟悉，你能处理的组合数量以及你发掘能满足需求的组合的能力就会快速上升。

培养这种习惯：你每了解一种新技术，就要思考将这种新技术和其他你熟悉的一种或多种技术相结合时，可以满足什么样的客户需求。

如果你已经确定这些组合所能满足的需求是真实的，是尚未被满足的，你就可以更加顺利地满足这些需求。在第 13 章“将需求与你的资源和激情相结合”中，我们可以知道如何进一步选择更加适合你的客户需求。

## 创新的本质大同小异

在《技术的本质》(*The Nature of Technology*）一书中，经济学家布莱恩·阿瑟（Brain Arthur）就提出，所有的创新实际上都是各种技术的组合使用。灯泡的技术基础就是多种技术的组合，这些技术可能很早就已经存在，诸如此类。人类的第一项创新，可能就是200万年前人类发明的一种手持工具。如此说来，任意两项技术都可以相互关联。不论这种关联是不是紧密，它们都可以通过某种系统相互关联，如图11.2所示。于是，技术的演进和生物的演进就非常相似。[4]

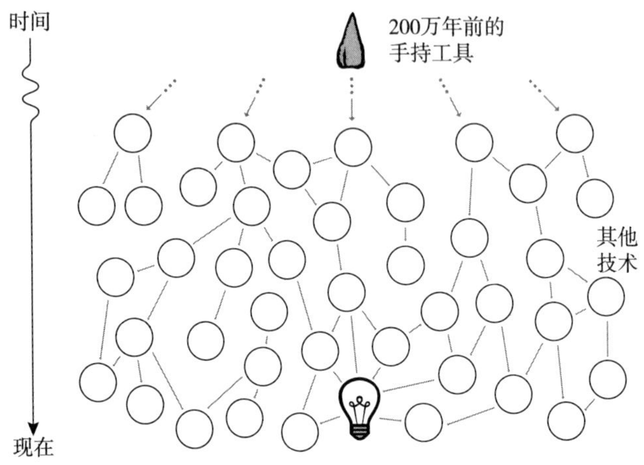


图 11.2　技术演进

令人兴奋和鼓舞的是，你为了让你的事业与众不同而使用的方法——你和联合创始人刻意寻找你们熟悉的技术的新奇组合，从某种程度上说，也促进了创新。虽然你在半夜仰望星空时看到的是和别人眼里一模一样的满天星辰，但是创新与此完全不同。

## 【模拟演练】

1. 如上文所述，画一个表格，列出你熟悉的技术的所有组合，思考每个组合能够满足什么客户需求。将那些你认为没有使用价值的组合逐个打叉排除。重复该步骤，直到剩下几个你认为可以满足客户需求的组合。

2. 谷歌眼镜是一种可佩戴式电脑，通过光学头戴显示器展示图像信息，支持自然语音控制，无须手动操作。在维基百科上学习更多有关谷歌眼镜的知识，考虑如何把谷歌眼镜与你熟悉的技术或掌握的技能相结合，然后思考这种组合可以满足客户什么样的新需求。

## 【核心要点】

- 最新的、发展迅速的技术间的组合孕育了很好的商业机会。你应当趁早或首先使用某种技术组合来满足客户的需求。
- 只要你在列表中添加新的技术，那么技术组合的数量就会增加，创新的概率也会成倍增长。
- 培养这种习惯：你每了解一种新技术，就要思考将这种新技术和其他你熟悉的一种或多种技术相结合时，可以满足什么样的客户需求。
- 在某种程度上，几乎所有创新都是通过不同技术的组合产生的。

第 12 章

# 1+1=3：选择联合创始人和团队成员

一起欢声笑语，便可共同奋进。

——罗伯特·欧本（Robert Orben，美国喜剧作家）

到2006年，CustomerSat公司的软件变得功能复杂、运行缓慢。太多初级程序员写的临时性的代码累积多年，出现了可靠性问题、性能瓶颈和严重的安全漏洞。之前的技术负责人离开了公司，部分原因是他无法解决这些问题。

为了解决这个难题，新的技术工程负责人迪基·辛格（Dickey Singh）上任了。作为锡克教信徒（Sikh），迪基密切关注着最新的软件技术趋势，并对此充满激情。在CustomerSat公司，迪基从不拖沓。整体而言，迪基对我们公司的软件的复杂性问题有独到见解，他不但能准确描述各种问题，而且能想出各种新颖的办法来对症下药。结果是，我们无需替换或重写现有代码，这对遗留代码库来说也是一大优势，因为如果你去修正这个遗留代码库，就要冒着破坏它的风险。有时候，我想知道，如果不是别的美国雇主对迪基戴的锡克教头巾不知所措，我们是否还能够拥有一位像迪基这么厉害的技术总监。他们可能觉得，“这与我们的文化不符”。如果是这样的话，那么便是他们的巨大损失、我们的巨大收获。

迪基具有渊博的技术知识，这吸引了来自世界各地一流的软件工程师与他一起工作。很快，他接手了软件开发、质量控制、网站运营、技术支持等事务。这样一来，工作对我而言变得愈加容易。我不再亲自管理这些事务，只把注意力集中在市场、营销和顾客方面。两年之后，CustomerSat 公司被收购的时候，迪基为公司创造了很多价值。迪基是这世界上我最愿意与之一起创业的人[1]。

你成功的机遇在于找对联合创始人[2]，这就相当于 1+1=3。

更具体的情况是，我开始创建自己的两家公司时，没有联合创始人。这样有一些好处：你可以行动迅捷、不修边幅（至少在你拥有第一个联合创始人或者顾客之前）。那些不太关心你事业的人也不会拖你后腿。但是，一位合适的联合创始人会带来更多的好处。以下是其中的三种好处。

第一，你很难一个人完成也不可能擅长所有事情。一个合适的联合创始人带来的不仅仅是人力，还有技能、其他资源以及你所不具备的优势。联合创始人和你的优势可以通过很多方式相互结合，从而满足客户需求，这就比你仅靠个人的优势好得多。你和合适的联合创始人共同产生的力量远大于你个人的力量。

第二，随着你事业的发展，你需要和团队成员相互合作。有了联合创始人，你就可以在团队工作中很快地培养自己的技能，达成一致意见，解决工作中的冲突，营造一种积极向上的工作氛围。你无法在单打独斗中培养这些技能。但是，只要有了一个联合创始人，你就能开始培养这些技能。

第三，合适的联合创始人会挑战你，让你变得更强，并且在你沮丧之时助你脱困。如果找了不合适的联合创始人，则恰好相反。最理想的是，你们之间建立了正反馈循环。

是什么让你和你的联合创始人认为对方是合适的人选呢？表 12.1 列出了你需要思考和寻找的最重要的三个要素。

表 12.1　联合创始人应具备的要素

| 要素 | 内容 | 与你的关联 |
| --- | --- | --- |
| 品格 | 诚实、激情、毅力、积极的态度、智慧、灵活、友好 | 独立于你和你的使命 |
| 适合你和你的 STARS | 相互信任、尊重、相互促进，资源和优势互补 | 相对于你而言 |
| 符合你的使命 | 共同的激情和愿景 | 和你一起创建 |

第一个要素，品格。它完全独立于你和你的使命。这是长期的最重要的因素：不论你的公司如何成长和变革，具有优秀品格的联合创始人将会不断地为它增值。第二个要素，适合你和你的 STARS，其中包括相互信任以及 STARS 互补。第三个要素，符合你的使命，这一点必须由你们共同创造。

综合考量这三种因素来衡量你和联合创始人的整体匹配度。这三种因素都是必须的，只要缺少其中一种，整体得分就是零。

当你思考潜在的联合创始人的品格时，记住，他们也在思考你是否具有同样的品格。你的品格是什么？他们能相信你吗？你的 STARS 能与他们的互补吗？你和他们能否共同创建一个使他们充满工作激情的目标？作为联合创始人，他们怎样对你进行整体评估？坦诚地从各个方面来评价这些因素。

了解和信任别人是一个漫长的过程。最理想的情况是，你的联合创始人是你之前的同事，你对他的价值观、性格、情绪起伏、对待任务最终期限和其他压力的态度比较了解。

创业企业“闪电约会”活动在硅谷非常流行。创业者通过和不同的人快速会面来找到联合创始人，每次会面持续 3~5 分钟。这种会面可以帮你建立一个用于了解个人信息的网络，正常情况下你需要花费更多时间去了解，因为你要了解每个人的技能、态度、与你的配合度等。当然，你也不要期待这样的会面能马上帮你确定联合创始人。

确定一个或多个联合创始人将是你在创业中最重要的决策。你们的关系将直接影响后来进入你企业的员工。正如创业家纳瓦尔·拉威康特（Naval Ravikant）——冒险黑客（Venture Hacks）博客的联合创始人和联合作者——所说："如果感觉人选不对，继续去找。如果你觉得勉强，继续去找。"

## 品格

品格由品质（如真诚、坚持、勇气等）、态度和外在行为组成，它们之间相互促进和加强（积极地或消极地）。

> 品格是大树，名誉是树荫。
>
> ——亚伯拉罕·林肯（Abraham Lincoln）

把品格看作人的整体素质。经济教育基金会主席拉瑞·里德（Larry Reed）列了 9 项品质，并认为它们对一个人的品格是至关重要的：诚实守信、谦逊有礼、有责任心、有原则（有自己信仰的事情）、有自我约束力、有勇气、自力更生、乐观和目光长远。[3] 第一品格（Characterfirst.com）网站列举了 49 项品质，增加了诸如专注、热情、有创造性、灵活、慷慨大方、有开创精神、具有耐心和勤俭节约等品质。[4] 在这些品质当中，你来决定哪些品质对你的企业和联合创始人是最重要的，以及你要如何评判这些品质。

不管你看重哪些品质，你都要认识到，内在价值（态度）及外在行为（行为）都很重要。你要注意，如果一个人在行动上不诚实（行为），那么诚实（态度）对这个人而言就并不重要。相反，诚实的行为若没有诚实这一价值观作为支撑，就可能导致投机行为和言行不一。在第一次见面时，你可以判断人们的一些品质，比如是否专注和守时。但是，你需要花费很长时间去评价别人的灵活性、诚实度、毅力、价值观和诸如激情与忠诚等态度。

在第 1 章中，我们讨论了如何用你的激情和毅力创造一个反馈循环：激情让我们觉得时间过得很快，让我们更容易坚持；越坚持，你就会变得越有激情。因此，激情（态度）和毅力（行为）相辅相成。正反馈循环，一方面存在于行为、态度和内在力量之间，另一方面又有助于塑造这些行为、态度和内在力量，从而塑造性格（见图 12.1）。例如，除了毅力和激情外，正反馈循环还表现在以下几方面。

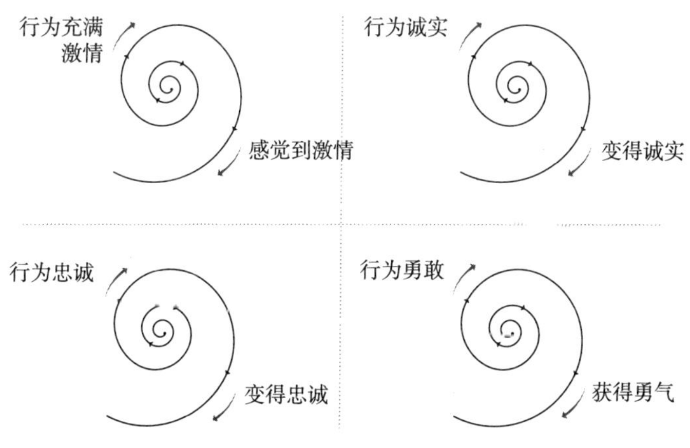


图 12.1　行为和态度的相互促进

- 满腔热情，让我们感觉到热情。
- 不屈不挠，给予我们勇气。
- 真诚坦白，让我们的人格倾向于真诚。
- 诚实守信，可以向我们灌输诚实守信的理念。

因此，我将品格定义为内在价值（态度）和外在行为（行为）的相互促进和提升。[5] 正如激情和毅力相互强化能让我们把感兴趣的事变成习惯，态度和行为的相互强化也可以帮助我们培养良好的品质。通过表现得像是已经获得了某种特质，你可以快速培养这种特质。

反馈循环也会反向起作用。假设我胆小地、悲观地或者疲惫地做事，那么我的行为就会抑制我的勇气、乐观和热情。通过表现得像是已经失去了某种特质，你也会快速失去这种特质。

再次强调，当你评判你的联合创始人的品质时，记住，他实际上也在评判你的品质。

## 适合你

### 信任

信任是你和你的联合创始人在搭档过程中最重要的方面。信任你的联合创始人意味着你们双方都相信彼此会在力所能及的范围内，执行或完成承诺的事情，兼顾个人和公司的利益。[6]

第一条意味着，你们都有技能和其他方法来实现自己的承诺，并且不过度承诺。当无法控制某种情形时，即使你不明白对方在干什么，你也相信这是最好的解决方案。上述两条都需要意图和行为的统一。环境越是不确定，每个联合创始人越需要有独立的判断，第二条比第一条更重要。你们不断地兑现自己的承诺、保证联合创始人和公司的利益，是彼此建立信任的最好途径。

## STARS 互补

两个具有同样资源和优势的人能为你的企业带来更多人手，但是不能带来其他新的组成要素。因此，联合创始人的 STARS 和你的 STARS 应当互补。根据词典中的解释，“互补”指的是“采用某种方法相互结合，借此来提高和扩展彼此的资源和优势”。迪基的技能、背景和关系网络与我的优势高度互补，如他的电脑技能和软件工程背景与我的销售技能和产品管理技能正好互补。

> 你要寻得与你不同的人。你不要近亲繁殖。
>
> ——里斯·琼斯（Reese Jones，串行技术创业家）

为了知道联合创始人的 STARS 与你的 STARS 互补到什么程度，请从第 6 章的自我评测开始。在第 6 章，你列出了自己的 STARS（详见表 6.1），邀请你未来的联合创始人做一个类似的表格，然后，逐行合并这两个表格，找到你们的所有 STARS。

在第 13 章和之后的章节中，我们组合联合创始人和你的资源与优势去匹配客户需求，并选择其中整体匹配度最高的。在那些章节中，你和联合创始人会学到组合你们各自资源和优势的各种方法，以此来更好地满足目标客户的需求。如果你需要同时设计硬件和开发软件才能满足客户需求，你们就需要其中一个人处理硬件，另一个人处理软件，或者你们中的一个人负责所有技术问题，另一个人负责商业事务。

优势互补相较于单打独斗，可以让你和联合创始人更好地满足更多的客户需求。假设你一个人负责处理存货、烘焙、包装、清理、营销、销售、配送和健康零食业务，你就只能服务一小部分客户，很可能就是你的邻居之类的。但是，假如有一个联合创始人能帮你处理其中的一些事情，如存货、烘焙、包装和清理等，而你负责销售、配送、营销和记账，你就可以为更多地区的客户提供服务。正如我们所见，优势和需要满足的需求必须是具体的、相互匹配的，正如拼图上的模块。与此类似，联合创始人和你的优势也是需要相互匹配的（见图 12.2）。

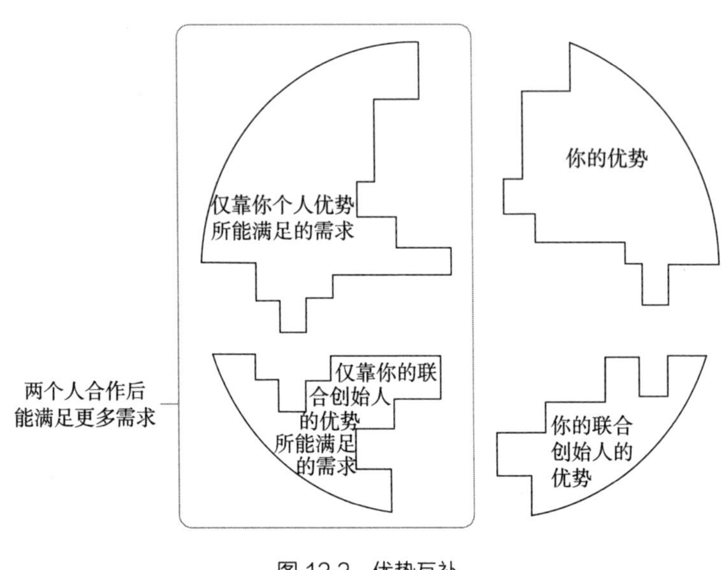


图 12.2　优势互补

正如激情和毅力能为你创建正反馈循环，联合创始人的激情和毅力与你的激情和毅力也能够为彼此创建正反馈循环。在 CustomerSat，当迪基提出一个软件解决方案并和我分享时，我会请他不停地向我解释，直到我理解为止。当我可以用自己的话来解释他的想法时，我通常能清晰阐释方案并进一步提出改善意见，迪基就会去执行这个改进后的方案。这一过程不断被重复。随着时间的推移，我们可以采用完全不同的表达方式来描述解决方案，并且让客户参与其中，产生共鸣。其中的一些方案会被推向市场，帮助我们的企业开创并发展新的业务。我发现这种相互尊重的合作让人愉悦且有价值。如果你和某人有过这种有益的合作，你应该继续和他共事。

反馈循环也会造成反向强化。如果你们其中一个人认为其他人没有尽职尽责，或者把时间浪费在无用的事情上，你们就会产生怨恨。这种情况会让双方的关系变得紧张，并且让其他人变得沮丧，从而导致怨恨、压力和关系疏远。解决这类问题只能通过改变行为、更好地沟通或者结束合作。

因此，你和联合创始人之间的匹配度有赖于信任、STARS 互补以及共同的利益和目标。纳瓦尔·拉威康特曾说过，“如果一个联合创始人只关心制造酷炫的产品，一个只知道赚钱，一个只在乎名声，那么这种合作长不了。要记住，真实的动机是通过行为体现出来的，而不是说出来的”。[7]

## 匹配你的使命

如果你和联合创始人能够找到或设立一个双方都能发挥重要作用的使命，彼此都能发挥自身优势，成功的概率将会增加。此外，你们可能对两个人共同设立的使命更加充满激情。

在第 13 章和之后的章节中，我们会将客户需求与资源和优势进行匹配。想一想怎样才能满足客户需求，从而使你和联合创始人的资源和优势组合能最大限度地发挥作用。

除了资源和优势的互补，你们两个人应当尽力为你们的愿景做出重要的贡献，就像菜谱中的配料一样。当你和联合创始人组成团队后，你们试图满足的客户需求和你们的商业计划可能会有变化，可能变得更具野心。事实上，你应该有更大的商业计划，因为之前的计划尚未考虑联合创始人所带来的一切。

## 达成协作

当你们决定成为合伙人之后，你们就要讨论、确定并以书面大纲的形式列出所有权问题，例如，股权、利润或损失分配，优先选择权，以及其中一人离职或死亡而造成的问题。如果涉及大量资产，就得聘请律师来帮助你们处理全部或部分事项，并根据你们的书面大纲起草一份协议。这样做可以让你更加清楚地理解协议内容，防止未来产生法律诉讼问题。

假设你和你的联合创始人无法达成一致，你越早知道这个事实越好。假设你们的合作是暂时性的，并且你们只有一个人有兴趣继续经营公司，那么分道扬镳、各走各的路是最直接的选择。如果你们合并或共同创造了一些资产，如工具、设备、设计方案和数据库等，应尽可能公平地进行分配，并且以书面形式记录下分配方案，避免将来产生问题。

## “联合创始人”的头衔永不磨灭

选择联合创始人就像结婚。这个人可能现在很吸引你，但是几年之后，你是否还会像当初那样看待他？作为合伙人，你是感激还是后悔？或者更糟，如果他没有奉献精神，态度也很消极，你是否会怨恨这个人？

很多头衔，如副总裁、CEO（首席执行官）、主席、软件设计师等，都有时限，人们只有在职时，你才这么称呼他们。除非在形成合伙人关系后不久就彻底决裂，否则就要永远称对方为联合创始人，让这个头衔伴随他一生。你的联合创始人的声誉在很长时间内会和你的公司相关。你可能会选择一个你在短期内迫切需要其技能和知识的联合创始人，但忽略了长期的匹配度。这一点必须小心。

即使找不到合适的人选，也不妨碍你去创业。图 12.3 显示了找到能帮助你创业的人的替代方案。如果某个人的技能合适，而你怀疑长期的匹配度，那么可以考虑雇用他为合同工。或者，假设他是潜力巨大的团队成员，并且品质良好，只是缺乏技能，你就考虑录用他为实习生。实习

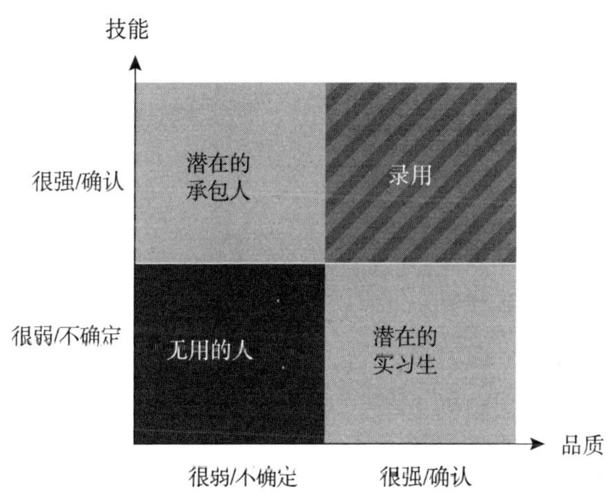


图 12.3　技能和品质影响雇用决策

生可以是初级员工，也可以是管理层，如任命有潜力的市场副总裁为产品总监。如果这些方法都不适用或效果不佳，那么就调整你的目标，以便使用现有成员就可以满足需要，或者等你找到合适的人选。

## 成员的差异性是重中之重

寻找合适的联合创始人需要考虑三个因素，即品格、团队配合度和任务匹配度，这也适用于团队成员。你招聘的每一个成员都会影响后来进入团队的人，因此，招聘时不可掉以轻心。借用 Y Combinator 创始人的话，这是你组建一支全明星队伍的机会。

创业公司的成败取决于最初的 10 名员工。

——史蒂夫·乔布斯

### 认知多元化的价值

如今，多元化通常是指种族、性别、年龄或性取向的差异。当客户和员工见面，并且客户要求一个具有特定相貌、语言和行为的人为自己提供服务时，这种生理的或身份上的多元化就能发挥作用。尤其是较私密服务的提供者，如医生、护士、脊椎按摩师和健身教练，很多客户希望提供服务的人和自己的性别相同。当然，性别对于男演员、女演员和某些工作者而言是很重要的因素。然而，除了这些特殊情况外，研究表明，生理和身份的多元化对起步阶段的团队或贸易的成败不会产生过多积极或消极的影响。[8]

相反，人们思考问题和做出决策时的多元化倾向，即认知多元化，确实可以让团队更强大。有的人倾向于抽象思维，有的人倾向于具象思维；有的人偏好冒险，有的人规避风险；面对他人时，有的人注重人际关系，有的人只看重商业关系。美国密歇根大学（University of Michigan）的斯科特·佩奇（Scott Page）是复杂系统、政治学和经济学教授，他发现，认知多元化远比认知同质化重要：在解决问题时，具有多元化视角的集体远胜于具有同质化视角的集体。他甚至坚称，认知多元化远比个人能力重要。[9] 团队成员的差异性才是重中之重。

认知多元化的人群不但具有不同的思考问题的方式，对周围环境的感知也不同。神经学家戴维·伊格曼（David Eagleman）在《隐藏的自我：大脑的秘密生活》（*Incognito*：*The Secret Lives of the Brain*）一书中指出，不同的人会从生活环境中选取不同的元素，基于可能探测到的外界因素的子集，他们生活在不同的微观现实中。因此，认知多元化的团队可以收集到更多用于描绘外界的数据，并且可以采用更多种方式来处理数据。

绝大多数人倾向于和那些与自己想法一致的人共事。如果你一直录用与现有成员想法一样的新成员，不久之后你就会发现，大家的想法完全一样。除了录用最适合某一工作岗位的成员，你还有更重要的问题需要解决。于你而言，和想法不同的人共事是一件很有挑战性的事情。因此，有一种优化后的多元化，即“团队成员拥有一致的价值观，而每个人又有各种不同的观点”。[10]

## 组建全脑团队

许多测试工具和模型会测出人的认知方式和个人倾向，其中包括迈尔斯－布里格斯性格分类法（MBTI）、学习取向问卷调查、圆盘（DISC）

评估以及赫曼全脑优势测评工具（HBDI）。全脑团队是指一个多元化的团队。一个全脑团队包括分析型、创造型、安全导向型和情感型的个体。

如果你的团队有五六个人，并且所有成员都是分析型人才，那么你在下次招聘成员时，就必须留意具有注重感知、发展和维持成员间关系等特点的人，如此便能从中受益。如果所有团队成员都擅长抽象思维，那么你下次就要招聘擅长具象思维的成员。当然，如果新成员能分享他们的观点，帮助你做决策，你就会感受到多元化团队带来的好处。

## 进步和绝对位置同等重要

一般而言，我们认为一个人的成就是用绝对价值来衡量的。我们会问，他是否具有高中或大学学历，如果是，毕业于哪个院校，获得了什么成就。但是，用这种方法来比较不同个体的成就很可能会误导我们，因为一些人的起点远远高于别人。

除了用绝对价值来评估个人成就，也可以考虑通过他们相对于起点走了多远——所谓的进步——来衡量他们的成就。要给那些开始落后于别人、不断克服困难、迎头赶上或者在较短时间内取得相同成果的人额外加分。换句话说，你应该考虑，他们凭借自身优势，可以在事业上走多远，需要花费多少时间。一个人的进步可以更好地体现他的事业轨迹、未来潜力及其最感兴趣的方面。

例如，在其他因素完全相同的情况下，如果两个人：

- 有相似的英语水平，其中一个人以英语为母语，另一个人以英语为第二（或第三）语言，那么，就英语水平而言，母语非英语的人的收获和成就比母语为英语的人更大。

- 有几乎相同的学业成绩，其中一个人的父母是教授，另外一个人的父母没上过大学，那么，就学业成绩而言，实际上后者的成就要远大于前者。
- 整体上各方面几乎完全相同，但其中一个人因为残疾、性别、种族、信仰、性取向或其他原因而受他人歧视，那么，受歧视的那个人或许能够比另一个走得更远。

虽然我们公司的招聘经理不信仰锡克教，也对此知之甚少，但他会不会因为迪基·辛格戴头巾、留胡须就歧视他呢？答案是否定的。他表示，因为他自己不愿意受别人歧视，所以他会以身作则，不去歧视别人。我十分敬佩他的这种品格。无论在什么情况下，如果别的招聘者无理由地歧视他人，而你坚持客观公正，就一定能招揽到更多的优秀人才为你效力。

要评估你所取得的成就，也许需要减去你在成长路上受到的所有优待。有的人会因为裙带关系（指因为自己的亲戚在某个地方工作，他在那里也谋得了一个职位）、平权法案（指某些人因为种族、身体或身份特征而获得了优惠待遇）或传承录取的规则（指校友子女被大学优先录取的权利）而获得优待,但这些优待都不是他们依靠自己的努力获得的。所以，如果其他因素维持不变，相较于受优待的人，那些依靠自己取得现有成就的人进步更大。

一个人过去的表现（包括行为、态度、成就、声誉以及你与他相处时的体验）是我们评估他的立足点。但更准确地说，一个人过去的表现并不代表他未来的表现，这是我们在阅读投资记录时得到的一个警示。招聘团队成员时也是同样的道理。

## 【解疑答惑】

**提问：**

两个创始人的年龄和职业生涯是否需要相同？我们一个 30 岁，另一个 50 岁。

**回答：**

年龄差距可以让你和你的联合创始人的技能更具有互补性。一个可能更有管理经验，另一个则更了解年轻人。两度食品公司的联合创始人劳伦·沃尔特斯和威尔·豪泽相差 35 岁，他们的互补观点为这家公司的成功做出了重大贡献。

但是，你们两个人应该讨论可能直接发生在你们身上的一些问题。经营一家公司对你们其中一个人而言是否更有挑战性、更加重要？你们是否带来了不同的财务资源和职业成就，并且现在是否有不同的事务以及目标？如果是，你就得着重留意这些。年长的那位是否做好了先退休的准备？如果是，那就具体讨论这个较长的过渡时期。

## 【模拟演练】

1. 无论你最珍视的品质是什么，你认为合适的指标有哪些，用它们来坦诚地评估你自己的品格。你在第 6 章列出的自己的部分或者全部（内在）优势可能就是你的品质。但是，你可能更需要培养清单上还没有的那些特质。

2. 确定几项你想在未来进一步提高、对你的创业很重要的品质。

3. 选择其中的一项品质，在本周内每天为塑造这项品质做点什么事情，以此来提升这项品质。

4. 尝试一下。邀请一个或多个潜在的、你熟悉的联合创始人与你一起阅读本章。你要和他们分享你未来想要提升的某些品质。询问对方是否愿意做相同的自我评估，并分享未来他们想和你一起提升的品质。不要以任何方式勉强对方。如果他们选择不参与，说明他们还没准备好成为你的联合创始人。但是，假如他们将自我评估与你分享，那么这种把自己的缺点暴露给对方并相信对方不会滥用这一信息的坦诚，将让你们的关系更加稳固，你们也更可能成为合伙人。

5. 列出 12 位你熟悉的朋友和同事。就你所知，写下让他们最充满激情的事情。让他们充满激情的主题和活动可能与你的大不相同。

6. 现在，根据以下两种方法将它们分别列出来（第一、第二、第三）或进行分组（高、中、低）：

（1）将激情按照程度从高到低排列。不要把激情和坦率混淆。如果一个人全身心地投身于或参与某个特定主题或活动，可能会说得很少。

（2）将他们的激情与你的创业项目的关联度，按照从关系紧密到关系疏远的顺序排列。

7. 找出排名较高的人。如果你已经将他们分组，找出那些同时被分入“激情高涨”和“与我的创业项目密切相关”两个组的人。我随机抽取了脸书上的 40 个朋友来进行这项练习，我惊奇地发现了三位我从没想过的潜在合伙人，其中一位我绝对相信可以成为我新创企业的联合创始人。

如果你见到一些对任何活动都充满激情并且坚持不懈的人，即便他们与你完全不同，你也要把他们的名字记下来。他们可能知识广博，在其行业内非常成功。你要与他们保持联系。未来某一天，你很可能会与他们合作，或者向他们投资。

## 【核心要点】

- 你只要和合适的联合创始人一起工作，你成功的概率就不止翻一番。1+1=3。
- 你需要在联合创始人身上寻找三种因素，即品格、与你的匹配度以及与使命的匹配度。这三个因素都要花时间去评估。
- 品格由很多品质组成，包括勇气、诚实、激情、毅力等。由你自己决定哪些品质最重要。
- 品格包括态度和行为，它们相互促成和增强，不论是积极的还是消极的作用。
- 信任联合创始人和团队成员，意味着你相信当情形超出你的控制时，他们会言行一致，他们的每一个举动都会给公司带来最好的效益。
- 寻找一个能与你的资源和优势互补的联合创始人。
- 重新确立你与你的联合创始人的使命，这样一来，在完成使命的过程中，你们的优势就是互补的。
- 随着你的成长，建立一个认知多元化的全脑团队。

第 13 章

# 将需求与你的资源和激情相结合（步骤 5）

你只是我曾经爱过的一个人。

——芭芭拉·史翠珊（Barbra Streisand，美国演员）

你满意还是不满意？或者既满意又不满意？

这就是满意度调查。调查问卷本身就充满了各种奇特的表达方式和逻辑。

在商界拼搏20年后，我目睹了它们的价值和弊病。自信且信任调查问卷的组织，愿意根据反馈意见采取相关措施，从中受益。通过合理的设计、部署和分析，调查问卷能够为各方面提供洞见，从微小的细节（调整字体大小）到战略性决策（兼并或收购）。

然而，如果把它与报酬和绩效激励过分关联，或者完全不关联，都会使满意度调查失去效果。因此，寻求一种中间立场就是一门艺术。假设销售员更关心的是满意度全部为5分（5分表示很好或者相当满意），而不是他所提供给你的服务，这说明这种关联过于紧密。我的同事从来都没跟我提过要去除调查结果中的高分。但是，我听到过要剔除低分的种种借口。例如，“我们找错了调查对象”，“我们的客户只是不满意我们的合作商，而不是我们”，“他只是为续订协议讨价还价”，“当然他很烦，他快离婚了”或者“她月经来了”，诸如此类。若把调查结果仅跟团队关联，而与个人奖励脱钩，也会让它无法发挥作用。

还有另一种极端，尤其是对没什么竞争对手的组织而言，这种调查反馈与奖励、惩罚或行为改变完全无关。他们只是简单地让组织看起来像是以客户为导向。我称之为“客户剧场”。正如哈佛大学肯尼迪政治学院（John F. Kenned School of Government）教授兰特·普里切特（Lant Pritchett）所言，“不采用这种伪装手段的组织在将来极有可能无法存活”[1]。对于垄断组织如美国邮政署（US Postal Service）、美国运输安全局（Transportation Security Administration）以及美国车辆管理局（Departments of Motor Vehicles）等来说，满意度调查往往是一种掩饰，一种针对客户的表演。

调查报告最适合收集跟态度相关的数据，如满意度、推荐意愿以及重复购买倾向。但是，这种数据极度“混杂”，因为接受调查的人往往会有意无意地误述其真实的态度；数据也很有局限性，因为问卷的问题数量有限；很多人也懒得回答。补充调查会收集更清晰、更准确的行为数据，因而有更高的可靠性。人们真正一买再买的产品是什么，他们在网上搜索什么内容，他们在 App 上会看什么信息，他们的行踪，等等，这些行为数据很难造假。过去，收集、追踪和分析这些数据成本高昂，但是，先进的数据库、传感器、GPS 和分析学改变了一切，促使大数据激增。公司不再需要通过调查问卷来对客户的行为进行观察和实验[2]，就可以收集所有客户的数据。调查问卷曾经被认为是了解客户的主要渠道，现在它们逐渐被用来补充、描述和验证行为数据。

我在调研行业工作了 25 年，在线调研非常符合我的 STARS。但是相比于 25 年前，我对单一的调研已经没有什么激情了。若把我的情况放在图 13.1 中左边的资源 - 激情图中，我会在其左上侧（动机有限）。我的激情如今转向了客户情报（custoner lntelligene），这是一种关于客户调查数据、行为数据和背景数据[3]的全新领域。如果把我的情况放在右边的资源 - 激情图中，我会在右上侧（成功可能性最大）。这就是在资源 - 激情图中的你想要的自我定位。

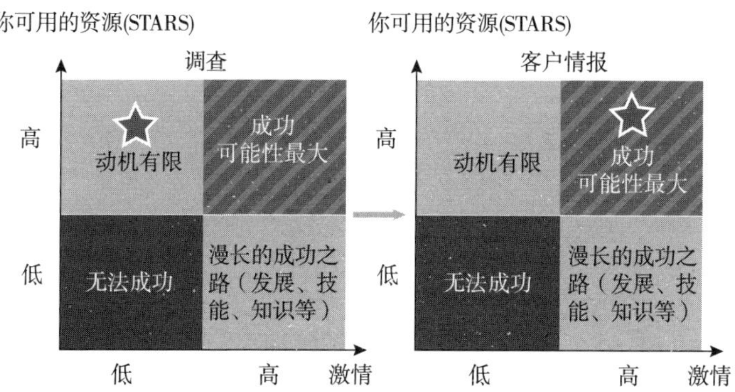


图 13.1　不同解决方案下的资源 – 激情图：调查和客户情报

你的创业项目应该与你的资源和激情相匹配。资源提供了理性的基准线，激情提供了情感的基准线。

## 哪些客户需求及可行性解决方案最适合你

假设你和你的联合创始人已经确定了 4 种客户需求及潜在的解决方案（见表 13.1）。

表 13.1　4 种客户需求及潜在的解决方案

| 客户需求 | 可行性解决方案 |
| --- | --- |
| 1. 气候潮湿的城市需要防涂鸦笔 | 新型化学配方，使处于潮湿环境的涂鸦易于被清除 |
| 2. 潜水员用的水下 GPS | 佩戴于手腕的装置，用于显示潜水员位置和潜水路线 |
| 3. 患者和医生之间需要英文 – 西班牙语的自动翻译 | 基于手机的实时智能翻译服务 |
| 4. 用于网上社交的自动会话系统 | 智能手机的聊天 App，可以与潜在的约会对象聊天 |

现在，参照表 13.2 和表 13.3，针对你的每个客户需求和解决方案，制作一份你自己的 STARS 表（这里只提供两个事例，但是你应该为你确定的每个客户需求制作一份表）。在每份表中，重点标注你认为能显著满足客户需求的资源。在每份表中都另起一行，标注你对相应需求和解决方案所抱有的激情。如果你和联合创始人意见不同，也备注上。

表 13.2　客户需求 1：气候潮湿的城市需要防乱涂画笔

| 可行性解决方案：新型化学配方，使处于潮湿环境的涂鸦易于被清除 | | |
|---|---|---|
| 字母 | 类别 | 资源 |
| S | 技能 | ——化学知识（学士学位）<br>——医疗机构的三年工作经验<br>——潜水员认证<br>——西班牙语交流 |
| T | 技术 | ——社交网络<br>——在线搜索（谷歌）<br>——手机摄像机<br>——NLP<br>——GPS |
| A | 资产和成就 | **资产**<br>实物：<br>——手提电脑、打印机、高速网络接口<br>——硬件模型<br>金融：<br>——存款<br>——全职工作和收入（医疗服务）<br>知识：<br>——软件设计和原型建模<br>——熟悉家乡（出生和成长）<br>**成就**<br>——获得大学学位<br>——在预算和时限内完成项目 |

续表

| 可行性解决方案：新型化学配方，使处于潮湿环境的涂鸦易于被清除 | | |
|---|---|---|
| 字母 | 类别 | 资源 |
| R | 关系和声誉 | **人际关系**<br>——家人的帮助和鼓励<br>——老师给予建议<br>——作为潜在的联合创始人、员工和客户的同事<br>——校友会<br>**名誉**<br>——我与朋友相互信任<br>——推荐<br>——极高的信用分 |
| S | 优势（内在） | ——领导能力（带领足球队获得区球赛冠军）<br>——勤勉和坚持（即使脚受伤，本季度仍获得加薪，获得荣誉）<br>——同情心（洪水之后帮助邻居）<br>——企业家精神（从朋友处购得 DVD，然后在网上售卖，获得收益）<br>——身体状况极好 |
| 资源匹配度：差。<br>激情水平：一般。对与市政部门打交道不感兴趣。对向（有时腐败的）拉丁美洲的某些市政府销售产品不感到兴奋。<br>总体匹配度：差。<br>额外资源需求：防涂鸦笔的配方，贸易发展，以及在中美洲、亚洲和非洲的市场销售。 | | |

表 13.3　客户需求 4：网上社交的自动会话系统

| 潜在解决方案：智能手机的聊天 App，可以与潜在的约会对象聊天 | | |
|---|---|---|
| 字母 | 类别 | 资源 |
| S | 技能 | ——化学知识（学士学位）<br>——医疗机构的三年工作经验<br>——潜水员认证<br>——西班牙语交流 |

续表

| 潜在解决方案：智能手机的聊天 App，可以与潜在的约会对象聊天 | | |
|---|---|---|
| 字母 | 类别 | 资源 |
| T | 技术 | ——社交网络<br>——在线搜索（谷歌）<br>——手机摄像机<br>——NLP<br>——GPS |
| A | 资产和成就 | **资产**<br>实物：<br>——手提电脑、打印机、高速网络接口<br>——硬件模型<br>金融：<br>——存款<br>——全职工作和收入（医疗服务）<br>知识：<br>——软件设计和原型建模<br>——熟悉家乡（出生和成长）<br>**成就**<br>—获得大学学位<br>—在预算和时限内完成项目 |
| R | 关系和声誉 | **人际关系**<br>——家人的帮助和鼓励<br>——老师给予建议<br>——作为潜在的联合创始人、员工和客户的同事<br>——校友会<br>**名誉**<br>——我与朋友相互信任<br>——推荐<br>——极高的信用分 |
| S | 优势（内在） | ——领导能力（带领足球队获得区球赛冠军）<br>——勤勉和坚持（即使脚受伤，本季度仍获得加薪，获得荣誉）<br>——同情心（洪水之后帮助邻居） |

续表

<table>
<tr><th colspan="3">潜在解决方案：智能手机的聊天 App，可以与潜在的约会对象聊天</th></tr>
<tr><th>字母</th><th>类别</th><th>资源</th></tr>
<tr><td>S</td><td>优势（内在）</td><td>——企业家精神（从朋友处购得 DVD，然后在网上售卖，获得收益）<br>——身体状况极好</td></tr>
<tr><td colspan="3">资源匹配度：尚可。没有任何 App 开发的技能，文本自动翻译和回复方面的技术经验有限。<br>激情水平：高。该项目的确很棒。开发和使用它将十分有趣。在未来它会变得十分流行。<br>总体匹配度：好。<br>额外资源需求：App 的开发，文本的自动翻译和回复。</td></tr>
</table>

正如第 6 章所述，在你的 STARS 中，包括：

- 你的技能、技术、知识储备，以及随着客户需求和解决方案的价值而不断变化的职业关系。
- 你的实物资产的各种改变。
- 你的金融资产、人际关系以及（内在）优势的微小变化（例如，不论是何种需求和解决方案，它们一般都是适用的）。

为了评估哪些客户需求和解决方案最适合你，你的技能、技术、知识储备和职业关系就显得最为重要。但是，假如某种综合资源对于某些特定的需求和解决方案极其重要，那么你应该把它标注出来。

例如，你的 STARS 显示你是一个 Office 能手，是一个精通 Word（微软出品的一款文字处理器应用程序）、PPT（微软出品的一款演示文档应用程序）和 Excel（微软出品的一款电子表格应用程序）的专业人士。然而，如果你所有的客户需求及解决方案都需要运用这些技能，那么它们就无法帮你优先选择某个需求或解决方案。因此，你无须标注 Office

技能。相反，如果你的一个客户需求和相应的解决方案是企业营销方案，包括撰写宣传手册、演示准备以及预售，你就必须十分看重 Office 技能，以便解决客户需求，完成相关方案。

最后，根据每个客户需求和解决方案与你的资源和激情匹配的状况，评估你与每个客户需求和解决方案之间的整体匹配度。即使在早期阶段，整体匹配度很低，也不要失去信心，你会变得更好。

根据实际情况，你也可以在表中列出你为了更好地满足客户需求而需要的额外资源。这也是步骤 6 的目的。

现在，回顾你刚才制作的表格。

## 你的表格传达了什么信息

对于这 4 种客户需求和解决方案，你描述了你的资源和激情之间的整体匹配度，需求 1 为“差”，需求 2 为“一般”，需求 3 和 4 为“好”（见表 13.4 的最右栏）。

如果可以，减少列表的项目是个不错的选择，因为我们还有很多工作，包括提出、排除和提炼客户需求以及解决方案。通过下列几个步骤，你聚焦的客户需求和解决方案越少，对每个客户需求和方案的分析准备就越深入。

你决定排除需求 1，即匹配度最差的一个。你将客户需求 2 的匹配度定为“一般”，但是在将其排除之前，你会先尝试获得和开发部分资源以便提高匹配度（步骤 6）。我们也会竭尽所能去提高需求 3 和需求 4 与你的资源和激情的匹配度。

表 13.4　整体匹配度

| 客户需求 | 可能的解决方案 | 你可用的资源 | | 激情 | 整体匹配度 |
|---|---|---|---|---|---|
| 1. 气候潮湿的城市需要防涂鸦笔 | 新型化学配方，使处于潮湿环境的涂鸦易于被清除 | ——化学知识（化学学士） | 差 | 一般 | 差 |
| 2. 潜水员用的水下 GPS | 佩戴于手腕的装置，用于显示潜水员位置和潜水路径 | ——潜水员证书<br>——GPS | 差 | 好 | 一般 |
| 3. 患者和医生之间需要英文－西班牙语的自动翻译 | 基于手机的实时智能翻译服务 | ——医疗机构的三年工作经验<br>——西班牙语交流<br>——NLP<br>——全职工作和收入（医疗服务） | 好 | 高 | 好 |
| 4. 用于网上社交的自动会话系统 | 智能手机的聊天 App，可以与潜在的约会对象聊天 | ——NLP<br>——GPS<br>——社交网络<br>——手机摄像机 | 一般 | 好 | 好 |

总结：在步骤 5 中，我们一方面评估了每个客户需求与解决方案之间的匹配度，另一方面评估了你的资源和激情之间的匹配度。接下来，我们要讨论如何在节省成本的基础上拓展自己的资源（第 14 章），并且通过发展和获得资源（步骤 6，第 15 章）来提高客户需求和解决方案之间的匹配度。在步骤 7 和步骤 8 中，当对竞争对手进行分析之后，我们会再次评测每个客户需求和解决方案之间的匹配度。

## 【解疑答惑】

**提问：**

针对特定的需求，我有哪些资源和多少资源真的很重要吗？如果我对满足客户需求真的充满了激情，哪怕我没有可用的资源，我就不该去做吗？

**回答：**

如果你的目标是开创自己的事业，使其能够发展、繁荣、自立以及盈利，那么重要的技能和资源将助你实现目标。相反，如果你只是想要发展一项爱好，不需要任何的竞争优势或成功，也不想自给自足或盈利，那么你可以自由地考虑任何一个除了激情你别无优势的行业。但在此我们假设你的目标是开创自己的事业，不论是营利性还是非营利性事业，而不是仅仅发展一项爱好。

对于那些让你充满激情但你没有技能和资源去满足的客户需求，我绝对不会让你放弃这种激情。相反，我会告诉你坚持下去，总有一天你会获得新的技能、知识和其他资源，这样就能满足客户需求。你还需要更多的坚持和时间来弥补你缺乏资源的弱点。不久之后，你就可以将这些资源添加到你的STARS表中。但是，每种客户需求都具有一定的时效性，其他人也可能在你之前满足它们。因此，在你选择想要满足的客户需求之前，应当把这些因素都考虑在内。

## 【模拟演练】

根据本章中的STARS表（表13.2和表13.3），制作一张类似的属于你自己的STARS表，在其中列出最让你激情澎湃的客户需求和潜在解决方案。在每个表中，你要特别关注可以用于某个特定客户需求和相应解决方案的资源，并且写出你对该客户需求和解决方案需要有多少激情，哪些（个）客户需求和解决方案能与你的激情及STARS匹配得最好。

## 【核心要点】

- 你的创业项目应该与你的资源和激情相匹配。资源提供了理性的准线，激情提供了情感的准线。
- 你的技能、技术、知识储备和职业关系将构成你最具体的资源，它们在你选择客户需求和可行性解决方案时起到了最关键的作用。
- 如果你的目标是开创自己的事业，使其能够发展、繁荣、自立并盈利，仅有激情还不够，相关资源也很重要。

第14章

# 俭朴的自由

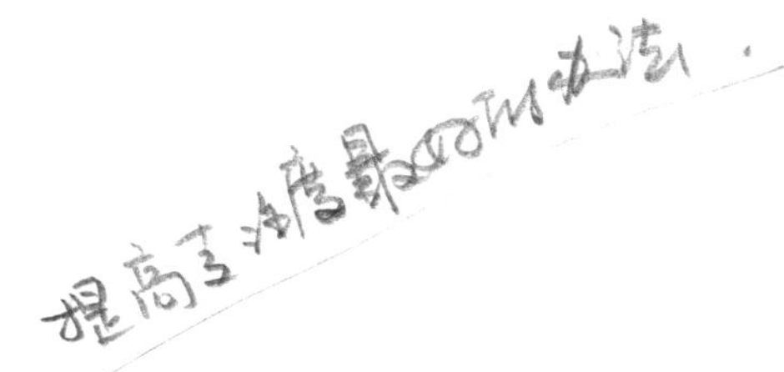

俭故能广。

——老子

29 岁的尼克·温特（Nick Winter）是软件行业的一名创业家，他平时所拥有的物品总共只有 99 件——2 条牛仔裤、4 件 T 恤、1 台笔记本电脑、1 部 iPhone（苹果手机）、1 枚结婚戒指，等等[1]。

为什么要扔掉上百件物品，只保留这 99 件呢？这样会使你的生活简化，然后，你就可以把精力集中在最重要的事情（比如创业）上面了。“我们都倾向于积累物品，却忽视了存放物品的成本——物理空间、心理空间和情感空间。”尼克说。清理过剩的东西，这会逼着你认真选择那些对你真正有价值的东西，进而将额外成本最小化。

想想你衣柜里的衣服吧。在 90% 的时间里，你穿的是 10% 的衣服，而另外 90% 的衣服却占用你的衣柜，造成拥挤和凌乱，甚至害得你常常找不见那 10% 的衣服。除了占用空间外，它们还占用衣架，需要定期晾晒，即便你并不怎么穿它们。时间一久，它们就过时了，不再适合你。你在这些衣服上花的钱，就这样白白地浪费掉了。用尼克的话来说，这些过剩的衣服还“冲淡”了你对那些真正的好东西的享受。

尼克很热衷于给别人洗脑——让我们的大脑做我们想让它做的事。他与别人共同开发了一款教人如何编码的多人游戏《游戏学编程》（*CodeCombat*），并在自己的作品《动机黑客》（*The Motivation Hacker*）

里提到数十种能帮人提高专注度的实践技能。“我只有 99 件物品”便是其中最重要的生活法则之一。与此极为相似的是，极简抽象派艺术家安迪·布雷特（Andy Brett）也“只有 99 件物品”。

俭朴常常没什么好名声。人们认为，与那些诱人的广告及其狂轰滥炸所造成的富有印象背道而驰，俭朴倡导乏味的精打细算、囤积、排斥生活中的乐趣。但真相恰恰与此相反。俭朴，是让我们将那些不重要的需求都砍掉，然后将重心集中到那些最重要的事情上面。它也不需要精打细算。尽管尼克的行头有限，我倒是从没见过他有多穷，或穿着不得体。相反，那仅有的几套衣服都很时髦，并且都非常适合他。

在“生活更简单、更专注”这个趋势上，尼克和安迪堪称引领者。尽管只有 99 件物品，他们仍然能通过 Skype、YouTube（美国一家视频网站）、edX 和 Coursera 等程序和网站免费享受到最新的通信、教育、娱乐、医疗等方面的在线服务。诚然，这些也会分散人的注意力，但它们没有占据空间，它们也不会贬值，并且，还可以通过按键来关闭或删除。尼克和安迪还通过在线分享的形式使用一些并不属于自己的产品和服务，比如，通过 Uber（优步）打车，通过 Airbnb（爱彼迎）租房。有了这些在线和共享的服务可供选择，我们就没有多少理由去购买和独自拥有这些东西了。

> 不必自己拥有，你就可以享用一切。
>
> ——Napster（一个点对点音乐共享服务平台）

对这一趋势，我有很强烈的共鸣，尽管我尚未达到尼克和安迪那种程度。同每个人一样，我也拥有数百种物品——衣服、书籍、家具、工具、电子产品、厨房用品等，很多都是在生活中常年累积下来的。其中的大部分，我几乎不怎么使用，甚至已经忘记了它们。6 年前，在扔掉几百件没什么价值的东西、把一幢三层高的叠拼别墅换成一间紧凑的公寓后，我感觉自己自由了许多。现在，我仍然留着几百件东西，但已经没以前那么乱了,受到的限制也少了,我有了更多的时间陪伴家人和朋友出去游玩。并且，我变得很不情愿去买任何可能占据空间的东西了。

最近，受尼克的鼓舞，我又扔掉了一些衣服、书籍和餐具。原本狭小、凌乱的办公室、衣柜和橱柜等一下子变得宽敞了许多。

很多著名的科技企业家、高管和发明家都选择了极简主义的生活。苹果的 CEO 莱姆・库克（Tim Cook）、脸书的联合创始人马克・扎克伯格（Mark Zuckerberg）、Dropbox（多宝箱）的联合创始人德鲁・休斯顿（Drew Houston）、Zappos（美捷步）的 CEO 谢家华（Tony Hsieh）、Mint.com（一款理财类软件）的创始人阿龙・帕兹尔（Aaron Patzer），他们都是亿万富翁，但在绝大多数情况下，他们都过得很检朴，生活水平远远低于凭他们的财富所应该达到的水平。

尼克是富有还是贫穷呢？我不知道，或许，我根本就不关心这个问题。他在观念和思想上是富有的。我从他身上学到了重要的东西，这才是我在意的。

拥有 99 件物品并非不可思议。理想数字因人而异，但尼克和安迪证明了我们真正需要的东西很少。

## 少喝一年星巴克咖啡

假定你每个工作日买两杯星巴克咖啡，上午和下午各一杯，它是你的提神饮料。你一般都买中杯“派克市场黑咖啡”（Pike Place），这样不会浪费。在旧金山，把小费算上，两杯咖啡需要 5 美元。按每周 5 天、一年 50 周算，你每年花在咖啡上的钱是 1 250 美元。我的一些朋友已经把去星巴克喝咖啡当成了一种生活习惯，甚至是“日程”，尽管他们完全可以通过办公室里的自动咖啡机免费畅饮。

一年在星巴克花费的 1 250 美元，足够为你的公司买一个咖啡壶和足够多的哥伦比亚（Colombia）咖啡豆，这些能让你的团队成员享用好几个月。如果能放弃去星巴克买咖啡的习惯，坚持一年时间，就等于为自己的团队成员提供了一些福利。

## 避免破产

每一家公司在走向破产前，都是先达到一个令管理者、债权人或监管者觉得你已经濒临缺乏资源和信用的临界点，然后再跌落到临界点以下。倘若此前管理层已经做过削减开支的努力，并因此保留了现金流，那他们可能就不会宣告破产。可惜，大部分管理者都没有这种前瞻性，他们滥用了“自由裁量权”，因而使某些指标跌落到临界点以下。

对某些已经破产的公司，尤其是那些小公司来说，哪怕额外多出 1 250 美元，结果或许都会大不相同。这笔钱或许能为公司继续生存提供足够的喘息余地。在应收账款收回之前或接到新的订单前，你可以利用这笔钱付给债权人或核心员工来应急。也就是说，少喝一年星巴克咖啡，确有可能使你的创业公司免于破产或关闭。

实际上，除了星巴克之外的其他消费品，例如香烟、药品、衣服、旅行、电影票等，你一年之内在它们上面花几千美元并不是问题。你可以尝试一种简单的解决之道，比如，用在家或办公室煮咖啡等成本更低的方式取代去星巴克买咖啡。如果你需要午后的提神饮料，你应该带着一杯咖啡出去散步，而不是去星巴克。这样，你既可以运动、呼吸新鲜空气，也可以节省宝贵的资金。

在联邦政府赤字不断扩大的低利率时代，如果你还在纠结该从哪里省出 1 000 美元来，那可就太落伍了。如果你不相信我的话，那就一直等，直到下一次经济衰退或加息。那时，你会庆幸，自己当年的节俭是正确的。

## 在生活中量入为出

高档社区的豪宅，分时度假别墅，高级进口车，昂贵的衣服和珠宝，私立学校，头等舱旅游，这些都是财务安全的代名词，对吧？

别轻信这些。据《邻家的百万富翁》（*The Millionaire Next Door*）的作者托马斯 · J. 斯坦利（Thomas J. Stanley）和威廉 · D. 丹科（William D. Danko）所说，在美国，大部分的百万富翁在生活中都量入为出，他们居住在中产阶层的社区，开着国产汽车，身穿成衣。节俭，恰恰是他们能成为百万富翁的重要原因。对他们来说，财务上不依赖别人要比彰显更高的社会地位重要。有 2/3 的人是自主创业。正如书中描述的那样，他们从事的职业和普通人并无两样，他们有的是焊接承包商、拖车公园所有者、灭虫专家、柴油发动机改造商 / 经销商，有的是清洁服务承包商、招聘人员或者摊铺承包商等。他们的大部分净资产和年收入来自自己的事业。

一个比较粗糙的衡量长期财务安全度的方法是，用你的净资产（房产、存款，其他资产与投资的总和）除以你的年度开支——食物、衣服、住房、旅游、娱乐等（不包括投资）。这个比例告诉你，在现有的生活水平下，如果不工作，在用完钱之前，你还能维持多久的生计。[2] 如果利亚姆（Liam）有 25 万美元的资本净值，他的年度开支为 10 万美元，则他还可以支撑两年半。如果奥利弗（Oliver）的资本净值是 50 万美元，而他的年度开支是 5 万美元的话，则他还可以支撑 10 年[3]。在这个例子中，奥利弗的长期财务安全度是利亚姆的 4 倍。

节俭，会使上面这个公式中的分子变大，分母变小。一方面，节俭使你有更多的钱去储蓄和投资，增加了你的资本净值；另一方面，它减少了你的年度开支。因此，节俭从两个方面提高了你的长期财务安全度。

如果你在不工作的情况下能以自己想要的生活方式所生活的年限超过了你的预期寿命，那你就再也不需要工作了。在网上查一查你的预期寿命[4]。平均寿命是 85 岁，如果你现在年龄在 75 岁以下，那你的预期寿命就是 85 岁减去你的年龄。比如，你今年 45 岁，那你的预期寿命就还有 40 年。这样，在一个给定的资本净值下，我们可以算出你的年度开支的限额应该是多少（见表 14.1）。

表 14.1　资本净值与年度开支限额

| 资本净值（美元） | 年度开支（美元） |
| --- | --- |
| 100 万 | 2.5 万 |
| 200 万 | 5 万 |
| 400 万 | 10 万 |

## 强化节俭

我们天然地想给自己身边的人留下深刻印象。结果，我们倾向于按照自己所想的方式给他们留下印象。大多数人都容易对昂贵而奢侈的汽车、房子、珠宝和衣服等财产产生深刻印象，因此，购买这些东西并向别人炫耀，通常会让别人产生一种“他很厉害”的错觉，至少在短期内如此。但事实恰恰与此相反——这么做会消耗掉我们原本可以投资到业务上的资源，或者通过积累投入日后业务上的资源。因此，我们需要找一些对有形财产关注较少的人并进入他们的圈子。更重要的是，他们所谈所想和所关心的，是一些真正对我们有帮助的东西——梦想、目标和进步等。

社会学家研究发现，在下面这情况下，我们倾向于购买和炫耀奢侈品：缺乏安全感；试图跟身边的人保持距离，或者将自己与他们区别开来；赢得一次约会的机会，获得一个生活上的伙伴或工作机会。问问你自己，你在哪种情况下最渴望购买或炫耀奢侈品？这个行为使你离自己的人生目标更近了，还是更远了？你会允许身边那些与你价值观不一致的人来控制自己吗？

我很幸运能够在旧金山找到一个对观念、学习、创新、企业家精神、个人健康和长寿等充满热情的社群。这个社群的成员在年龄、种族、性取向、财富净值等方面各不相同。尽管我所居住的社区里至少有一个亿万富翁，但我从没听他们谈论过自己的财富。我很珍惜我们社区的风气。

这里有个小测试：你敢不敢真诚地向自己社交圈里的人分享你做事的优先级？比如，你告诉大家，“与去电影院欣赏一部电影相比，我更愿意等到它在 Netflix（奈飞）或 YouTube 上播放，然后我再在家里组织一个聚会，邀请大家来观影”。这并不是一个能不能负担得起去电影院的费用的问题，而是把钱花在对自己最重要的或你能得到最高回报的事情上面。如果你的社交圈里的朋友能在这些事情上接受和支持你，那你就算找到了一个很不错的圈子。

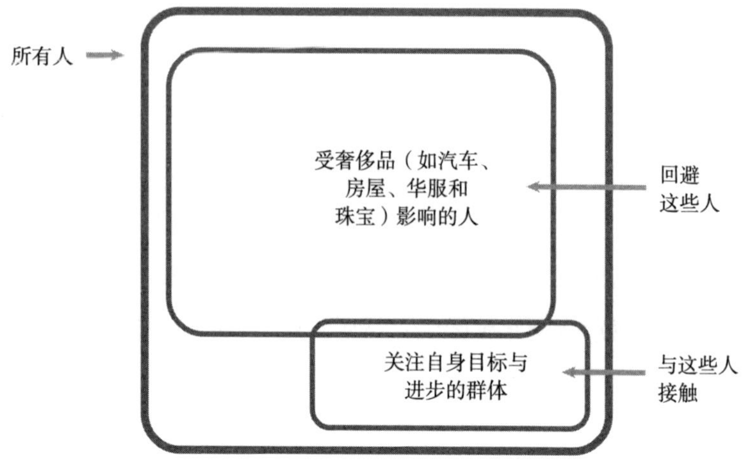


图 14.1　回避某类人与接触某些人

## 私人的和业务上的节俭

这里有几条关于如何通过节俭获得自由的具体建议。

### 在个人的生活方面

- 想一想，你究竟想把时间和注意力花在哪些事情上面？你的事业，配偶，其他重要的人，家庭，心的宁静，财务安全，做好事等。把这些都列出来，贴在冰箱或浴室的镜子上，让它们影响你的意识或潜意识。
- 信用卡还款。这是最沉重一种的债务形式。所以，即使不能即时还款，也请尽快。
- 在线支付。如今，每一家商业银行都提供网上银行服务，如果你还不熟悉操作流程，那就向开户行咨询。你每个月可以通过 ATM（自助取款机）在固定的时间支付房租、按揭贷款和网费。这就为你节省了时间和邮费。

- 对冲动消费保持警惕。在决定购买一个昂贵物品前，先等上一段时间。在此期间，先研究一下有没有替代品，比较它们的价格，然后再考虑想要购买的东西的价值是否真的超过了它的成本，包括占用空间、需要维护、无法转售。如果可能的话，你也可以选择临时租赁的方式，而不是直接购买。
- 享受免费娱乐。在视频网站上，可选择的影片是线下电影院影片的数千倍，并且还是免费的。在电影院所能看到的影片是大多数人口味的“公约数”，而在视频网站上，你更容易找到那些可以满足个人偏好的影片。
- 自己动手做饭。你可以减少与朋友去那些昂贵的餐厅或酒吧的次数。相反，邀请他们来家里做客，然后亲自下厨。与其买很昂贵的礼物送人，还不如亲手做一个很有特色的小礼物。
- 自动化管理投资账户。用一种新型的经纪公司取代那些租金高昂的写字楼以及高薪的账户高管，并通过一系列自动化投资组合使投资回报最大化（扣除税费后）。

## 在你的业务中

- 起步阶段尽量在家办公。如果你的业务增长很快，而客户几乎不怎么来访，你可以选择一个最便宜的空间作为办公场地。在很多城市里，翻新仓库的成本通常都很低，常常被用作办公场地。让你的团队成员帮忙装修，这样一来，这个办公空间就能满足你们的一些个性化需求。如果你租到的办公室比你实际需要的面积大，你可以考虑将多余部分转租出去。

Decisive Technology 成立之初的办公室位于企业大道 1020 号，这里曾经是帕洛阿尔托市（Palo Alto）最便宜的地段。相比之下，Customer Sat 成立之初位于山景城的办公室好多了——我们有自己的洗手间。随着公司规模扩张，办公室不够用了，我们就选择入驻硅谷著名孵化器 Plug and Play（美国一家创业孵化器）的办公空间，那里有划分好的办公区、装好的网络，随时可以入驻，这意味着我们省去了布置办公室等环节。

现在，在旧金山的大部分软件公司使用的都是开放式办公室，而非小隔间或私人办公室。这样,他们随时可以形成各种大小不同的“会议室”来讨论问题。

- 从纸质办公转到线上办公。无论你面对的是客户、雇员、供应商、投资者、经销商还是合作伙伴，都可以将合同、发票、收据等做成电子版。当然，首先得让客户知道你已经习惯在线办公了。
- 在大型采购项目上，多找几家供应商。如果你可以从现有供应商的竞争对手那里拿到更低的报价，现有供应商就会考虑降低价格以赢得生意。这样做，你不仅可以节省费用，而且可能发现一些更能满足你的需求的产品或服务。
- 奖励和认可那些帮你节省成本的雇员。如果你的几个同事接受过丰富的训练并且效率很高，那他们的业务能力可能在很多方面已经超过你了。他们的建议范围从安装控制灯开关的遥控传感器、软件采购，以及众包客户支持（鼓励并促成客户之间互相协助）。
- 以身作则。在出行、住宿或接受其他服务时，不要比你的同事享受更高等级的服务。在 CustomerSat，直到被收购，我的隔间始终是跟其他人的一样大。从来没有员工向我抱怨办公空间太小或位置不好。在刚起步的时候，遇到出差，我们常常是一间房间里挤 4 个人，当然也包括我在内。在创业公司里，给予管理层特殊待遇是极不明智的。在上一家公司，当销售副总坚持在从美国飞往欧洲的航班上乘坐商务舱而不是像别人一样坐经济舱的时候，我妥协了。然而，现在，我意识到这是个极其严重的错误。团队其他成员认为，他们有资格享受与你同样的权利。因此，不要使用公款进行特权消费。

- 在新人入职前和他们探讨节约问题。在硅谷，谷歌、脸书和推特等公司为员工提供美食，其他一些知名公司的员工也将习惯于公司发放的许多福利。在这样的工作环境中，职位候选人是否感到舒适？工作是否富有成效？如果答案是否定的，最好不要雇用这样的员工，这比出了问题后再去解决问题要好。
- 预期员工的敌意。那些股权较少的员工，通常都不倾向于节俭，因为，为你的公司省钱，他们自己并不会得到什么好处。他们甚至还会对你的节俭充满敌意。你应该对员工的这些反应有一定的敏感性，你要记得，在为你的公司工作的时候，他们做出了哪些牺牲。你应该以温和的方式提醒他们，节俭会增加每个人手里的股份的价值，当然也包括他们的那一份。
- 使你公司的津贴符合行业标准。在财力允许的情况下，应该使你公司的各种津贴符合行业标准。你是在带领着员工跟行业里的其他公司竞争，如果你的津贴达不到行业标准，员工就可能流失。这会使你很难招到优秀的人才，甚至现有人才也可能流失。

## 【模拟演练】

1. 你可以通过放弃、扔掉或卖掉自己的某些物品来改善生活质量吗？如果可以，是哪些物品呢？送人，扔掉或者卖掉。

2. 在哪些时刻，你最容易把钱花在那些会影响你的长远目标的事情上？今天，你要怎样做才能避免这样的时刻、避免浪费这些钱呢？

3. 找出一项仅能给你带来瞬间满足的日常开支，砍掉它。然后，找一项零成本或低成本但又可以满足相同需求的替代开支。

4. 基于你现在的年龄和资本净值，算一算你每年的开支不能超过多少，你才可以不工作。

5. 在确定的年龄和年度开支下，算一算你的资本净值能支撑你不工作生活多少年。

6. 如果你还没有退休，选择一个你要停止工作的退休年龄以及你在那个年龄的年度开支。如果要让这一切成为可能，你至少需要多少钱？

7. 列举你身边的 5 个因为使用奢侈品而给你留下深刻印象的人。他们是如何炫耀的？在你的消费行为中，如何有效弱化他们带来的负面影响？再列举 5 个会鼓励你节俭和支持你围绕核心目标奋斗的人，这些人是如何证明他们的行为和意愿的？你是如何跟他们交流，并加强他们对你的正面影响的？

## 【核心要点】

- 节俭，给人的印象可能是乏味的精打细算，但真相恰恰与此相反。俭朴，是我们将那些不重要的需求都砍掉，然后将重心放到那些最重要的事情上。

- 有了在线服务和共享经济，我们购买和拥有某件物品的意愿就变弱了。
- 世界上大多数成功的企业家、高管和投资人都倾向于选择一种俭朴的生活，量入为出。
- 节俭，会增强你的长期财务安全。
- 在下一次经济衰退或加息到来时，你会为自己早先的节俭感到庆幸。
- 要找一些对有形财产关注较少的人并进入他们的圈子。他们所谈所想和所关心的，是一些真正对你重要的东西，如梦想、目标和个人成长。

第 15 章

# 缩小差距（步骤 6）：开发和获取 STARS 的 10 种方法

在那片原野上，绿草如茵。因为从未有人来此割草，也从未有人给草浇水。

——薇拉·纳扎里安（Vera Nazarian）[1]

## 不断缩小差距

你的个人能力和潜在的客户需求，以及满足这些需求的方案之间往往是有差距的。你构想、开创和发展一份事业的核心，就在于提高这三者之间的契合度，这就需要你能够开发和获取 STARS。客户需求、技术和竞争对手的变化层出不穷。因此，各种或大或小的差距将无处不在、无时不有。在本书的第 2 章，我们曾将从现有状况到理想状况之间的“努力空间”定义为“差距”。确切地说，就是指你现有的 STARS 与让客户满意所需要的条件之间的差距。在表 15.1 的左栏中，你会看到 10 种帮助你“消除差距”的方法。[2] 这 10 条在排列次序上是比较严格。一般来说，你会先尝试排在前面的方法，然后依次向后。表格的右栏标示的是，通过左栏的这些方法，你的哪一项具体资源能够被增强。

表 15.1　缩小差距，增强 STARS

| 缩小差距的方法 | S | T | A | R | S |
|---|---|---|---|---|---|
| 1. 引进联合创始人 | √ | √ | √ | √ | √ |

续表

| 缩小差距的方法 | S | T | A | R | S |
|---|---|---|---|---|---|
| 2. 招聘雇员，组建团队 | √ | √ | √ | √ | √ |
| 3. 走出你的舒适区 | | | √ | √ | √ |
| 4. 服务客户 | √ | | √ | √ | |
| 5. 购买工具、机器设备、软件和在线服务 | | √ | √ | √ | |
| 6. 在培训和信息方面投入，聘请顾问 | √ | √ | √ | √ | |
| 7. 开发或完善一个原型或方案 | | √ | √ | √ | |
| 8. 与别的企业家或组织达成合作关系 | | √ | √ | | |
| 9. 引进投资者 | √ | √ | √ | √ | √ |
| 10. 与其他组织合并，或被收购 | √ | √ | √ | √ | √ |

在 Decisive Technology 和 CoustomerSat，我的管理层和我一直持续并肩开发和获取各种 STARS。我觉得我们做得好的地方包括：快速组建和发展在软件开发、销售和售后支持、咨询顾问方面的专家团队；聘请顶尖的专业人士和职业经理人，制定和执行了一些富有吸引力的产品战略，吸引高质量的客户和投资者，在公司适时被收购的时候做好准备。

我所犯的错误主要包括：为某些经理人安排的岗位不合理；没有足够的薪酬奖励，因而留不住人；在信息技术和金融系统上投入太少，因而妨碍了简化服务流程。当然，这些事情说来话长，也不适合我在这里长篇大论。毕竟，现在我们讨论的重点是你和你的创业项目。

## 提高整体契合度

下面的表 15.2 展示了一些通过“缩小差距”来提高你的个人能力、

客户需求和解决方案之间的契合度的具体例子。

表15.2 提高你的个人能力、客户需求和解决方案之间的契合度

| 缩小差距的方法 | 具体的例子 |
| --- | --- |
| 1. 引进联合创始人 | ——增加和提高与你互补的关键技能和知识 |
| 2. 招聘员工，组建团队 | ——增加和提高设计、编程、服务交付、销售、业务开拓等方面的技能和能力 |
| 3. 走出你的舒适区 | ——读一本很有挑战的书，或者研修一门你专业领域内的高级课程<br>——戒烟<br>——减肥<br>——参加一个绳索课程<br>——培养一项新的运动习惯或爱好<br>——竞选或参加你所在的领域里的政府或协会领导机构，比如校友会、专业学会或贸易协会等<br>——提高与工作相关的外语能力<br>——参加跳伞或蹦极等极限运动 |
| 4. 服务客户 | 与关键客户建立联系：<br>——通过他们，你能发现和掌握客户需求是什么<br>——他们是公司的长期利润来源<br>——他们的推荐与否将影响其他的关键客户 |
| 5. 购买工具、机器设备、软件和在线服务 | ——对你的产品和服务进行差异化经营，表现出自己的特色<br>——提供更快捷、更便宜的解决方案<br>——避免尝试自制新工具和开发软件所带来的时间浪费和风险 |
| 6. 在培训和信息方面投入资源，聘请顾问 | ——获取解决方案、客户和专业知识的速度将加快<br>——对产品和服务进行差异化经营，如先于竞争对手在某个具体的服务项目上提供在线服务 |
| 7. 开发或完善一个原型或方案 | ——为你的方案建立一个实施原型模板<br>——在客户测试期间，增加新功能<br>——通过独家采用某一项新技术，差异化你的方案 |

续表

| 缩小差距的方法 | 具体的例子 |
|---|---|
| 8. 与别的企业家或组织达成合作关系 | 通过这种合作，你将获得：<br>——专有技术，使你的差异化方案变得更有竞争力<br>——生产能力，能更快扩大规模<br>——销售人员、经销商，以便开拓销售渠道、做好售后服务<br>——品牌的认知度和可信度 |
| 9. 引进投资者 | 通过引进投资者，可以获得：<br>——拥有更多的资金来扩充团队<br>——增加你所在领域的专业知识和金融知识<br>——加强与目标客户和合作伙伴的联系 |
| 10. 被并购 | 参见第 8 条和第 9 条 |

表 15.3 清晰地展示了如何通过某些方法来提高自己与第 13 章里所讨论的四个客户需求和解决方案之间的契合度。正如图中箭头所显示的那样，对每一个客户需求和解决方案来说，开发和获取某些关键资源的确提高了你和客户需求、方案之间的整体契合度。

表 15.3　发展资源，提高整体契合度

| 客户需求 | 建议方案 | 可用 STARS | 可开发和获取的其他 STARS | 跟你的整体契合度 |
|---|---|---|---|---|
| 1. 气候潮湿的城市需要防涂鸦笔 | 新型化学配方，使处于潮湿环境的涂鸦易于被清除 | 化学知识（化学学士） | | 低<br>↓ |
| | | | ——颜料配方<br>——业务<br>——在中美洲、亚洲和非洲开拓市场 | 高 |

续表

| 客户需求 | 建议方案 | 可用 STARS | 可开发和获取的其他 STARS | 跟你的整体契合度 |
|---|---|---|---|---|
| 2. 潜水员用的水下 GPS | 佩戴于手腕的装置，用于显示潜水员位置和潜水路径 | ——潜水员认证<br>——GPS | | 一般 |
| | | | 将 GPS 的接收者和基于潜水员的惯性制导系统连接在一起的能力 | 高 |
| 3. 患者和医生之间需要英文－西班牙语的自动翻译 | 基于手机的实时智能翻译服务 | ——医疗机构的三年工作经验<br>——西班牙语交流<br>——NLP<br>——全职工作和收入（医疗服务） | | 高 |
| | | | 拥有手机即时翻译服务方面的详细知识 | 非常高 |
| 4. 用于网上社交的自动会话系统 | 智能手机的聊天 App，可以与潜在的约会对象聊天 | ——NLP<br>——GPS<br>——社交网络<br>——手机摄像头 | | 高 |
| | | | ——App 的开发<br>——文本的自动翻译和回复 | 非常高 |

## 开发和获取 STARS

需要无限期地提高你、你的业务和客户需求三者之间的契合度。

相应地，开发和获取 STARS 的过程也需要持续下去。在图 2.5 中，你会发现第 6 步一直在 4 个地方不断地循环，只是在每处的聚焦点略有不同罢了（如表 15.4 所示）。

表 15.4　第 6 步：开发和获取 STARS 以提高契合度

| 步骤 | 第 6 步之后 | 第 6 步 | 第 6 步之前 | 聚焦点 |
|---|---|---|---|---|
| 1 | 第 5 步　基本契合：通过 STARS 和热情将需求和方案匹配起来 | **开发和获取资源以提高契合度** | 第 7 步　明确自己相较于竞争对手的优势在哪里，更好地满足客户需求 | **笼统**<br>在考虑竞争之前，你的实际能力和客户需求之间的契合度 |
| 2 | 第 7 步　高度契合：通过优势和热情将需求和方案匹配起来 | | 第 8 步　选择对你自己来说最好的机会 | **具体**<br>聚焦于一个具体的需求和方案，与对手进行差异化竞争 |
| 3 | 第 9 步　启动“需求—方案—优势—热情”这个最好的匹配 | | 第 10 步　扩大规模 | **细微**<br>使需求、方案和配送模式具体化<br>你还需要去扩大哪些资源的规模，都可以在这里列出来；还有哪些资源需要你去扩大规模，都可以在这里显示出来 |
| 4 | 第 10 步　扩大规模 | | 重复所有步骤 | **持续地改善**<br>追踪需求、方案和竞争在全过程中的变化 |

**【模拟演练】**

1. 针对那些能与你的 STARS 和热情高度契合的客户需求，做一个类似于第 13 章表 13.4 那样的摘要表。

2. 针对客户的每一种需求，想想你还能获取哪些额外的 STARS 来提高契合度。

**【核心要点】**

- 开发和获取 STARS，一方面可以提高你的能力和你所掌握的 STARS 的匹配度，另一方面可以提高客户需求和可能的解决方案之间的契合度。此外，正如我们在本书的第 5 章提到的那样，调整或缩减客户的需求使其跟你现有的 STARS 相契合，也是一个关键方法。
- 在早期，你所取得的进展是比较笼统的、模糊的。但随着你的注意力对准一个具体的客户需求和解决方案，这些进展也会变得越来越具体和形象。
- 提高你的业务和客户需求之间的契合度需要不懈地努力，即便产品已经上市或规模化，也不应该停止。

第 16 章

# 避开竞争（步骤 7）

*不战而屈人之兵，善之善者也。*

——孙子

短信和电话之间存在竞争关系吗？这是一个不错的问题。

文字信息和语音电话有着根本的不同。使用语音还是文字，不同的人会有不同的偏好。而同一个人在不同的情况下，也会做出不同的选择。

比如，亚历山大（Alexzander）想传达一则简短的信息给住在城市另一端的朋友，倘若他很清楚朋友正在上课，不方便接听电话，而且朋友也不想让身边的同学听到自己的电话，或者，亚历山大和他的朋友都不到21岁，他们平时经常用文字聊天［根据皮尤研究中心（Pew Research）[1]的研究，18~29岁的手机用户中，有97%的人更偏好使用文字聊天］，那么，亚历山大可能只有一种选择——发文字信息。据我所知，大多数在短信时代成长起来的年轻人根本不会认为短信和电话之间存在竞争关系。

再比如，布里奥娜（Brionna）想与住在城市另一端的朋友畅聊一次；她有关节炎，手指经常疼，打字很吃力；她和朋友都在各自的家里，很放松，打电话没有任何不便；或者，她和朋友都已经超过65岁，彼此之间从未有过用短信交流的经历（同样是一份来自皮尤研究中心的数据显示，65岁以上的手机用户中，只有35%的人会发短信）。这时，布里安娜就只有一个选择——打电话给朋友，这样才能聊得尽兴。在我所认识的一些中老年人中，很少有人会认为短信和电话之间存在竞争关系。

那么，短信和电话之间就完全不存在竞争关系了？且慢。上面的例子只是两种极端情况。亚历山大和布里安娜的需求恰好分别跟短信和电话两种功能相对应，如果对各自的需求做个微小的改变，他们的选择就不会这么清晰明朗了。

比如，科鲁兹（Cruz）想与住在城市另一端的一个朋友聊点事情。这件事情有点复杂，需要一长串解释；他平时在跟这个朋友聊天时，发短信和打电话这两种方式都经常采用；他和朋友的年龄都在 30~64 岁之间。在这种情况下，科鲁兹可能会采用任何一种方式，或者干脆把两种方式结合起来——先发短信，然后再打电话补充文字中没有说清楚的地方；或者先打电话，然后再发短信做补充。

如果随机选择身边的一些朋友做个小调查，你就会发现，近些年，他们跟人的交流方式常常在电话和短信之间切换。确切地说，短信正在以年均 100% 的速度[2]增长，而使用电话的用户数量自 2007 年之后就一直在下滑。[3]

那么，文字信息和电话之间存在竞争关系吗？

是的，当它们能够满足消费者的同一需求时，竞争就出现了。

## 变成你的竞争对手的客户

为了了解你的潜在竞争对手，你需要与竞争对手的客户接触，或者干脆让自己成为竞争对手的客户。 竞争对手及其方案满足了客户的哪些需求？效果如何？在本书的第 3 章和第 4 章，我们列举了好多类似的问题来发现那些尚未被满足的客户需求。在本章和下一章，我们将通过这些问题来发现你的竞争优势和劣势分别是什么。

除了接触竞争对手的客户、亲自体验竞争对手的方案之外，你还应该注意这些事情：

- 研究竞争对手的网站，订阅他们的内刊，下载他们的 App。
- 如果可行的话，去跟他们的经销商或零售商聊聊。
- 访问类似于 compete.com 这样的网站，去看看他们的访问量如何，或者 Yelp（美国最大的点评网站）网站，关注留言区里的消费者和评论者关于数据的点评。

如果竞争对手是一家有董事会的创业公司，那么，你需要搞清楚的是：董事会成员的履历以及其与公司业务相关性有多强；董事会成员对这份事业的兴趣有多大、忠诚度有多高；这家公司是否融资，投资情况怎样；在网络上，在办公室里，在商店里，在电话中，在人前，这家公司及其雇员是以怎样的形象示人的；你对管理层是否足够了解，他们是否能够胜任；创始人或企业所有者对日常经营的参与程度；该公司在外面的口碑如何。

最后，如果确定了客户需求和相关资源，你怎样以直接或间接的形式参与竞争呢？

成功的战略都源于与对手进行差异化竞争。最危险的竞争对手，恰恰就是那些与你最像的公司。

——波士顿咨询公司创始人布鲁斯·亨德森（Bruce Henderson）

## 与众不同，避开正面竞争

正如我们在第 9 章所提到的，“做得更好不如与众不同”，我们向客户提供的解决方案同样如此。

- 与竞争对手相似但又做得比他们更好（面对同一维度的客户需求时，你更有优势），我们称之为“改善”。
- 与竞争对手不同（当客户需求与常规方案能满足的需求不在同一个维度上，但又对客户特别重要时，你的优势就凸显出来了），我们称之为“特色”。

尤其是，当你的方案与竞争对手相似而你又做得更好时，如果你是在一些已经发展得很成熟的领域里——如美式咖啡、移动支付、健康和健身等 App 和别人展开正面竞争，你将举步维艰。在这种情况下，竞争对手很容易把你视为一个威胁，因而，他们会小心翼翼地保护好自己的“地盘”，挑战或抄袭你比他们强的那些地方，甚至直接攻击你。

反之，如果你的方案是与众不同的，那你就可以避开与别人的正面竞争。这样，竞争对手就会忽略你，对你视而不见，他们甚至会愿意与你成为合作伙伴。这很好。当然，你也得提高警惕，别让他们趁机偷走了你的知识产权，或者挖走了你的员工。

当初，底特律的汽车厂商因为傲慢与偏见而对美国市场上的日系汽车掉以轻心（起初，进口的日系汽车的质量确实一般，可是，在日系汽车品质改善已经有好长一段时间之后，底特律的汽车厂商却仍停留在“日本车质量不好”的成见之中）。百货公司曾忽视了大型连锁超市，纸媒曾经忽视了网络媒体……更多的例子见表 16.1 和表 16.2。

表 16.1　被取代的产品和服务

| 产品和服务 | 取代者 |
| --- | --- |
| 笔记本电脑 | 智能手机、平板电脑 |
| 计算器 | 计算器应用程序 |
| 交通地图 | GPS、谷歌地图 |
| 数码相机 | 智能手机 |
| 汽车钥匙 | 智能钥匙系统 |
| 出租车 | Uber 和 Lyft（来福车） |

表 16.2　被取代的零售渠道

| 零售渠道 | 取代者 |
| --- | --- |
| 书店 | 亚马逊 |
| 影片零售商 | Netflix |
| 唱片零售商 | iTunes（数字媒体播放程序）和 ipod |
| 鞋店 | Zappos |

无论是因为视而不见、反应迟钝、自鸣得意，还是因为公司结构太复杂而无法迅速做出反应，都是新进入者蚕食了你的市场。

在任何情况下，新技术都会给予替代方案竞争优势。你不仅不该对这些“与我不同”的竞争者视而不见，还要努力成为与众不同者。

开辟竞争对手不会扎堆进入的一个市场，或是一个独特的客户群体——在这个客户群体面前，你的优势是最明显的。你的方案和客户群体越是与众不同，你就越不必担心竞争对手会对你构成威胁。

## 【模拟演练】

1. 列一份竞争对手的清单，看看他们所解决的哪些客户需求是你能够满足的。

2. 在这个清单上，把竞争对手按从“跟我最相似”到“跟我的相似度最低”的顺序排列。

3. 对每一个竞争对手，列举 2~3 个他与别人竞争的维度，以及至少一个你与别人竞争的与众不同的维度。

## 【核心要点】

- 你的竞争对手是那些能够跟你满足同样的客户需求的公司。
- 如果你跟对手是在同一个维度的客户需求上竞争，则对手很容易把你视为一个威胁，他们会拼命保护自己的势力范围，甚至还会攻击你。相反，如果你的方案与众不同，就避开了正面竞争。这样，竞争对手就会对你掉以轻心，甚至会希望与你成为合作伙伴。
- 你应该让自己成为与众不同的、容易被人忽略掉的“竞争对手”。
- 及时拥抱新科技，是让自己躲过那些在成熟市场上的竞争对手的围追堵截的最好办法。
- 你的方案越与众不同，你就越不必担心强大的竞争对手会对你造成威胁。

第 17 章

# 你的 STARS 在哪方面最突出：认清你的优势所在

亲爱的小草，请不要问自己能不能长得像树一样高，你应该问：“我是史上最棒的小草吗？”

——曼普瑞特·考尔·辛格（Manpreet Kaur Singh）

在第9章“做得更好不如与众不同”中，我们看到惠普和戴尔的笔记本电脑如何互相竞争，而苹果如何对客户做到与众不同。[1]在竞争格局中，苹果也处于更强势的位置上。现在，让我们以一种系统化的方式展示你相比于竞争对手的优势和劣势。

在情景一（表17.1）中，我们从三个维度来对惠普和戴尔的笔记本电脑进行比较。在屏幕的尺寸方面，惠普更胜一筹（以“++”来表示）；在运行速度方面，惠普要逊色一些（以“--”来表示）；在存储空间方面，两者旗鼓相当（以“=”来表示）。

如果把戴尔当成“主角”来看这张表，则结论是这样的：在屏幕尺寸方面，戴尔逊色于惠普；在运行速度方面，戴尔领先一筹；在存储空间方面，戴尔跟惠普打了个平手。无论以哪种方式进行比较，惠普和戴尔中的任何一方都没有明显的优势或劣势。

情景一所设定的优劣势，是基于惠普和戴尔这种比较成熟的公司来说的，对那些正在创业中的公司来说也许并不适用。

表 17.1　情景一：优势和劣势

| 客户需求 / 产品部件 | 惠普 | 戴尔 | 惠普的优势 / 劣势 |
|---|---|---|---|
| 屏幕尺寸 | +++ | + | ++ |
| 运行速度 | + | +++ | −− |
| 存储空间 | ++ | ++ | = |

注：这里的优劣评定，是为了方便解释问题而虚构出来的

现在，我们来聊聊市场上的后起之秀——苹果。如情景二（表 17.2）所设定的那样，苹果同时跟惠普和戴尔竞争。如果你有很多竞争对手，那么你将有很多种方式来衡量优劣势。在情景二中，我们对苹果笔记本电脑与惠普和戴尔笔记本电脑的平均状况进行了简单的比较。为了方便解释问题，我们假定在前面讨论的屏幕尺寸、运行速度和存储空间三个维度上，苹果笔记本电脑跟惠普和戴尔笔记本电脑的平均状况是差不多的。在这三个方面，苹果笔记本电脑并没有任何优势或劣势。乍一看，这三家的笔记本电脑“势均力敌”——在前两项指标上，苹果的得分均介于惠普和戴尔之间，而在第三个指标上，苹果与另外两家旗鼓相当。

表 17.2　情景二：优势和劣势

| 客户需求 / 产品部件 | 苹果 | 惠普 | 戴尔 | 苹果的优势 / 劣势 |
|---|---|---|---|---|
| 屏幕尺寸 | ++ | +++ | + | = |
| 运行速度 | ++ | + | +++ | = |
| 存储空间 | ++ | ++ | ++ | = |
| 视频剪辑 | +++ | 0 | 0 | +++ |
| 音乐制作 | +++ | 0 | 0 | +++ |
| 图片处理 | +++ | 0 | 0 | +++ |

但是，在视频剪辑、音乐制作和图片处理这三项上，苹果笔记本电脑的优势就特别明显。实际上，基于 Windows 的惠普和戴尔笔记本电脑都不具备这三项功能。我们用“+++”来表示苹果在这三项上的领先优势。

并非所有的用户都会看重视频剪辑、音乐制作和图片处理三种功能，但对看重这些功能的人来说，苹果自然就是他们的第一选择了。于是，苹果就有了一批稳定可靠的客源，这也是它能不断成长的根基所在。如果有越来越多的笔记本电脑用户看重视频剪辑、音乐制作和图片处理功能，那么苹果的竞争优势就会一直保持下去。并且，随着时间的推移，苹果的优势地位会越来越稳固。

差异化竞争带来的优势强化了苹果笔记本电脑在竞争中的地位，只能互相竞争的惠普和戴尔笔记本电脑根本就不是苹果笔记本电脑的对手。差异化的好处会越来越明显的。

实际上，惠普和戴尔的笔记本电脑竞争并不局限于屏幕尺寸、运行速度和存储空间这三个方面，它们各自也都有一些自己所独有的强项。但对客户来说，它们那些小特色远不如它们的共同点显眼。那么，是不是说，在大部分客户心目中，惠普和戴尔的笔记本电脑是可以互相代替的呢？果真如此的话，一部笔记本电脑所独有的特色，对这些客户其实是没有什么用的，因为他们并不会以此来区分它。

类似的是，苹果的笔记本电脑也不限于三个维度，表 17.2 中所列的只是比较引人注目的三个方面而已。但这个案例最有意思的地方在于，绝大多数消费者都会说，他们并不能接受用基于 Windows 的其他品牌的笔记本电脑作为苹果笔记本电脑的替代品。这也意味着在笔记本电脑领域，苹果的竞争优势不可替代。

## 你的优势也充满了变数

随着客户群体及客户需求的变化，你的优势也充满了变数。凭借你和联合创始人的经验和知识，你或许在柴油机业务方面拥有不少优势。然而，对混合动力车，你可能一点优势都没有。你可能在做与安卓系统相关的业务时拥有优势，但在做基于苹果手机操作系统的业务时，你的优势就荡然无存。你可能在游戏领域充满优势，但在做企业级软件的时候，就显得资质平平了。如果你的公司总部位于芝加哥（Chicago）而你的主要竞争对手在香港，在其他条件都相同的情况下，如果是去发展那些位于芝加哥的客户，你的优势就凸显出来了。而你的竞争对手在发展那些位于香港的客户时，优势则比你明显得多。[2] 要想扩展和加强你的优势，你就得去开发和获取 STARS。这一点，我们在第 15 章已经提到过。

怎样才算做得更好？怎样才算与众不同？或者怎样是既与众不同又比别人都好？怎样是毫无优势可言？究竟是谁来评判的？当然是你的客户了。如果你怀疑自己的一个优势是否能称得上一种特色，或仅仅只是一个小改善，就先把它当成一个小改善吧。想办法不断加强或差别化这些优势，使它变成真正独一无二的特色。

## 短信是怎样“傲视”电话的

在过去的 15 年里，短信经历了爆发性的增长，并且，与电话相比，它拥有独具特色的竞争优势。我们在分析自己与竞争对手的关系时，可以作为参考的模板。在 2000 年之前，跟电话相比，短信简直不值一提。

那时，很少有人会预料到，在后来不到 10 年的时间里，电话在人们日常生活中的使用频率竟然会被短信反超。

曾经有一段时间，信息传输还需要通过传呼机等与电话相分离的设备进行。很多时候，信息经常是一些简短的与数字相关的东西：比如，发个电话号码，让别人给你打回去；或者是一些为技术员或贸易商准备的由机器生成的文字信息。2000 年，AT&T（美国电话电报公司）第一次为手机增设了短信功能。[3] 在手机上通过按数字键盘来输入文字是一件很麻烦的事情（比如，你得连按三次数字“2”才会出现一个字母“C”）。彼时，电话服务的提供商把短信视为电话的一种“附加功能”，而不是把它当成竞争对手，因为短信通常会带来下一次语音通话。

在 2000—2007 年，越来越多的手机开始支持短信功能，并且还采用了字母与数字组合的键盘。这样，打字就容易多了。电话服务提供商在声音清晰度、话务员座席服务、网络覆盖范围和价格等方面的竞争就已经够激烈的了。现在，他们又得跟文字信息竞争。相比于语音，文字信息的优势主要体现在以下几个方面：

- 如果信息比较简短的话，文字要比语音快一些（不用花时间等待对方的回答，也免除了一些无意义的闲聊）。
- 文字少了一些对别人的“强迫”（没有铃声）。
- 文字更安全（你身边的人不可能听见你输入的文字是什么，并且，收信息的人也不可能听见你这边的噪声，也无从判定你是在酒吧里还是舞厅里）。
- 文字也更适合一些跨时区的交流（当对方已经入睡时，你不需要等他及时回复）。

- 收到文字信息的人，也不需要急匆匆地去找一支笔来记下你所说的电话号码、街道地址等，而在语音通话时，这些经常是必不可少的。
- 前面的聊天记录会自动存档，以备你日后查阅参考。
- 文字信息可以附带超链接，方便别人随时打开。
- 文字信息在语法上面比较规范，对那些学外语的人来说更理想。

在 2006 年之后，对用户来说，文字信息的成本开始快速下降。这个阶段，电信运营商开始提供短信包月服务——只收取一点月租，但发短信的数量几乎是没有限制的，一些 App 也提供免费的文字沟通功能。因此，文字信息业务的发展一飞冲天。2007 年，文字信息的总量超过了语音通话。[4]

2007 年之后，文字信息业务向更深层次发展。图片与视频融合，从广播到留言，支持推特话题搜索。面对多维客户需求，文字信息越来越有市场，而且日益与语音通话相分离。比如，谷歌地图、Booking. com（缤客）、TripAdvisor（猫途鹰）、Expedia（亿客行）、Hotels.com（好订网），亚马逊等 App，可以在不需要客户拿起电话的情况下，帮顾客提供导航、预订酒店和机票等服务。在短信等文字信息面前，语音通话是如此不堪一击。因为只有当客户不需要太小心翼翼、不介意别人听见的时候，语音才能派上用场（很少有人会愿意让自己的通信行为显得很冒失）。文字信息不仅界定了语音通话必须在哪些维度上与它竞争，还迫使语音通话的市场份额不断萎缩。

随着惯于使用文字信息的年轻一代取代惯于使用语音通话的老一代成为主流消费人群，文字信息将进一步蚕食语音通话的市场。我们在第 16 章提到的亚历山大（21 岁以下）就是文字信息的主要目标用户，而布里安娜（65 岁以上）则属于文字信息的“外围人群”。在这种技术和用户结构的发展趋势下，文字信息会发展得越来越壮大，而语音通话也越来越不会被它视为对手。

接下来，文字信息和语音通话要么是各自走向不同的市场，就像今天机动车辆和马基本上不存在竞争一样，要么是两者共同被另一种新技术整合，就像 Skype 和 FaceTime（苹果视频通话软件）将视频、音频和文字功能整合在一起那样。

## 财务模型

过于看重自己的优势，很容易让你自我陶醉、自欺欺人。所以，请确保能得到一些来自潜在客户的反馈，尤其是那些还在观望、不会立即下单的客户。

在前面的例子中，我们对优势和劣势做了定性分析。浅层的竞争分析可以在一张纸上完成，甚至你只要稍微动脑子想一下，就能知道客户需求是什么以及应该如何去满足，进而做出决策。但如果需要做一笔巨额投资，或者你想让潜在客户相信你的决策是明智的，或者你面对两种不同但又很近似、可以互相替代的方案，不知如何取舍，这个时候，你就需要做定性分析了。

要通过财务模型来验证自己的一些假设，多问一些“如果……那么会……”的问题，估量一下你的决策所带来的后果。

## 【模拟演练】

1. 挑选几个你最感兴趣的客户需求和解决方案，再寻找几个竞争对手，做几个类似于表17.2的图表，然后再看看，在哪几个维度上，你的优势最明显。

2. 带有摄像头的无人机被用来测绘农场的地形、辨识灌溉不充分或遭遇虫害的庄稼。这些新方法是与哪些传统方法竞争呢？对满足客户需求来说，无人机的优势和劣势分别是什么呢？

3. 谷歌眼镜和百度眼都是头盔式摄像头、能识别和理解口头指令的可穿戴智能设备。谷歌眼镜上的摄像头能根据指令拍摄图片和视频，上面还配有一个微小的头盔式屏幕，能看到几行文字，比如关于病人的关键资料或来自谷歌的几条搜索结果。

相反，百度眼的摄像头则可以通过一种软件来识别各种物体。如果你问它一些关于眼前某个事物的问题，比如博物馆里的某个美术作品、陈列窗上的一双鞋子或者某个你想不起名字的老朋友，它就会在网上搜索相关信息，并通过耳机用一种合成语音把搜到的信息传递到你耳朵里。它并没有一个头盔式的显示屏，但可以通过你的手机屏幕显示信息，如果你愿意的话。

那么，谷歌眼镜和百度眼分别适合并能满足怎样的客户呢？它们各自的优势和劣势分别是什么呢？

## 【核心要点】

- 用你的优势和方案去满足那些别人满足不了的客户需求，于是，你的客户黏性就很强，别人就很难撬走你的客户了。
- 重新定义并创造新的客户需求，这样，你的竞争对手就无能为力了（正如文字信息使通信有了更强的私密性，并因为少了对别人的干扰而可以在公众场合使用，所以，你就可以放弃那些没有这类需求的用户）。

- 你很容易过度陶醉于自己所拥有的优势，进而刚愎自用。所以，请确保能够得到外部评价，尤其是一些还在观望、没有立即下单的客户的意见，这是一个很好的补充。

第 18 章

# 合作、裁员与扩张

如果我能单枪匹马搞定所有事情的话，那我肯定就这么干了。

——爱迪生（在被问及为什么有一个21个助手组成的团队时，他这样回答）

2003年，CustomerSet的管理层需要决定是否在欧洲建一个数据中心。法国空中客车公司（Airbus）、德国邮政集团（Deutsche Post）等几家潜在客户希望我们能够在当地存储他们的数据。位于欧洲的数据中心可以帮助我们在欧洲市场上取得巨大的优势。因此，我们的很多高管强烈赞成这个建议。

我和区域主管参观了欧洲的好几家数据中心，看有没有可能成为合作伙伴。在那时，数据中心还不像今天这样可以远程操控。因此，即使我们已经在当地与一个数据中心成了合作伙伴，我们仍然不得不对他们的员工进行系统性的培训，然后再委派一个全职雇员入驻。真要实施这个方案，成本会很高。因此，我们进退两难。

在这个过程中，我们发现，那些最强烈呼吁在欧洲建数据中心的客户只是少数，他们并不能代表大多数客户。大多数客户只关心数据是否安全，而不关心数据究竟存储在哪里。最终，我向合作伙伴Salesforce公司的市场总监左轩霆（Tien Tzuo）打听，他们把欧洲客户的数据存放在哪里了。Salesforce是在软件服务领域最优秀的一家公司，它的规模是CustomerSet的20倍，主要客户都来自欧盟，它是CustomerSet学习的榜样。我们看到的公开信息是，Salesfore 把他们在全球范围内的所有客户的数据都存放在北美。

因此，我们否决了在欧洲建数据中心的提议。

这个案例表明关于合作伙伴的三个真相。

- 他们可以帮助你获得那些仅凭个人获取不了的客户。
- 他们带来的利益是有成本的。
- 他们提供的信息流将帮助你做出更好的决策。

在本章，你会看到业务伙伴能给你带来哪些利益、成本和风险。合作伙伴如何把你解放出来，把精力集中在自己最擅长的事情上，充分发挥自己的比较优势。他们如何帮助你实现仅靠自己实现不了的大目标。

## 业务伙伴的大杂烩

表 18.1 列举了伙伴类型与各自对应的收益、成本和风险。[1]

表 18.1　伙伴类型与相应的收益、成本和风险

| 伙伴类型 | 目的 | 举例 | 收益 | 成本和风险 |
| --- | --- | --- | --- | --- |
| 科技 | 学到技术或取得技术授权<br>许可 | ——科技公司<br>——发明者<br>——研究型大学 | ——快速应对市场<br>——独家使用这项技术的机会 | ——许可使用费<br>——技术没有预期的灵验<br>——跟目标应用的匹配性弱<br>——供应商无法履约 |

续表

| 伙伴类型 | 目的 | 举例 | 收益 | 成本和风险 |
|---|---|---|---|---|
| 产品研发 | ——市场研究<br>——设计和施工<br>——软件开发 | 行业相关，比如：<br>——包装消费品<br>——消费电子产品<br>——企业级软件<br>—— App<br>——办公设备 | ——快速应对市场<br>——借用伙伴的专业技术 | ——开发费用<br>——伙伴实际交付的成果与你计划的不一致<br>——为应对变化或进一步完善，可能需要无限期地维持合作关系 |
| 制造 | 成本低、<br>精密度高或其他制造优势 | ——伟创力（Flextronics）<br>——富士康（Foxconn） | ——成本低<br>——劳动力熟练<br>——能快速量产 | ——建造生产线<br>——设计规范的沟通与变化<br>——语言和文化差异 |
| 运营 | 后勤业务外包<br>——会计<br>——订单处理<br>——客服中心<br>——数据中心<br>——人力资源 | 会计和订单处理：<br>——印孚瑟斯（Infosys）<br>——简柏特（Genpact）<br><br>客服中心：<br>——肯沃基（Convergys）<br><br>数据中心：<br>——亚马逊<br>——IBM<br>——惠普 | ——集中发挥你的核心优势<br>——人事政策更灵活<br>——减少内部经常性开支<br>——规模经济<br>——最新科技 | ——培训<br>——对你的组织缺乏归属感 |
| 市场营销，媒体，广告，公关 | ——得到记者、评论员、分析师、博客和行业顾问的青睐<br>——将你的品牌和方案传播给潜在客户 | ——自由职业者<br>——一般与行业有关 | ——了解媒体及其读者<br>——了解作者及他们的编辑兴趣<br>——以直白的语言提炼出有新闻价值的东西<br>——创造性人才 | ——费用<br>——绩效很难衡量 |

续表

| 伙伴类型 | 目的 | 举例 | 收益 | 成本和风险 |
| --- | --- | --- | --- | --- |
| 分销商 | 铺开销售网络 | 行业相关，比如：<br>——建材<br>——电气<br>——电子<br>——供暖、通风、空调 | ——不必处理运费、账单，以及可能数以千计的客户退货<br>——免除库存成本<br>——增加新客户 | ——培训、折扣、激励<br>——无法直接获取客户信息 |
| 代理商 | 销售、服务、售后支持 | 行业相关，比如：<br>——制造商代表<br>——增值分销商 | —既有客户关系<br>—行业知识 | ——培训、折扣、激励经常售卖他们认为最好的，或是已经得到市场认可、能给他们带来最多利润的商品<br>——经销商对产品或方案的掌握，达不到你内部团队的水平 |
| 实体零售店 | 品牌、信誉 | 成熟的零售产业链（沃尔玛、家乐福、苹果零售店） | 品牌、信誉 | ——培训、折扣、激励<br>——跟很多同类产品的竞争<br>——零售商可能会因为某些不可控因素而抛弃你 |
| 线上零售商 | 流量、品牌、信誉 | ——易贝（eBay）<br>——亚马逊<br>——沃尔玛电商<br>——淘宝 | 流量、品牌、信誉 | ——折扣和激励<br>——很难引起注意 |

## 奔着哪些 STARS 去跟别人合作

合作伙伴可以提供给你技能、技术、知识、客户关系等各种你所能想到的 STARS。在评估某个伙伴是否适合你，以及哪种伙伴才适合你的时候，请想一想，他所提供的 STARS 能在多大程度上帮你满足客户的需求。

与合作相关的 STARS 可以分为以下四类。

1. 战略型（右上角区域）

如果你的某一项 STARS 很强大，或拥有某种潜在优势，那请不要把它外包出去。相反，你应该好好发展这项技能、技术、知识或客户关系，把它保留在“战略型”区域内（箭头 1）。比如，能够增强你的竞争优势的专有技术，或者对客户的独特认知。

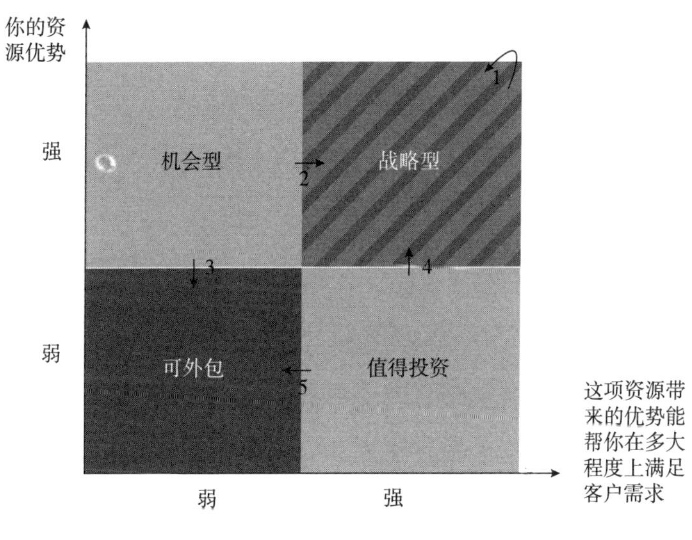


图 18.1　四类资源，该找谁合作

2. 机会型（左上角区域）

如果某项资源很强大，但对当下的客户需求来说并不十分重要，那你就可以在不影响主业的前提下，先找一种方式尽可能多地从中获益。比如，如果恰好有相关的客户需求可以用到这项资源，你可以找一个合作伙伴来联合开发它，也可以出租。比如，一项跟你的核心优势并无关联的专有技术，一个位于黄金地段但闲置不用的办公空间或仓库。

如果开发或利用这些技术或空间会严重干扰主业，那你可以授权、出租或者转让给别人使用。如果你真将这些资源跟客户需求对接起来，或者与合作伙伴共同开发它们，那它们就有潜力变成你的核心优势，也值得你来维护和发展。然后，这些资源就变成了一种战略型资源（箭头 2）。如果你不能有效利用或开发这些资源，它们很可能会逐渐贬值，进入“可外包”区域（箭头 3）。当你随后再有需要时，就需要让合作伙伴提供。

3. 值得投资（右下角区域）

如果某项资源有可能成为你的竞争优势，但眼下还不够突出，那你应对其进行进一步开发、购买或取得授权。你还可以通过与别人合作，不断学习逐步使这项资源转化为一种战略型优势（箭头 4）。例如，与你的竞争优势紧密相关的技术、客户的情报数据库等。

如果你没有开发或被许可使用，那么这项资源就不大可能转化成你的竞争优势，而你自己，除了依靠一个合作伙伴来挖掘它的价值，就别无选择了（箭头 5）。倘若真有很多能够合作的潜在伙伴，那么就还好，你会有更多的主动权。然而，如果仅有一个潜在的伙伴，那么你在谈判的时候就没有什么话语权了。更糟糕的是，如果这个合作伙伴认为你所能满足的客户需求对其有战略意义，那么你最终将不得不与他展开激烈的竞争。

4. 可外包（左下角区域）

如果你所需要的某种资源并不能成为一种核心优势，也不够强大和系统，那就干脆让合作伙伴来提供好了。这样你就能把自己解放出来，把全部精力集中在那些对你最重要而你也想把它们做到极致的事情上。这时，合作伙伴可以提供技能、技术和其他各种资源，比如设备、业务淡季所需要的临时工等（当然，你的主营业务是不能外包的）。

左上角和右下角两个区域都是不稳定的：资源不会长久地停留在这两个位置上。你只要在这些潜在的资源上稍微投入一点，它就会向右上角移动；否则，它就会向左下角移动。如果你不能持续地投入或应用某些资源，你迟早会失去它。

## 渠道扁平化，直销

在互联网、按需生产[2]及供应链管理[3]等多方面因素的推动下，全球分销渠道越来越扁平化，从多级分销（公司—分销商—代理商—客户）到一级分销（公司—分销商或代理商—客户），最后公司直接跟终端消费者对接。有了新渠道后，书籍、电脑和汽车等各种产品的网上订单都在快速增长，无论是面向企业还是面向销售者的产品，都可以直接由制造商发给客户。

书籍。如今，越来越多的消费者通过在线购买、快递到家的方式购买书籍，或下载到电子阅读器和平板电脑上进行阅读。而以往，出版商是把书从印厂或仓库以复印件的形式运送到零售书店，再进行线下售卖。截至 2014 年，电子书销售额约占图书销售总额的 30%[4]，且增长迅速。

汽车。以创新著称的特斯拉电动汽车（Tesla Motors），并不是通过代理商来卖车，而是通过在人流量较大的地方设置展厅。消费者如果看中的话，可以通过线上下单；车辆可以根据每一个客户的特殊要求来定制，然后，再通过特斯拉在加利福尼亚州的工厂直接发给客户。砍掉中间环节后，特斯拉降低了库存成本，也省去了讨价还价的麻烦，客户体验也得到了提升。

在线销售。市场调研公司福雷斯特研究得出，到 2017 年，超过 10%的美国零售商通过网络进行采购，超过 60%的美国零售商通过网络进行采购或研究。[5]

按需生产的 3D 打印技术。与书籍一样，越来越多物理产品的数据可以从中央处理器上下载，然后，由制造商和零售商提供的 3D 打印服务会识别出这些产品。最先采用 3D 打印技术的是工业和机械部件，因为，对它们来说，尺寸精准度比外观好看重要得多。在不久的将来，我们就可以用 3D 打印技术做出质量很高的消费类产品了。

在规划你的销售策略时，请考虑一下你将如何跟上网购、直销和 3D 打印技术这些新潮流。

## 多大的机会对你来说才是最合适的

在下一章，你将会看到如何对自己所拥有的各种机会做比较，然后选出最好的那个，如果你还没这么做的话。在第 5 章的练习“大处着眼，小处着手”中，为了更清晰地理解它们的长远情况，你放大了每一种机会。同时，为了确保你现有的资源和优势能满足客户需求，你又保守地缩小了每一个机会。那么，问题来了：多大的机会对你来说才是合适的？答案是：在你的现有资源和优势下，哪种机会能与你的客户需求和解决方案最契合，它就是最合适的。

随着客户群体的扩大，以及你所能满足的需求种类越来越多，你有可能获得的机会也会更大。同时，随着不断地把有限的资源扩散到各处，资源会被摊薄。然后，你在这方面的优势就会不断衰竭，直到最终消失。[6] 所以，适合你的最佳机会，得在一定限度内，既不能太大，也不能太小。

那么，找到这个“最佳机会”的最好方法又是什么呢？

## 做决定的权衡取舍

作为创始人，你每天必须要做的决定都要比你依据各种正式的财务模型和数据表单做的分析更多。为了节省时间，我们先来看看你该如何通过定性的思维来优化机会，然后，如果确实有必要的话，再进行定量的财务模型分析。

比如，客户需求是“处方药一小时送到家或办公室”。你的方案是开一家可以在网上下单并快速送货上门的药店。你的公司总部在旧金山湾区，你会在旧金山、圣何塞、奥克兰、圣克鲁兹（Santo Cruz）或萨克拉门托（Sacramento）这 5 个城市中选择一个最合适的城市来建设配套的物流体系。你研究了这 5 个城市，然后发现，在人口稠密且普遍比较富裕的旧金山南部地区，你可以快速赚到钱。 如果你们在那里做的初步市场测试是成功的，你就要把覆盖范围扩大到整个旧金山。如果依然很成功，那么你就继续向旧金山周边的城市扩张，如图 18.2 所示。当然，有可能，你不是在物理空间上扩张业务规模，而是在空间不变的前提下增加更多的物流车辆、增加雇员或者增加一些附加值更高的产品。

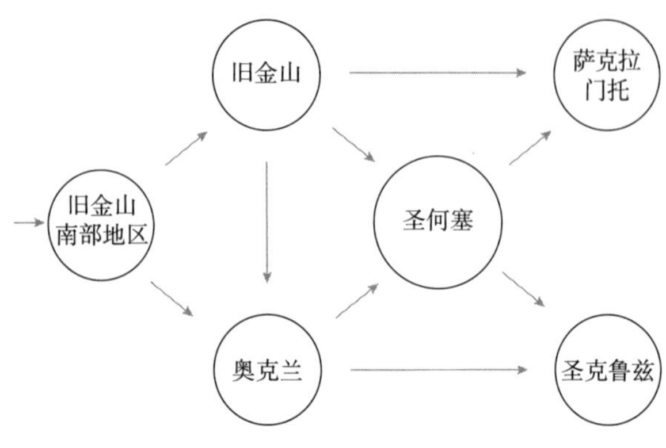


图 18.2　向周边城市扩张

假如你决定进行地理上的扩张，市场和潜在收入也将增长。你不知道也不必知道公司在空间上的扩张究竟带来了多少收入。你知道奥克兰的人口比旧金山的人口更少且更分散，而圣何塞的人口比旧金山的人口多但在分布上比奥克兰还分散。

在扩张业务的时候，成本也会增加。如果资源总量不变，可被配置给任何一个城市的资源将被稀释，优势也将减弱。你不知道也不必知道，随着公司的扩张，你的成本究竟增加了多少。你要知道的是，在扩张业务的过程中，你必须购买或租赁一些货车，购买更多的保险，雇用更多的司机。除此之外，你还要了解跟地理扩张相关的一些成本。你可能需要在每个城市有一到两处存放处方药的仓库，以便及时发货。需要在这些城市做广告来推广你的服务。你还要警惕被本地竞争者打败。

在服务两个或两个以上的城市的时候，你能享受到规模经济的好处吗？旧金山和奥克兰分布在旧金山湾的两侧，相距仅十几公里，但那座把它们隔开的桥经常拥堵，并且，奥克兰某些地区犯罪率居高不下。尽管如此，你还是可以想象，在你给每个城市都配备专用车队之前，旧金山的货车可以临时去奥克兰网点应急。相比之下，圣何塞、圣克鲁兹、萨克拉门托彼此之间有一小时以上的车程，因此，它们都需要有专用的车队。

知道了这些因素，即便不做数学计算，你也应该清楚，在现有资源的前提下，你的最佳初始市场选址就是旧金山（包括城市南部地区）或旧金山与奥克兰。

## 合作伙伴能帮你扩大管理半径

正如我们前面所提到的，采购、设备、维持车辆和驾驶员、保险及库存等会消耗很多资金，这也限制了你的成长。那么，合作伙伴的加入能使你用同样多的资源满足更多的客户需求吗？

有三款很火爆的带有 GPS 功能的 App——Uber、Lyft 和 Waze（一款免费的在线地图应用）——向我们展示了如何做到这一点。Uber 和 Lyft 吸纳那些有良好驾驶记录的私家车车主成为驾驶员。它们的合作伙伴——私家车车主——是独立的承包人，并且，他们的车坐上去也更舒服。通过 Uber 和 Lyft 的 App，乘客可以搭乘离自己最近的车辆。Waze 的“合作伙伴”是它自己的用户——分享即时交通和路况信息，以便在日常的驾驶中节省时间和汽油。

经过进一步研究，你决定在处理你和货车司机的关系时借鉴 Uber 的模式，不自己购买货车，而是找一些私家车车主帮你送药。然后，你拿出由司机用自己的车辆派送的药品销售收入的一部分，作为司机的“工资”，这样，你就节省了购车的资金。因为司机派送的是数千美元的商品，你决定为它们购买一份防窃险。更进一步，你还打算与各城市里现有的药房建立合作关系作为库存补充。

随着加入的司机越来越多，Uber、Lyft 和 Waze 都能聚合更多关于顾客需求和交通状况的信息，这样，它们就能更好地为顾客提供服务。你相信药品配送也能这么做。

有了这些思考之后，你猜测或预估的最佳市场范围应该会从旧金山或旧金山 + 奥克兰变为旧金山 + 奥克兰或旧金山 + 奥克兰 + 圣何塞。合作伙伴的加入，不但打开了你的思路，还扩大了你的管理半径。

先进行定性思考对做任何决定都有用，而且在很多决定中，定性思考就够了。实际上，你内心总是权衡尽可能多的因素。定性思考可以帮助你果断终止那些缺乏吸引力的选择，把它们从选择清单上抹去。一旦清单被精简到位，如有需要，你可以对剩余的选项进行定量分析。

## 你和你的合作伙伴构成了一个生态系统

你和你的合作伙伴、客户、供应商和竞争者组成了一个高效的生态系统（见图 18.3）。这些公司和个人互相影响，并持续地创造、满足和削减各种客户需求和彼此的优势。公司和个人互相做出回应，并聚焦力量和结果，例如他们共同创造的成本、价格、技术和标准。无论你的合作伙伴是 Salesforce 这种提供技术和市场分析的公司，抑或 Waze、Uber 或 Lyft 的司机及乘客，他们都会以各自的方式持续地增进你的智慧。[7] 所以，你最好能以一种开放的态度和他们展开合作。

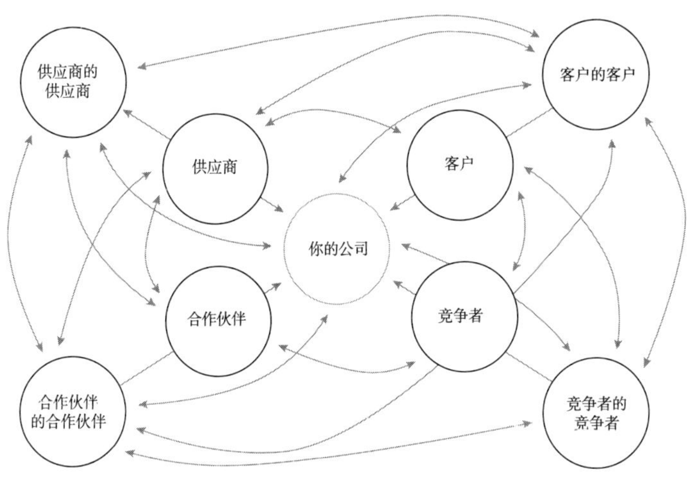


图 18.3　你的公司的生态系统

## 【模拟演练】

1. 与一群朋友一起进入附近的一家便利店，在里面散步 5 分钟。不要用计算器，每个人都预估一下他们货架上存货的市场价值是多少。然后，比较一下你们各自估算的数值有何差异。你们能从彼此身上学到什么吗？如果你能从便利店的店长那里得到一个精确的数字，也请你拿它与你们各自预估的数字做个对比，再向估算最准的朋友发个奖。

2. 通过众包服务来递送从人到药品、书籍、文件，再到外卖、办公用品的方式，你相信这种方式是大势所趋。能帮助一个企业家快速便利地提供这种众包服务的软件方案，有哪些主要特征呢？与你可能选择创业的众包服务相比，这项软件业务的优劣势分别是什么呢？

3. 从你住所的窗户看出去，外面的高速公路上车水马龙。用一个视频相机和图像识别软件，你可以数清一天中任何一个时间段驶向每个方向的车辆各是多少。这些信息能满足怎样的客户需求呢？你如何把它们转化成一种优势或方案？如果跟你在同一个城市的一个人也在做同样的事情，你如何让他参与进来，成为你的合作伙伴呢？

## 【核心要点】

- 合作伙伴可以帮助你在现有资源的基础上获得更多的机会。
- 合作伙伴可以帮你搞定一些原先不可能搞定的客户，可以提供一些有价值的信息，帮助你更好地决策，或提高你的产品和服务的附加值。但是，合作伙伴也需要你去投资、开发和维护。
- 非核心的资源和业务，可以通过外包获得。
- 在做数据分析和财务报表之前，先进行合理的定性分析。这会让你避开一些不切实际的财务模型，也能节省不少时间。

第 19 章

# 创造客户间的正反馈循环（网络效应）

一片土地是这样成为牧场的。蚯蚓粪逐月累积，牧草也越来越茂盛……平均累积率……刚开始总是缓慢增长，然后会相当迅速。[1]

——查尔斯·达尔文（Charles Derwin）

在第1章，我们看到了激情和毅力之间正反馈的力量：两者互相强化、互相成就。在第12章，我们再次讨论了正反馈，除激情和毅力之外，你和联合创始人及团队成员的忠诚、勇敢、热忱等各种品质、态度和行为融合在一起，形成正反馈循环，进而制造出一种“1+1=3”的效果。

现在，我们来看看你和客户之间的正反馈循环。我们以苹果的FaceTime为例，通过这款产品，iPhone、苹果电脑和iPad的用户能够在Wi-Fi（无线网络）或移动网络中进行视频通话。FaceTime上的用户越多，就越能吸引更多的新用户，因为视频通话网络对用户的吸引力和用户使用它的频率，是与用户能够在这上面联系到多少人密切相关的。像这种在用户之间形成的正反馈，我们称之为“网络效应”。[2]

如果是同一群组的成员之间互相吸引，比如FaceTime上的视频电话用户之间、聚会的老同学之间，我们称之为“单边网络”。如果是一群用户与另外一群用户之间发生关系，例如易贝或购物中心里的消费者与商户之间、招聘网站上的求职者与用人单位之间、约会网站上的男性和女性之间，或者手机用户与某个App的开发者之间，我们称之为“双向网络”。[3]这个把用户与相对的另一方聚合在一起的地方（无论是酒吧、网站或移动 App），我们称之为“平台”。

自 1991 年问世后，万维网的几何级数增长，恰恰凸显了网络效应。更多的用户吸引到更多的内容生产者，然后，他们又吸引到更多的用户。[4] 谷歌、脸书、苹果、微软这些赢者通吃的公司，占据了绝大部分市场份额、定义了游戏规则，并且统治了产品目录，这就是网络效应的绝佳证明。

## 网络怎样赚钱

网络通过以下几种方式从用户身上赚钱：用户使用平台的程度（如内容订阅费、平台使用费）；用户能使用平台上多少功能（按功能收费）；在这个平台上商品买卖所产生的交易费用（销售费用、虚拟产品或是在 App 中发生的买卖行为）。

“免费增值”的定价方式：通过高端（付费）用户来补贴其他（免费或打折）用户，以此来吸引更多的用户，继而，平台就对所有的用户都更加有吸引力了。这是所有平台吸引和留住用户的关键。在第 21 章，我们将介绍免费增值的五种定价原则。网络也可以通过广告赚钱。

你的平台上的用户算是“客户”吗？假若你的收入并非直接来自那些用户，而是来自那些为用户付费的广告商呢？有人说，只有那些付钱给你的人才算客户。但是，既然你的网络业务的成本取决于用户忠诚度，无论他们是否直接付费，我建议你把用户和广告商都当作客户。如果失去任何一个，你就别想做生意了。

任何业务都可以创造和享用网络效应。在这一章，你将看到该怎样做。

## 单边网络

我们先来聊聊单边网络吧。在表 19.1 中的每一个例子中，用户越多，就越能吸引用户参与交流、合作、交易。每个网络都在那些互相吸引的用户之间创造了一个正反馈循环。

表 19.1　单边网络

<table>
<tr><th>类型</th><th>实例</th><th>用户</th><th>平台收入来源</th></tr>
<tr><td rowspan="8">实体 / 线下</td><td>社交聚会</td><td>朋友</td><td>不适用</td></tr>
<tr><td>体育赛事</td><td>粉丝</td><td rowspan="7">门票、广告费</td></tr>
<tr><td>卡拉 OK</td><td>卡拉 OK 歌手</td></tr>
<tr><td>行业会议</td><td>专业人士</td></tr>
<tr><td>研讨会</td><td>学者</td></tr>
<tr><td>展会</td><td>生产商和爱好者</td></tr>
<tr><td>火人节</td><td>火手</td></tr>
<tr><td>达沃斯论坛和 TED 大会</td><td>世界领袖（筛选和邀请而来）</td></tr>
<tr><td rowspan="4">虚拟 / 线上</td><td>FaceTime，Skype</td><td>视频通话者</td><td rowspan="2">移动数据使用费、特色功能费</td></tr>
<tr><td>WhatsApp（瓦次普）</td><td>视频通话者、文字输入者</td></tr>
<tr><td>线上多人游戏</td><td>游戏玩家</td><td>订阅费、虚拟商品</td></tr>
<tr><td>约会和其他社交网络</td><td>同性恋者</td><td>订阅费、广告</td></tr>
</table>

在一些单边网络中，即便用户之间并不互相吸引，他们也能享受到这个“人气旺”的平台所带来的好处，这便是正反馈循环造成的结果。比

如，参与的用户越多，谷歌搜索功能就越强大。因为，一部分人搜索的东西，会被谷歌存入数据库，这样，其他人再搜索时就方便多了。[5] 再比如 Waze，使用它来分享交通和路况信息的用户越多，Waze 的价值就越高，因而，也能吸引到更多的司机加入。

## 广告商

为了减少用户的使用成本、降低准入门槛，也为了创收，平台需要引进广告商。有时候，广告商就来自这个网络的用户，比如，一名生产和销售冲浪板的冲浪俱乐部成员、一名美国地球物理学会的咨询地球物理学家、创客展会上的发明者、易贝上的买家或卖家。还有的时候，广告商平时跟这个网络并没有什么关系，比如一个保险公司、交通公司或它们的经纪人。

表 19.2 的例子呈现了单边网络和广告商之间的关系。

表 19.2　单边网络及广告商

| 类型 | 实例 | 一边 | 广告商和合作伙伴 |
|---|---|---|---|
| 实体 / 线下 | 有展会的行业会议 | 参会者 | 赞助商 |
| | 体育赛事 | 粉丝 | 球场广告牌、广告商 |
| | 摇滚音乐会 | 粉丝 | 赞助商 |
| 虚拟 / 线上 | 谷歌搜索 | 用户 | 谷歌关键词广告 |
| | Waze | 司机 | 快餐和其他面向司机及乘客的商家 |

在另外一些单边网络中，同样的用户扮演着两种不同的角色。在脸书、

领英、推特和 YouTube，内容生产者和消费者之间互相吸引（正反馈循环）。在某种程度上，如果用户的角色之间可以互相转换，那这个平台就是单边网络。如果不同的用户群体各自承担着不同的角色，那它就是双边网络（参见表 19.3）。

表 19.3　同一批用户扮演两种不同角色的网络

| 类型 | 实例 | 角色 | 平台收入来源 |
| --- | --- | --- | --- |
| 虚拟 / 线上 | 脸书 | ——状态更新者<br>——状态阅读者 | 广告、游戏 |
| | 领英 | ——资料更新者<br>——资料阅读者 | 广告、优选订阅、人才方案 |
| | 推特 | ——推特博主<br>——关注者 | 广告、数据许可使用 |
| | YouTube | ——视频制作者<br>——视频观众 | 广告（横幅、搜索、视频） |
| | Quora | ——提问者<br>——作答者 | 暂无 |
| | 维基百科 | ——文章的提供者<br>——文章的读者 | 捐赠（非营利性） |

## 双边网络

在双边网络上，分属于两方但又互相吸引的用户共同形成了一个正反馈循环。在表 19.4 的例子中，平台的收益主要来自付费用户，而不是付费广告。对价格不敏感的用户（一边）经常补贴另一方（另一边）。比如，许多夜总会通过给女性免入场费和饮品打折来吸引她们加入，继而吸引更多的男性（需要付费）。[6]

表 19.4　双边网络

| 类型 | 实例 | 一边 | 另一边 |
| --- | --- | --- | --- |
| 实体 / 线下 | 农民市场、跳蚤市场 | 消费者 | 商人 |
| | 夜总会 | 女人 | 男人 |
| | 健康管理网络 | 消费者 | 医师 |
| 虚拟 / 线上 | Tinder（约会用的 App） | 女人 | 男人 |
| | 易贝 | 买家 | 卖家 |
| | 移动平台（苹果移动操作系统，Android） | 用户 | App 开发者 |
| | 信用卡，PayPal | 消费者 | 商人 |
| | Adobe 阅读软件（PDF） | 读者 | 作者、出版方 |
| | 视频游戏平台 | 游戏用户 | 游戏开发者 |

阅读软件 Adobe Acrobat 的用户中既有内容的生产者——写作者，也有内容的消费者——读者。读者对价格比较敏感，所以，希望能够免费使用这款软件；而写作者希望扩大自己作品的受众，因此，他们愿意为软件付费。在这种模式下，Adobe Acrobat 的用户已经达到了十几亿。[7]

与表 19.4 不同的是，在表 19.5 中，双边网络的运营主要靠广告客户和合作伙伴所付的费用。

表 19.5　靠广告来维持的双边网络

| 实例 | 一边 | 另一边 | 广告主 / 合作伙伴 |
| --- | --- | --- | --- |
| 约会网站（如 OKCupid，Match.com） | 女人 | 男人 | 为年轻人提供的产品和服务 |
| 在线课程（如 Coursera） | 学生 | 教授 | |
| 招聘网站 | 求职者 | 用人单位 | |
| 评论网站（如 TripAdvisor，Yelp） | 消费者 | 评论者 | 酒店、餐厅、酒吧和其他商家 |

## 光靠广告是不够的

很多创业公司只有广告，而没有一批互相吸引的用户，可他们竟错误地预期能够创造网络效应。除非你有先进的技术，能够对广告进行精准定位并吸引用户——这种情形下可能应该推销你的技术，否则别想用广告来吸引用户和创造网络效应。设想一下，如果一份报纸上没有新闻只有广告，是一种怎样的体验？乏味。

如果你还没有一批互相吸引的用户，那么，请聚焦于其他优势，比如内容（美国有线电视新闻网）或某种有用的功能（谷歌地图）。只有当你的网站上有了流量之后，你才能期待获得一些广告收入，而不是相反。在提升内容和功能的同时，要想办法创造网络效应。比如，美国有线电视新闻网网站允许用户与记者在"开放故事"栏目进行合作，分享他们自己的故事；谷歌通过地图和其他应用，允许用户给餐馆和其他商家打分。

## 在你的业务中创造网络效应

即使你做的业务是"零边网络"，即你的客户之间完全独立，彼此没有什么联系，根本没有网络效应，他们仍然有共同点——他们都在跟你做生意。这便是你搭建和发展网络的基石。

在这一部分，你将看到把事业从"零边"发展成"双边"网络的 5 个步骤。任何业务都能从前面 4 个步骤中受益，第 5 个步骤需要你的业务发生重大改变，未必适合所有人。

## 自己建立一个网络

跟你的一些客户保持良好的私人关系，然后想想，在这些客户或潜在客户中，有没有哪两个人可能有业务上的交集或合作的机会，或者，他们可能很能聊得来，会成为惺惺相惜的朋友？如果有的话，就为他们牵线搭桥，介绍他们认识。能为客户的共同利益或兴趣着想，即便是跟你自己的业务并没有关系，它也能帮你留住现有客户、吸引新的潜在客户。

## 提供客户感兴趣的内容

如果是为一项爱好或运动做方案，你可以轻而易举地在你的网站上增加一项为职业联赛和球队准备的即时反馈功能。如果是为一个商务项目做方案，你可能得准备一系列关于这个主题的文章。CustomerSat 公司开设了 CustomerSat 大学，为调查客户满意度的专业人士提供了大量实用技巧和技术。

## 创造一个在线社群，便于你的客户之间直接沟通

如果你是为一项爱好或运动做方案，你的客户是否也对这个感兴趣，或者干脆参与进来呢？如果你在做商务方面的一个方案，那么各参与方是否可以从各自的知识和建议中受益？如果你在托儿所工作，那么这些孩子的父母是否愿意彼此分享育儿经验呢？

为客户而建的线上社群也将直接有益于你的业务。它能提供产品和服务的早期反馈，以便你及时作出反应；它能提高客户服务水平和客户满意度，因为客户互相支持；它能提供一个把新产品和服务介绍给客户

的平台。

总之，线上社群会使客户与你相处时的体验更好。但需要注意的是：线上社群会使客户的满意度和不满意度同时被放大。所以，如果有客户在社群中明确表达不满，请务必先解决问题。

## 除了线上沟通，也要加强客户之间的线下互动

比如，你可以做这些事情：围绕与你业务相关的爱好或运动项目来组织聚会、竞赛或游戏；组织你所服务的专业人士一起喝咖啡，进行社交；提供日程安排工具，便于有年幼孩子的父母互相帮忙照看小孩。

这些线下活动也会成为你进一步开拓市场、推广自己方案的机会。

最后，几乎所有网络都可以因为“看起来很大、很活跃”而受益。2010 年，为推动 Quora 正式上线，它的创始人在上面弄了好多自问自答的问题。自问自答，是为了让这个网站看上去已经有成百上千的用户，这样，它就可以吸引更多的真实用户。是不是听上去无足轻重？在我写这本书的时候，2014 年，Quora 已经估值 8 000 万美元，尽管它还没有盈利。[8]

## 走向双边

几乎所有的创业公司都可以从上面的几个步骤中受益。现在，让我们走得更远一些，考虑如何将单边网络变成双边网络。有两种方法可以试试。

首先，如果在你的单边网络上有两种不同的用户，那你就为他们做不同的推广、提供不同的服务，让两者的差异更明显，推动他们成为不同但又互相吸引的两方。像在线拍卖网站易贝和手工艺品电商网站 Esty，

就是从单边网络起家的——易贝的种子用户是一些收藏爱好者，而Esty的种子用户是一些手工艺爱好者（早先，这些网站上的用户互相交易，但并没有形成谁是买方、谁是卖方的清晰格局）。

其次，想想你能否将别的群体引进这个网络：这些新进者能否被你的现有客户吸引？或者，你的现有客户能否被他们吸引？比如，你为表19.6中左边一栏的某个客户提供服务，那右边对应栏目中的人会有兴趣成为你的社群中的一员吗？

表19.6 引进新群体

| 原有客户 | 互补用户 |
| --- | --- |
| 游戏玩家 | 游戏开发者 |
| 音乐作曲者 | 歌词作者 |
| 牙医 | 牙齿矫正医师 |
| 建筑师 | 总承包商 |
| 购房者 | 地产中介 |
| 演员 | 制片人、导演 |
| 运动员 | 教练 |
| 软件开发者 | 硬件开发者 |

Yelp是一家为消费者提供搜索本地商家并评价商家的网站，它通过一种新颖的方式积累商家和收入来源方。它从“抓取”（自动搜索并复制）其他网站上的相关信息，然后为用户提供关于本地商家的搜索目录起家。目录服务将客户吸引到Yelp的网站上，等流量积累起来后，Yelp便说服那些对这些客流量感兴趣的商家来它的平台上投放广告。这样，Yelp就

有了收入来源。[9]

连接这些“互补用户”或许会带来一些风险。他们既会使你的客户改变意志，也会干扰你对客户的注意力。比如，过多的地产中介可能会让购房者感到厌烦，这就会冲淡你为了把购房者聚拢在一起所做出的努力。

如果你之前从未想过把你的业务定位为一个网络平台，那么，将它改造成一个单边网络尤其是双边网络，或许意味着改变客户需求、方案、竞争对手及优势等。总之，它意味着整个业务的改变。如果你能想到一种确信自己拥有强大优势并很有前景的网络生意，那么请赶紧把它列在你的“机会清单”上。在第 20 章，你将从这个清单上挑出自己最好的机会。

## 【模拟演练】

你的公司将如何最有效地创造网络效应并从中获益？

## 【核心要点】

- 网络效应是一个正反馈循环——用户越多，它就越能吸引更多的用户。网络上的用户可能分为一方或另一方，也可能包括广告商。
- 在双边网络上，更愿意或更有能力付费的一方在补贴那些缺乏付费能力或付费意愿低的另一方。前者通常是商家或广告商，后者通常是个体用户。
- 任何业务都可以在客户之间创建和维护网络效应。

第 20 章

# 选择最好的机会（步骤 8）

别人都觉得不理智时，仍勇于投入；别人都觉得不安全时，仍勇于冒险；别人都觉得不实际时，仍勇于梦想；别人都觉得不可能时，仍勇于尝试……唯此方能卓越。

——罗尼·奥尔德姆（Ronnie Oldham）

## 选择、精简创业项目

我们假定你和联合创始人（如果你有的话）已经发现了10种不同的客户需求，构建出14种不同的解决方案，你们对此充满了激情。你的清单（表20.1）展示了两种很不错的品质：你的兴趣和激情的广度和深度，你把商家和消费者都当成潜在客户的意识（在机会清单中，有5项属于“你的客户是商家”）。

很多初次创业者所考虑的机会都局限于消费零售领域，像服装、家具、餐饮等。但消费零售领域的机会对很多企业家都很明显，因此，竞争也就格外激烈。实际上，消费零售只是整个经济的一小部分，另外还有B2B（企业与企业之间）领域的业务，如自动化设备、办公文具和公司信息系统等也不容忽视，B2C（企业与消费者之间）领域的非零售业务，如家居。在你感兴趣的领域，应该既有B2C，也有B2B。

表 20.1　目标客户、客户需求及建议方案

| 需求 | 目标客户 | 建议方案 |
| --- | --- | --- |
| 1. 快速地将墙上的痕迹清理掉 | 湿度很高的城市 | 涂料配方、清洗剂 |
| 2. 加快 3D 打印的速度；打印表面纹理 | 3D 打印机制造商或其他 3D 软件开发者 | 3D 打印机软件 |
| 3. 新建郊区房产、市区高层楼房；在高层住宅尚未完工时展现完工后可见风景 | 郊区和市区的房地产开发商 | 利用无人机对楼盘进行航拍；视频记录房屋从建造到完工的过程；来自高层居住单元的视图 |
| 4. 提醒运动员何时补充水分 | 跑步运动员；其他田径运动员 | 可检测汗液中电解质含量的手环；提醒佩带者何时饮水 |
| 5. 在患者和医生之间进行英语和西班牙语的自动翻译 | 医疗中心工作人员 | 手机上的即时翻译服务 |
| 6. 一小时内送达墨盒或维修好办公室打印机 | 旧金山或奥克兰的商家 | 训练有素的独立合约司机和车辆；实时更新的最优行驶路线 |
| 7. 为潜水员和船员提示方向和距离 | 专业或业务潜水员 | 有水下导航系统的手环 |
| 8. 一小时内处方药送货上门 | 忙碌的专业人员；在旧金山和奥克兰的行动不便的客户 | 训练有素的独立合约司机和车辆；实时更新的最优行驶路线 |
| 9. 定制的礼品篮 | 那些很清楚自己想送什么样的礼品篮的赠予方 | A. 购买者可以在线定制礼品篮 |
| | 那些不确定自己想送什么的礼品篮赠予方 | B. 接收方可以在发货前在线订制礼品篮 |
| | | C. 网站根据接收方的脸书情况，自动决定订制礼品篮 |

续表

| 需求 | 目标客户 | 建议方案 |
|---|---|---|
| 10. 帮助人们在线交友 | 18~35 岁的智能手机用户（单身或喜欢社交） | A. 提醒“附近的人” |
| | 18~35 岁的手机用户（繁忙，或缺乏英语和语法能力） | B. 具有即时通讯功能的线上交友 App，可邀请你感兴趣的人参与，可提醒你接受对话邀请 |
| | 18~35 岁的手机用户（单身或喜欢社交） | C. 在上面两项的基础上增加视频通话功能 |

十多种需求和方案已经很多了。如果对你来说，有几种格外重要，那就只管它们就行了，如果有几项跟你没多大关系，就干脆把它们从你的清单上删除，不必理会。

现在，我们再绘制一个新表格，但要更详细一些。在第 13 章中，针对每个客户需求和解决方案，你的表格中已经包括了可用资源、激情所在和两者的整体匹配度。在表中列出潜在合作伙伴、机会的大小、优势、激情所在、劣势、风险和整体匹配度。[1]

用某种符号（如打勾、笑脸表情符号或数字）标明你的优劣势、客户需求和解决方案。在决定得分时，你对每种方案及需求的热情和信仰等无形资产，与你的各种有形资产、优势和劣势起着同等重要的作用。你对自己的有形资产或外部风险的评估可能遭遇别人的质疑，那就让他们质疑好了。然而，你对自己热忱和激情的评估，是任何人都无法去质疑的。因此，在进行自我评估时，最主要的是诚实。不要为了迎合别人对你的期待，就给自己对某个方案的激情打一个太高的分数。同时，也要记住，毅力也可以为你带来更持久的激情。

为了使自己的注意力更集中，你可以通过以下 4 种工具给眼前的客户需求和方案做减法：排除那些跟你的优势和激情不怎么匹配的需求和方案，将高度相关的需求和方案合并处理，获取或开发资源和优势（已经在第 15 章“缩小差距”中提过了），提炼、调整需求和方案（已经在第 5 章“大处着眼、小处着手”中提到了）。

独自做这些练习，你会创造出一个囊括各种客户需求以及你认真思考过的方案的表格。于是，所有的劣势、风险和分数都清晰可见。由于空间所限，我们还从表格中删掉了 6 个方案。因此，在表 20.2（见下一页）中，剩下的是 4 种客户需求和 8 种可能的方案（可与表 20.1 做比较）。

针对客户需求 8，你最终会发现，在服务中心集中开药方，然后再由机动车分别配送到各处是比较划算的。在考虑客户需求 9 时，你会发现，9a 和 9b 可以通过一个网站或应用程序合并成 9c。面对客户需求 10，貌似 10a 和 10c 可以被合并进 10b。在你的各种需求和方案中，共有三项（8、9c、10b）等级在“+”以上。在经过深思熟虑后，你和你的联合创始人决定将重心放在这三项上。所以，精简后的表格（表 20.3）如下。

表 20.2　客户需求及方案（摘选含得分）

| 客户需求 | 方案 | 可能的合作伙伴 | 机会大小，优势和热情 | 得分 | 劣势和风险 | 得分 | 整体得分 |
|---|---|---|---|---|---|---|---|
| 6. 一小时内送达墨盒或维修好办公室打印机 | 训练有素的独立合约司机和车辆；实时更新的最优行驶路线 | ——有机动车辆的 IT 人员<br>——办公设备折扣店 | ——当办公室打印机坏了，一般都很紧急<br>——可收取“加急费”<br>——与 8 类似 | + | ——打印机维修是个基础的 IT 技能<br>——已经有一些办公设备商店开始提供快速维修服务 | – | = |
| 8. 处方药一小时内送货上门 | 训练有素的独立合约司机和车辆；实时更新的最优行驶路线 | 与已有药房成为合作伙伴？ | ——将几项现有的最新科技神奇地结合起来（在线支付与路径优化）<br>——还没有人这么做！ | ++ | ——现有连锁药房或许会有更大的优势<br>——需要巨大的资本投入<br>——药品库存及车辆成本<br>——市场需求是否足够大 | – | + |
| 9. 定制的礼品篮，赠予方并不确定自己想送什么 | a. 买方可以在线上写清楚定制内容 | ——脸书<br>——将库存管理、订单处理、包装和送货外包 | ——可以做出一个比较完美的篮子，客户更满意 | + | 有的礼品网站已经可以做了 | – | = |
| | b. 接收方可以在发货前在线上说明订制内容 | | ——可以顺便向接收方做推荐 | + | 有的网站已经运行让接受方调整产品规格的功能 | – | = |
| | c. 网站根据接收方的脸书主业自动决定订制内容 | | ——通过脸书判定接收方的喜好，做出最具特色的篮子<br>——联合创始人在做 App 中形成的专业知识 | ++ | ——根据脸书了解消费者的行为越来越普遍<br>——需要快速启动和扩张 | – | + |

续表

| 客户需求 | 方案 | 可能的合作伙伴 | 机会大小，优势和热情 | 得分 | 劣势和风险 | 得分 | 整体得分 |
|---|---|---|---|---|---|---|---|
| 10. 帮助人们在线交友 | a. 提醒“附近的人” | 脸书 | 需求很旺盛 | = | 容易设计，进入门槛低 | – | – |
| | b. 具有即时、智能通讯功能的线上交友 App，可邀请你感兴趣的人参与，自动应答，并可提醒你该你出场聊天了 | | ——网上聊天消磨时间<br>——对那些特别忙碌、英语拼写和语法不好的人来说是个福音 | + + + | ——用户接受度。当对方知道你用一个智能代理在跟他聊天时可能不高兴<br>——设备是否足够智能<br>——如果最后变成两个智能设备在聊天，把人晾在一边了会怎么样？ | – | + + |
| | c. 在上面两项的基础上增加视频通话功能 | | ——你可以看见聊天对象 | + | 易设计，进入门槛低；与其说是一款产品，不如说是一个功能 | – | = |

注：“–”代表微弱的劣势；“=”代表既无明显优势也无明显劣势；“+”代表微弱优势；“+ +”代表很强的优势；“+ + +”代表超强的优势

表 20.3　精简后的表格

| 方案 | 等级 | 描述 |
|---|---|---|
| 8 | + | 处方药一小时送货上门 |
| 9c | + | 赠予方并不知道自己想送什么，而礼品篮是可以根据接收方的脸书上的资料来做个性化设计的 |
| 10b | ++ | 在线交友 App，可礼貌地邀请你感兴趣的人参与，可分享乐趣、自动应答，系统还会提醒你该你出场聊天了 |

## 你的决定

画出像表 20.2 这样一份表格，你可以清晰地看出每一个选项和最终选中的选项的优劣势。如果你已经知道自己想要什么，那么你尽管去追求好了。再说一次，不要提高客户需求和你拥有资源的得分，让它们反映客观情况，如果有必要的话，可以提高自己的激情得分以确保这个需求和方案成为你的第一选择。如果这样并不能反映你的真实热情，那一定是哪里出什么问题了。你可以选择你最有热情的那个客户需求去满足，但如果你在这个领域仅有微弱的优势，你将需要更大的努力和更长的时间去发展资源和优势。

万事俱备，现在可以行动了。

## 【解疑释惑】

**提问：**

我和我的联合创始人无法在两项不同的客户需求和解决方案之间做出选择。我们能否同时追求它们呢？

**回答：**

你迟早得在这两项之间做出选择。拖得越久，你本应在真正将从事的事业上投入的时间和资源就越分散。

如果你们两个各自被其中一项吸引，那你们就已经有答案了。是的，在同一时间成功地发展两种不同的业务是有可能的，但概率很小。我的商学院同学吉姆·霍恩塔尔（Jim Hornthal）称自己是一个“平行企业家”，因为他同时在四家不同的创业公司工作。但最好让你的前面两个公司“串联”起来，到第三和第四家公司时再考虑“并联”。

如果你和你的联合创始人有着两种非常不同的偏好，你们最好分开，独立决定，各自去追求自己的事业。当然，在做出这个决定前，还得再三考虑跟合伙人的合作会给你们双方都带来什么好处。如果你们对发展同一个创业公司不再有激情，这事就很难做成。这将是一个艰难的决定。

## 【模拟演练】

做一个像表 20.2 这样的表格来显示客户需求、方案、潜在合作伙伴、机会的大小等。将那些整体分数最低的客户需求和解决方案去掉，然后，再将其他几项合并。哪些需求和方案有迹象成为你最好的机会？

## 【核心要点】

- 对每一项可能的客户需求和方案，都找一种你喜欢的方法来判定机会大小、激情、优劣势以及风险。
- 你对机会大小、有形资产、优势和外部风险的评估，别人都可能有正当理由来质疑。但你的激情是任何人都无法质疑的。所以，请务必诚实。同时，别忘了，毅力可以强化你的激情。

- 给自己的方案清单做减法：清除掉那些等级比较低的客户需求和解决方案，将相关的需求和方案结合起来，获得和开发资源和优势，改善需求和方案。
- 选择一个方案，开始行动！

第 21 章

# 5 种定价原则

如果你尚未为某个东西付费，你就不是它的客户，你是等待被购买的产品。

——MetaFilter（一个社区博客平台）的用户 blue_beetle

只是查阅一下故去的祖先的档案，我就得付 1 200 美元？没门，根本就不值。

但 Ancestry. com（全球最大的族谱网站）比我想象的要精明得多。他们先让我免费试用，5 天之后，我就上钩了。他们给我推出只需 300 美元就可订阅一年的服务。2001 年开始付费的时候，我还想，我只用一年，然后就退出。不过，我错了。在研究自己祖先的历史、修建家谱这件事上投入了很多时间之后，我不想让自己的研究半途而废，也不想错过祖先网站定期更新的族谱信息。现在，4 年过去了，我总共向祖先网站支付了 1 200 美元。尽管最近一年我一次也没看过这个网站，但我还是没有退出它的打算。

1999 年，我们宣布，CustomerSat 的在线调查系统可以供用户免费试用 30 天。这就像是 SurveyMonkey 的一个早期版本。在这 30 天内，你可以免费部署调查，然后查看结果、相关资料及图表。麦格劳－希尔（McGraw-Hill）公司在我们的平台上做实验，然后收到了数百条反馈。30 天后，我们冻结了他们的账号，但他们还想使用里面的数据。因此，他们很爽快地向我们支付了 18 000 美元。这样，他们就可以继续使用那个账户做新的调查了。我的第一桶金就是这么来的。

这两个故事强调了为个人或组织创造有价值的东西的力量，也列举了本章的两个原则：订阅使用和免费策略。所有的书籍、学术期刊和毕业课程都涉及定价问题。本章涉及 5 个重要的定价原则。 前三个包含了一点简单的数学问题，后面两个则没有。

## 给你的方案估价并明确地告知客户

在给你的方案估价并报给客户的时候，你应该遵循以下 4 个步骤。[1]

第 1 步，向客户询问假设没有你的方案，他们会购买什么样的产品或服务来满足类似的需求，以及这些产品和服务的价格情况。

第 2 步，与竞争对手的方案相比，客户认为你的方案拥有哪些优势。列一个清单，熟记于心，以便能脱口而出。

第 3 步，你的客户认为竞争对手的方案相比于你的方案拥有哪些优势呢？列一个清单。要诚实。必要的时候，找几个意向客户确认一下。

第 4 步，用你的方案的优势部分减去竞争对手的方案的优势部分，得到的差即净价值。这个净价值可能是正的，也可能是负的。再将净价值与竞争对手提供的价格加在一起。这样，就知道你的方案值多少钱了。随后，当你从真实的客户那里得到更多的反馈时，你还可以修改这个估值，但方法不变。

如果有可能的话，找两个以上的不同方案做个练习，得到你的方案的最佳估值。

这个练习能帮你对目标客户群体进行精准定位。那些对你的方案估值最高的客户群体，通常就是你应该集中精力率先拿下的客户。

## 清楚你的盈亏平衡点

盈亏平衡点，是指你公司的收入刚好等于开支的那个点。在这个点上，你既没有赚到钱，也没有亏本。做生意，盈亏平衡实现得越早越好。除非你的公司有其他收入来源，例如双边网络中的不同用户组，否则盈亏平衡点是你设定产品和服务价格时必须守住的底线。

盈亏平衡点既可以是你在一个时间段（比如一个月或一个季度）必须销售的产品或服务的数量，也可以是你在这个时间段应该取得的收入。为确定你的盈亏平衡点，你必须知道三件事：单位产品的净收入、单位产品的可变成本和全部固定成本。

现在，我们来说说净销售额。净销售额，是指你的收入扣除给客户的折扣、给销售团队的提成、给渠道的折扣和客户退货之后的剩余部分。[2]

比如，你的标价是 100 美元 / 单位。如果你直接卖给一群享受了八五折优惠的顾客，你的销售员拿到的提成是 10%，那么单位产品的净销售额就是 100 × 85% × 90% =76.5 美元。如果你是通过一个享受三折优惠的渠道卖出的，之后，它会不会给他们的顾客打折，就跟你无关了。这样，单位产品的净销售额就是 70 美元。任何退货和退款都会减少你的净销售额并抬高你的盈亏平衡点。[3]

可变成本与你生产的产品或提供的服务的数量直接挂钩。只有当你生产（如果你是服务商）、购买（如果你是零售商或批发商）或提供了各种产品或服务，可变成本才会发生。总之，这项成本是随着产品和服务的销售量的改变而变化的。可变成本包括原材料、直接劳动、运输、包装等费用。

固定成本包括房租、设备费用、研发投入、广告费、保险费、日常管理费、固定资产折损等与产量和销量无关的项目。

还有几个相关术语：单位净销售额减去可变成本，就是单位毛利；单位毛利乘以销量就是总毛利；单位毛利除以净销售额，就是毛利率。[4]如果你的可变成本等于零——除了下载App或软件外，这几乎是不可能的，那么你的单位毛利率就是100%。如果你的净销售额等于可变成本，那你的单位毛利和毛利率将都等于零，这是相当糟糕的。

净销售额 - 可变成本 - 固定成本 = 利润。关于利润，有很多种定义。这里，我们聊聊营业利润，即扣除利息和税收之前的收入。

达到盈亏平衡点所需要的销量 × 单位净销售额 = 盈亏平衡点的收入。数学公式为：

盈亏平衡点的销量 = 固定成本 / 单位毛利[5]

盈亏平衡点的收入 = 固定成本 / 毛利率[6]

下面举例来说明一下。

你的产品：一个玩具熊，能跟孩子说话，并且能读懂孩子的反应，然后做出各种智能反馈。

你和你的联合创始人设计、开发了这款产品。然后，你们还有一个员工负责组装、包装和发货。你们三个人共用一套包含两个房间的办公室。

渠道：一个区域性的玩具零售连锁店

建议零售单价：100美元

渠道折扣：30%

预估顾客退货率：5%

因此，单位产品的平均净销售额 =100 美元 / 个 ×（100%−30%）×（100%−5%）=100×70%×95%=66.5 美元。

可变成本：26.5 美元 / 个

因此，单位产品的毛利：66.5-26.5=40 美元

毛利率 =40/66.5=60%

固定成本：10 000 美元 / 月

于是，达到盈亏平衡所需要的销量是 10 000/40=250 个 / 月，盈亏平衡点的收入是：

250×66.5（每个产品的净销售额）=16 625 美元（每个月净销售额）[7]

250×100（单位产品的零售价）=25 000 个（每个月的零售总额）[8]

零售价格—单位产品的净销售额—毛利率—达到盈亏平衡所需要的销量，在这个链条上，每个环节都对上一环节的变化格外敏感。在前面的例子中，如果零售价格增长 20%，从 100 美元增长到 120 美元，可变成本和固定成本均不变的话，则会发生下面这些变化：单位产品的净销售额也增长 20%，从 66.5 美元增长到 79.8 美元；单位产品的毛利增加 33%，从 40 美元增加到 53.3 美元（=79.8−26.5）；毛利率从 60% 增长到 67%（=53.3/79.8）；达到盈亏平衡所需要的产品数量从 250 个 / 月减至 188 个 / 月，减少了 25%。

当净销售额大于固定成本与可变成本之和时，经营利润就是正的。当净销售额小于固定成本与可变成本之和时，你就亏本了。

如果单位产品的净销售额低于单位产品的可变成本，那你的毛利就一直会是负的。这样，除非你的公司还有其他的收入来源，否则，无论卖出去多少产品，你都绝无可能获取任何利润。事实上，卖出去的产品越多，你就亏损得越多。所以，不要停留在这个点上。

## 预测利润最大化时的价格

看下面的计算过程。

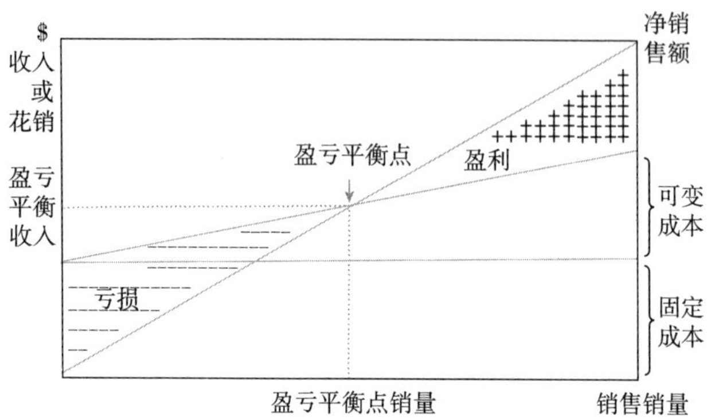


图 21.1　盈亏平衡点是总收入等于可变成本与固定成本之和

利润＝净销售额－总成本

＝净销售额－（可变成本＋固定成本）

＝净销售额－可变成本－固定成本

＝总毛利－固定成本

所以，在固定成本是既定的情况下，利润最大化就意味着毛利最大化。而总毛利取决于价格和销量：

总毛利 = 单位产品的毛利 × 销量

= (单位产品的销售额 − 单位产品的可变成本) × 销量

为估算出怎样的定价可以使利润最大化，你需要先测算出在一个价格范围内你的产品销量会怎样变动。假定你和你的渠道商预估的销量跟售价的对应关系如表 21.1[9]。

表 21.1　单价变动时销量变动情况

| 零售单价（美元） | 预估月销量（个） |
| --- | --- |
| 60 | 500 |
| 80 | 400 |
| 100 | 300 |
| 120 | 200 |
| 140 | 100 |

现在，我们将这个预测跟前面提到的玩具熊业务的例子结合起来。在下一个表格中，零售单价是 100 美元时，你每月可以卖出 300 个玩具熊，这个时候，月利润将达到最大值 2 000 美元。在零售单价为 60 美元或更低时，你就得做好亏损的准备了，因为单位产品的毛利很低。当零售价超过 140 美元时，你也要做好亏损的心理准备，因为月销量实在太低了。

表 21.2　单价变动时，销量毛利、总毛利和利润变动情况

| 零售单价（美元） | 预估月销量（个） | 单个产品的毛利（美元） | 每月总毛利（美元） | 每月利润（美元） |
|---|---|---|---|---|
| 60 | 500 | 13 | 6 700 | 3 300 |
| 80 | 400 | 27 | 10 680 | 680 |
| 100 | 300 | 40 | 12 000 | 2 000 |
| 120 | 200 | 53 | 10 660 | 660 |
| 140 | 100 | 67 | 6 660 | 3 340 |

如果你的预测是正确的，那单价 100 美元就是你的最佳定价。为做出一份反映利润如何随着销量的变化而波动的图（见图 21.2），我们可将上表最右边一栏用一条曲线表示。曲线显示，一旦零售单价低于或高于 100 美元，利润就会急剧下降。

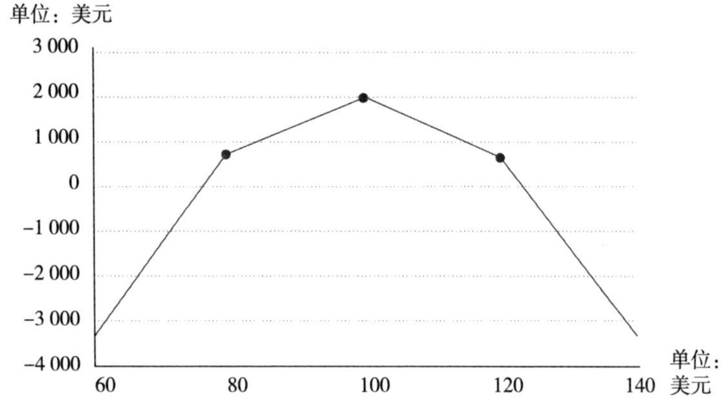


图 21.2　零售价格变化时预期月利润变化

当你的渠道商向你要求更低的折扣时，你便可以以此图为理由来拒

绝他，只有在一种情况下例外：渠道商所要求的折扣可以确保玩具熊的月销量超过 300 个。

## 为你的业务建一个财务模型

一个简单的财务模型，可以让你试验各种不同的假设，如何对资源进行最优配置、如何让利润最大化。

例如，如果你把每个月的广告投入增加 2 000 美元，会出现什么结果？假定其他开支不变，固定成本从每月 10 000 美元增加到 12 000 美元。在每只玩具熊的毛利为 40 美元的情况下，你每个月必须要多卖出 50（=2 000/40）个玩具熊，才能把广告投入收回来。

如果在增加广告预算后，每月预期销量会增加 80 个，则你的利润将会增长：80 × 40（单只熊的毛利）−2 000=1 200 美元。

但如果额外增加的这部分广告费并没有带来销量的增加，那这 2 000 美元广告费就抵消了每个月的一部分利润。

你的财务模型会让你多问“如果……会……”这类问题，进而让你找到一个可以让业务做得最成功的组合。

如果财务模型表明，在你原本认为最合理的一个假设下预期利润是零或负，那你的业务模式可能是行不通的。一个解决方案是与一个更大的、全国范围内的玩具零售连锁企业合作以增加销量。另一个方案是聚焦一个更小或更特别的目标客户群体，比如，他们能从你的方案中得到最多的好处、对价格不敏感，你就可以涨价。比如，一个家庭如果有孩子很难交到朋友，或者住得离其他的孩子很远，那他们会不会比较乐意为这一个智能的、可以陪伴孩子的玩具熊支付更高的价格？通过更精准或更独特的目标客户群体，你或许可以避开渠道，直接销售给消费者，这就避免了渠道折扣。有很多公司在刚起步的时候都是在自己的网站上做直销，只有在过了盈亏均衡点之后才开始走向渠道。

## 创造经常性收入

跟“一锤子买卖”相比，订阅方式，就像你之前在 Ancestry. com 和 CustomerSat 的例子中看到的那样，有着独特的优势。

- 订阅减少了客户的初始费用，他们也不用预付费，这样，就有更多的客户来试用你的方案，并且可以帮你传播，让更多的人也试用。
- 与“一次付费，永远使用”相比，分期订阅会让客户付给你更多的钱。
- 你免除了将方案定期再次向客户销售的成本，以及相关的订单处理成本。
- 与“一锤子买卖”相比，经常性收入比较稳定，并且也容易预测，这就降低了公司的风险。

很多熟悉的产品和服务都采用了“订阅模式”。

表 21.3 “订阅模式”的产品和服务一览

| 有形产品 | 有形服务 | 金融服务 | 在线 / 虚拟产品和服务 |
|---|---|---|---|
| - 报纸<br>- 杂志<br>- 水果、茶叶、牛奶、打印纸、新鲜蔬菜、纯净水 | - 健康俱乐部会员<br>- 球场门票<br>- 舞蹈、体育、驾驶及其他技能类课程<br>- 按摩、瑜伽 | - 信用卡<br>- 保险<br>- 证券投资组合管理<br>- 分期付款 | - 直播视频<br>- 大多数 B2B 软件<br>- 网络、有线电视、电话服务 |

想想怎样将你的方案变成“订阅模式”，定价如何创造收益。任何连续的客户需求均可通过“订阅”来得到满足。如遛狗、洗车或照看孩子、打印机服务、草坪护理、游泳池维护、浇花、送孩子上学等。在每个阶段的消费量均可预测的任何有形产品，都可以采用“订阅模式”。

## 免费增值

免费增值[10]，其实只是一项由来已久的实践的新名称——在一个时间段内或永久性地向客户提供某种免费服务。免费增值便于你的客户在没有任何风险的情况下试用服务，然后他们说不定就上钩了。其中部分优质客户，为了在免费期结束后还能继续使用或升级到更高版本，愿意付费给你，这就给你带来了收入。这其中的秘诀就是，设计免费策略来推动收入最大化，或使从免费增值转向付费客户的数量最大化，并尽量降低免费增值的成本。

免费增值的初级形式就是提供免费样品，让客户免费试用。自从人类开始以物易物，这种方式就存在了。这种方式在以下情形中最有效：你的方案能给客户带来的好处要试用后才知道；你的方案可以允许用户参与设计或创造一些对他们自己有持久价值的东西；你的方案或服务容易让用户上瘾；你的方案是一个单边或双边网络平台，你能否成功取决于是否有足够多的可以相互吸引的用户，然后，再让这些用户从免费转向付费。

免费增值可能有期限，也可能无限期。在确定免费的期限和程度时，下面几个因素可以考虑考虑：免费用户对付费用户及广告商的吸引力有多大；免费用户转化成付费用户的可能性及所需要的时间、转化率；支持一个免费用户的成本；你相对于竞争对手的优势有多大。

在 2010 年，仅有大约 6% 的 Skype 用户购买了它的视频电话服务。[11]Skype 对这些高端用户的吸引力主要来自另外 94% 的普通用户，这些人使用的是 Skype 的免费账户及一些最基本的功能。

总的来说，在满足类似的客户需求时你的优势越明显，你需要免费赠送的产品或服务就越少。如果你的产品或服务的功能跟别人的相似，那你可能就需要提供一些比竞争对手更贵、功能也更多的免费增值服务，或寻找一个更独特的商业模式或盈利模式。比如，倘若你的竞争对手是向商家提供免费订阅，然后再通过向广告商或合作伙伴卖数据来取得收入，那你就应该设计出另一种模式，直接将自己的方案和商家的需求相匹配，向商家收费。如果你的竞争对手向个人提供付费订阅，那你可以考虑向个人提供免费订阅，然后再通过广告盈利。

如果你的产品或服务浪费了大量的劳动或有其他巨额投资，提供免费试用或样品变得不可能，比如改造厨房、设计一个公司的信息系统、操作一例心脏手术，那么免费模式可能是不合适的。在这些情况下，最好的销售方法或许是描述你所遵循的生产流程或方法，然后解释为什么你的团队是最能有能力实践这一套方法的，如果再能有老客户为你背书，那就更好了。

## 【模拟演练】

1. 针对你的公司的方案：

（1）采用基于价值的定价策略，预估你的售价以及单位净销售额。自首次发货给客户后的第一年，预估单位产品的平均可变成本及固定成本。计算在首年的盈亏平衡点上，销量和收入分别是多少？

（2）做一个 6 种不同零售价格及相应销售额的预测。在哪种价格下，你可以实现毛利最大化？在这种价格下，你的经营利润是多少？

2. 你是英国北安普顿（Northampton）Price & Son 鞋厂的查理·普莱斯（Charlie Price），你从父亲那里继承了他的鞋厂，这个鞋厂每年可生产 25 000 双很经典但样式有点单调的男鞋。每双鞋的可变成本是 20 英镑，鞋店挂出的零售价是 100 英镑，他们从你这里以四折的优惠进货。你的固定成本是每年 100 万英镑（包括设备折损，但不包括利息）。

（1）如果不算退货、利息和税收的话，你的年利润是多少？

（2）基于“与众不同，会让你做得更好”的考虑，你打算把产品从经典男鞋改成长筒女靴，品牌名称用“Lola’s”。你预估全英国长筒女靴的市场额度为每年 5 000 双，但由于一首同名音乐的刺激，这款女靴的年销量增长率将达 40% 以上。包括运费在内，每双靴子的可变成本为 60 英镑。因为市场推广所需，在第一年，你的固定成本会增加 50 000 英镑，从第二年起，每年再增加 25 000 英镑。

（3）如果每双靴子卖 500 英镑，没有任何折扣，那在前三年，你需要达到多高的市场占有率才能盈亏持平呢？

（4）如果你认为自己在第一年的产量仅能达到 2 000 双的话，你以怎样的价格销售才能达到盈亏平衡点？

（5）你将怎样通过建立线上社群来保持客户忠诚度？

3. 你的玩具熊足够智能，可以感知、说话，也可以对别人的行为做出反应。那么，你如何基于“订阅模式”来推广和销售你的产品？

4. 数年前，在澳大利亚（Australia）墨尔本市（Melbourne），我花了 17 美元乘坐电梯上到当地最高的建筑物——88 层高的尤里卡大厦观景台（Eureka Tower Skydeck）游玩。上去之后，有一处景点“边缘”，再付 10 美元，你就可以走进一个玻璃方块，进去之后，这个玻璃方块的地板会突然间变成透明的，然后，你会感觉自己正“飘浮”在 88 层高的楼顶上。如果再付 13 美元，你在地板“消失”的那一瞬间的恐怖表情将会被拍摄成照片，给你留作纪念。如果再付 9 美元的话，这张照片还可以加洗一张。所以最后呢，说起来都觉得不好意思，我总共为这些服务花了 50 美元。我怎么会花这么多钱?

## 【核心要点】

- 评估你的方案，并明确地将它的价值告诉你的客户。
- 搞清楚你的盈亏平衡点。
- 估算怎样的价格可以让你的利润最大化。
- 创造持续性收入。
- 免费增值策略。

第 22 章

# 设计、客户测试和发布你的 MVS（步骤 9）

我们尝试通过快速发布和不断迭代来提供最好的长期服务，而不是一次就把什么都弄对了。

——马克·扎克伯格

我们在前面做的所有头脑风暴、研究、分析和选择，都可以归结到一点上：将方案交到真正的客户手里。你在客户测试和产品发布阶段快速学习了大量知识。现在，你迫不及待地要付诸实践。

只有当真正的客户使用你的方案时，你才知道自己的方案是否充分，或者是否有画蛇添足的地方。如果你的玩具熊不够柔软或不够可爱，无论它说话多么流利，可能也卖不出去。如果你的企业应用有太多无用花哨的功能，或者竞争对手能先于你为客户提供一个更简洁的版本，那你的方案就可能没人愿意采用，卖不出去。

最佳的方案，就是那种既足够完整又不至于画蛇添足的方案，我们称这种方案为 MVS[1]。

## 设计你的 MVS

MVS，就是在确保方案能被客户和渠道接受的前提下为方案设计的最低配置。这个最低配置，就是你的方案的最大优势。正如图 22.1 的例子所展示的那样，你的玩具熊的关键优势可能在于它的智能，再加上柔软、可爱、耐用、安全。这些构成了消费者能接受的最低配置。像熊的装扮、颜色和附件，等等，如果客户确实需要的话，可以晚点再考虑。在 MVS 的基础上，你可以融入客户的最新反馈，进一步完善方案、配置资源、壮大业务。并且，可以朝着任何一个你新发现的最好的方向进行。因此，可以说，MVS 给了你一种最大的灵活性。

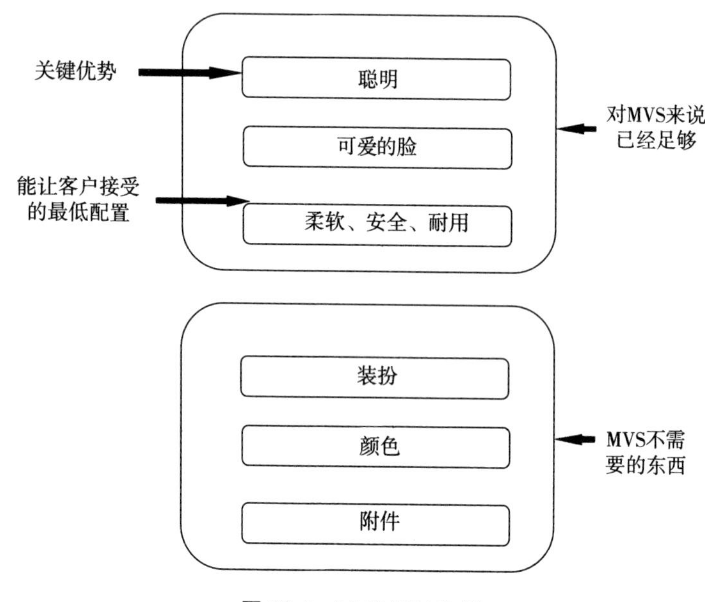


图 22.1　MVS 设计实例

最低配置的思想也可以运用在你的核心优势中。在上面的案例中，玩具熊的核心优势是它的智能，这个熊并不需要理解孩子所说的每一句话或孩子所处的每一种情况，也不需要对这些都能做出反应。它仅仅需要在一些很重要或很普遍的事情上做出反应来满足特定的客户需求就行了。

比如，一个智能玩具熊的 MVS 是当孩子受到惊吓、受伤或遇到危险时，智能玩具熊能及时识别出来，并保护和安慰孩子，然后，再将信息传递给孩子的父母或监护人。一些智能玩具熊对孩子可能觉得好玩的事情比较敏感，它们会想办法逗孩子发笑。还有的智能玩具熊可以扮演一个讨孩子喜欢的老师。

运用这种最低配置的思维，不断地重新设计和测试，给你的MVS做减法。如果你的玩具熊是个教师，它不必教所有的东西，也不必理解每一个可能的外部反应。这样，我们就能进一步减少熊的必要功能了。某些“熊老师”可能只要会教外语就好了，有的“熊老师”只要会教地理就行了，还有的“熊老师”只要会教艺术就行了。直到你无法再做减法，再减少功能就会失去竞争优势或影响客户接受度时，你就找到自己的MVS了。

我们公司的第一款产品“决策调研”是一款基于Windows的全面App。在刚发布的时候，它有很多不必要的功能，例如自动计算偏态和峰态，而客户很少会用到这两项晦涩的数据。这些功能在产品刚上线的时候其实是不必要的，因为决策的核心优势（解析邮件问卷，分析调研结果）并不靠它。[2]通过做减法，我们就可以利用更少的资源在更短的时间内发布这款App了，并且，软件的维护成本也会更低。

你的MVS可能是一套帮你的团队成员、注册顾问、增值代理商向客户提供独特服务的工具。随后，你可能将这一套工具转换成终端客户直接使用的方案。CustomerSat是从为大客户提供做线上调查的工具起家的。在这些工具被证明行之有效后，我们建了一个系统，将这些功能整合在一起。这样，客户就可以自己使用了。因此，除了有关知识外，这些工具所提供的服务还推动完善了我们的客户自助服务系统。结果是，CustomerSat的成本要比“决策调研”低很多。

## 为 MVS 开发原型

先为你的 MVS 开发原型，以收集来自潜在客户和合作伙伴的最清晰的反馈。

1. 软件：模拟用户可以在屏幕上看到的一系列画面。如果你需要的是一组定制化的图像或报告，也许可以用客户的真实数据先做一版手绘报告。

2. 设备：准备一个模型、蓝图、视频演示和（或）展示尺寸以及形状的尺寸表。

3. 快速消费品如食品、饮料、化妆品：提供相同口味的样品，模拟包装。

4. 如安装网络、评估不动产或二手车、维护水池、维修汽车、保洁等服务，可先低价为客户提供服务，征求反馈意见。

如果你自己无法确定哪种设计是最好的，那就提供两三个 MVS 的样品给客户看看，让客户告诉你，他们最喜欢哪个样品及原因。

在把 MVS 扩展为成型方案的过程中，你的样品也在不断完善和成熟。在测试的过程中，当你的团队成员可以模拟客户来测试方案时，这就是阿尔法（Alpha）测试了。如果部分受邀客户能够从试用中获得收益，并给出反馈，尽管方案还未完成，这就是一个贝塔（Beta）测试。[3]

## 发布前测试

正如我们在第 3 章和第 4 章提到的，与潜在客户面对面交谈来挖掘他们的需求并通过头脑风暴列出可能方案一样，发布前测试也延续了这种真实世界里的研究和学习。发布前测试包括你的 MVS、定价、销售渠道、推广和方案交付。

## MVS

你的初始 MVS 越简洁或对现有 MVS 的改进越聚焦，客户的反馈就越清晰。

- 如果你的 MVS 与竞争对手的方案相比拥有多重优势，或者与之前的版本相比有了多重进步，但目标客户却不急着采用，这可能是因为所谓的进步或优势并不能满足客户的需求，也可能是因为方案的复杂性掩盖了这些优势，或者是兼而有之。
- 如果你的 MVS 的优势和改善很明显，并且确实受客户欢迎，那么你就知道了这些优势和改善的组合是有效的，尽管也许有一部分是不必要的。
- 如果你的 MVS 有某一种优势，或与之前的版本相比有某一项改善，但不被客户认可，那么，你的优势和改善就还不够。
- 如果你的 MVS 有某一种优势，或与之前的版本相比有某一项改善，它获得了客户的认可，那就太棒了。可以赶紧上线了！

比如，如果销售、快递和物流领域的工作人员叫嚷着要购买你的测试版智能笔（可以读取手写数字和 +、−、×、÷ 等符号，并自动显示计算结果），那就没必要延迟到能够读取复杂文本或做更高阶的数学计算时，再发布产品。这就是你的 MVS。相反，如果已经有很多智能笔提供了同等功能，那你的智能笔就必须附加一些其他功能才可行。

如果你是一名牙科医生、理发师、主管教练、眼科医生、汽车维修师、按摩师或类似服务的提供者。那么，先做好通过网站或移动 App 设置和测试客户自主预约服务，再考虑增加如自动支付这样更复杂的功能。

如果你是一名网站或移动 App 的开发者，可以考虑把 A/B 测试工具整合到你的应用程序里。A/B 测试工具随机向一些用户提供功能 A（一项新功能），同时，又向另一些用户提供功能 B（可能是现有功能，也可能是另一项新功能）。监控并比较这些用户的反应，比如，功能 A 和功能 B 哪个能带来更多的点击量或购买量？ A/B 测试工具可以直接在你的应用程序里进行实况测评。

0+0 ≠ 1。在 20 世纪 80 年代中期，施乐（Xerox）有两种很昂贵又很平庸的办公产品：一种是负责文件管理和印刷的私人工作站，另一种是笨重的台式激光打印机。施乐试图将两者捆绑销售，然而毫无进展。把平庸的产品合并在一起，只能带来更多的劣势。[4]

## 定价

如果你打算在方案发布后收费，那么，在发布前的测试阶段中的收费情况能更准确地反映真实世界里的情况。测试阶段的收费应在正式价格的基础上打折，并考虑以下几个要素：客户在使用你的 MVS 后所承担的风险和所获得的收益，你从客户的反馈和推荐中所获得的收益，愿意试用你的 MVS 的客户数量。

发布前的测试做得越多，你在计划初始价格的基础上打折的幅度就应该越大。

## 销售渠道

在第 12 章的“1+1=3”一节里，我们看到你和联合创始人共同出力的重要性。合作使你和联合创始人的 STARS 成倍扩展，这样，你们每个人完成任务的能力也得到了提升。相似的是，你的销售渠道——无论是经销商、直销团队、电话销售团队、代理商还是别的——同等重要，都能为你的销售和发布计划出谋划策。在这个过程中，销售渠道自己的资源也得到了扩展，因而也更有能力完成任务。

如果你认为渠道人员对你的销售和发布计划没什么用，可能是你低估了他们的价值，也可能他们确实创造不了什么价值。如果是后者，你可以考虑绕开他们，直接面对下一级经销商或终端客户。如果你发现自己暂时无法绕开他们，那么他们可能提供了你尚未意识到的价值。

## 营销

两个关键的市场营销问题是：你要传递的信息是什么？通过哪种渠道才能将信息最好地传达给客户？

## 营销信息

如果认真地读了本书提到的所有步骤，你就已经知道了绝大多数营销信息需要的内容：目标客户、要满足的需求、你的优势。剩下的方面，就是选择合适的方式——文字、图片、声音和传媒——来表达你的信息。你可能已经跟团队成员和潜在客户围绕方案做了很多讨论。因此，你其实已经发现了很多合适的推广方式。

构思广告词的一种方法是，先用尽可能丰富的词汇来陈述你所能满足的客户需求和你的优势，哪怕稍微啰唆一点也没关系。这给了你一个需要追求的目标。然后，再将前面的表述改得简洁精炼、朗朗上口、便于记忆。比如，在CustomerSat，我们最初是从下面这段冗长啰唆的广告词开始的：

我们收集和分析客户的反馈，然后形成定制化的报告，并在此基础上推动和整合那些可以增加客户满意度、忠诚度和支持率并进而增加收入，减少销售、市场、运营和服务的成本的行为，最终增加公司的整体利润，提高公司的价值。

不过，经过几轮头脑风暴后，我们将广告词缩减成一句话：

客户反馈创造利润。

这句话只用了几个词就说清楚了我们工作的关键特征和它能带给客户的益处，我们将它附在公司的商标旁边。

## 媒体

首先，无论是B2C还是B2B，每一项业务都可以从公司主页、领英主页、脸书主页和推特账户中受益。

这些网页往往代表了你的公司的公共形象。[5]创建网站是免费的，但你需要花时间维持，你得不断地更新。通过这些网页，你可以分享成功故事、客户推荐书、方案的益处和特征，以及公司的联系方式。每项业务也能从与客户或潜在客户的邮件链接中获益。

如果你提供的是像办公用品、在线游戏、信息服务、建材、快餐和理发这种客户会频繁下单或使用的产品或服务，那你可以考虑做一个 App。App 方便客户在自己的移动设备上找到并使用你的服务。你可以在 App 上直接向客户推送新产品和服务。你还可以使下单、支付、状态更新等很多环节自动化。

接下来，去找找那些最能对你的客户产生直接影响的行业或社群分析师、博客和专栏作家。读一读他们写的文章，然后琢磨一下，他们最感兴趣的是什么。当你感觉你的 MVS 已经足够成熟了，可以给别人留下积极印象了，那就安排一场会谈吧。在这场会谈中，你要认真听取他们的反馈，如果有可能的话，吸取他们提出的某几条建议，这最能体现出你对他们的尊重和好意。如果乐意的话，过一段时间，你可以再安排一次会谈，让他们知道你已经把他们的建议吸收到自己的方案中了。但不要为了迎合某一位"有影响力的人"而刻意添加一些没有对应需求的功能，或跟你的方案不相匹配的功能。

如果你的方案贯穿于两个或更多的市场，那就把在每个市场上"有影响力的人"都给找出来。CustomerSat 涉及市场研究、分析学、商业智能和客户反馈，然后在各个市场里，我们都找到了那些"有影响力的人"。对潜在客户来说，如果他在两个不同的市场上都遇到了你的公司，那他肯定会印象深刻，你的公司会显得更强大。

如果你考虑在公共广告牌或全国性的电视台上为自己的新产品或方案的发布预热，那你并没有做到对客户群体的精准定位。这些媒体是按照覆盖各个年龄段、生活条件、兴趣爱好的群体为基准来向你收费的。而你则应该问问自己，在所有这些消费者中，究竟哪些人最能从我的方案中受益？然后找一家能精准定位这些人的媒体来推广吧。

## 方案交付

设计、测试和完善方案交付的整体流程一般包括：下单、排期、支付、制造、发货、安装、培训、服务和支持。在方案发布后，客户希望这些都能处理妥当。需要回答的典型问题包括：制造和发货环节是如何提醒有订单的？在安装完成后，有销售人员跟踪吗？客户会找谁提供售后服务？

放眼长远，你应该帮助客户提升在线处理能力，包括配置、下单、排期、发货、支付等。尽量使用现成的工具和服务（很多还是免费的），很多任务从一开始就可以在线完成的。

**如果产品的 1.0 版没有让你感到“不好意思”，那么显然它上线太迟了，你已经在等待中错过了很多时机。**

**——领英联合创始人里德·霍夫曼（Reid Hoffman）**

## 发布你的 MVS

前面我们已经学习了从方案发布前到发布中再到发布后的整个过程。一个方案在发布中与发布前有以下几点不同：你公开宣布了你的方案，方案交付流程已经就绪，方案已经开始为你的公司带来收入。

“发布”也意味着你将可以获得基于真实客户体验的反馈，而不再是像以前那种潜在客户的观点，或者仅仅是概念而已。

你应该格外在意第一批客户以确保他们的满意度。因此，你应该仔细挑选那些可能从你的方案中受益最多、你也会从他们身上受益最多的客户。最理想的是，在你的方案发布前，这些客户不会添什么“乱子”。

你在选择这批客户时，也得注意平衡好短期利益和长期利益。

## 短期利益

学习：哪些客户会给你最宝贵的反馈意见？通常，他们也是能从你的方案中受益最多的客户。

无须过多支持：在资源有限的情况下，选择那些能够自给自足或维护成本低的客户，以及那些成功概率高的客户。

## 长期利益

推荐人：客户的知名度很高、享有盛誉，如果他们的体验是积极的，就可以作为你的方案的推荐人，或给予正面评论。

收入：如果客户的体验是积极的，则他们会花钱购买或订阅你的方案。

除了我们在前面提到过的那些对产业和社群有影响力的人，每一个普通客户也能帮助你打理生意。客户可以在脸书上提到你们，在推特上替你们宣传，也可以在 Yelp 或 TripAdvisor 上评论你们。他们还可以通过口碑传播：告诉同事或朋友，他们从你的产品和服务中获得了怎样的积极体验。

发布你的方案，可能是在有前瞻性的计划中进行的，也可能是在回顾的时候才意识到的。当你的第一个重要客户对你的产品和服务感到满意时，当你收到第一笔订单时，当很多潜在客户听说并想了解你的方案时，你意识到你的方案发布了。这就是你和客户之间的正反馈循环的开始：你满足了他们的需求；他们给你反馈，付款，然后再向别人推荐你。这个正反馈循环增加了你的知识和优势，继而让你拥有满足更多客户需求的能力。

## 【解疑答惑】

**提问：**

我的 MVS 包含了我的核心优势，但这个优势仅仅是一个将蓄电池和输出设备连接在一起的电路板。仅仅是这个外观，就会让很多潜在客户扭头就走。我如何能从客户测试中得到一个准确的数据？

**回答：**

只有少数有眼光的客户能够透过令人讨厌的包装和粗糙的外观设计发现你的 MVS 的潜质，但大多数客户做不到这一点。所以，请在包装和外观设计上多下点功夫。这样，客户就不会忽视你的方案的优势以及会给他们带来的利益了。当然，对时尚、艺术和其他类似的行业来说，外观设计可能就是你的核心竞争力，而且，这些东西应该从一开始就被纳入你的 MVS。

## 【模拟演练】

在 2005 年刚上线的时候，与当时的市场领导者 AOL MapQuest（美国在线旗下的专业地图网站）相比，谷歌地图有一项技术优势，也有很多劣势。优势是，在当时的新技术 AJAX（一种创建交互式网页应用的网页开发技术）的支持下，用户可以将地图左右平移。谷歌将地图链接到搜索引擎的主页，为地图导入巨大的流量。没过多久，谷歌地图中加入了卫星图像。到 2007 年，又加入了街景。到 2009 年，谷歌地图已经超过 AOL MapQuest 成为美国第一大地图和导航服务商。[6]

1. 假定要拿基于 AJAX 技术的地图产品去跟 AOL MapQuest 竞争的

不是谷歌而是你的公司。你的创业公司缺少谷歌的资源、声誉和用户基础。那么你的目标客户和发布战略应该与谷歌有怎样的不同才能确保你的地图产品被市场接受，取得成功？

2. 现在，假定你是当今的 AOL MapQuest，你将以怎样的方式同两家市场领导者谷歌地图和苹果地图展开竞争？

## 【核心要点】

- 直到你无法再做减法，再减少功能就会失去竞争优势或影响客户接受度时，你就找到自己的 MVS 了。
- 设计和构建 MVS，以便让潜在客户、销售渠道、市场伙伴对你的方案给予有意义的反馈意见。
- 上市前测试包括构建 MVS、销售渠道、营销推广、订单处理、交付和售后支持等方面。

第 23 章

# 不要在融资上浪费时间

贫穷没有原因，只有繁荣才有原因。

——简·雅各布斯（Jane Jacobs）

这本书差不多临近尾声了。但直到现在，除了来自家庭和亲友的种子资金，我们还没有谈过融资的问题。为什么要等到本章才讨论？

- 在第 6 章“未来就在你的 STARS 中”中，你已经看到，除了自己的积蓄之外，你的财务资产包括良好的信用记录和可信任度——比如，让家人和亲友觉得可以考虑借点钱给你或给你投资。
- 在第 14 章“节俭的自由”中，我们已经提到了很多省钱妙招，帮你提高资金的使用效率。
- 在第 6 章和第 22 章“设计、客户测试及发布你的 MVS”中，我们讨论了你该怎样通过咨询和其他服务来产生现金流。

然而，为什么我们还没有提及通过亲友之外的方式融资？

因为，98%（这是我的不严谨的估计）的创业公司都曾因融资方式（出让股权或银行贷款）行不通而浪费了太多的时间。若非如此，银行和投资人应该只收到现有商业计划书的 2%，且每一份计划书都应被认真考虑。但真相是，绝大多数计划书都未得到也不值得投资人认真考虑。如果你遵循了这本书提到的那些步骤，你将会避免这个陷阱。

在融资方式行不通或时机尚不成熟的时候去融资（债权或股权），是在浪费所有人的时间，你自己、投资人或银行的时间。固然可以让风险投资人和银行家等圈外人士的观点参与到你的业务中来，但你最好先让熟悉的企业家或高管等业内人士参与进来。你对后者的观点进行精选、完善，然后整合到你的方案中去。等这些都做完之后，再考虑去见银行家或投资人吧。当然，别指望他们能对你的客户需求、方案、竞争策略、优势和财务状况等方面有深刻了解，你自己才应该是这些方面的专家。

在时机成熟的时候去融资，你将在谈判中掌握主动权，并且，在这段时间内集中精力去融资，就避免了来自其他事务的干扰。尽管你已经充分利用了来自家庭和亲友的种子资金，执行省钱方案，并且也已经从服务中取得了收入，但仍旧需要更多的资金来发展你的业务。

## 你的融资理念是什么

表 23.1、表 23.2 和表 23.3 总结了 8 种常见的融资方式：有两种是众筹，有两种是债权融资，有三种是股权融资，还有一种是可转换债券（将债权和股权融合起来）融资。

### 众筹

众筹是一种新型的快速获取资金的渠道。通过这种方式，你可以从一群数量庞大的个体处筹集到资金，而他们每个人也许只需要贡献很少的一点钱就足够了。最有名的是 Kickstarter 和 Indiegogo 这种众筹网站。如果你在开发一款可满足大众需求的新产品或新项目，那么这种网站是非常理想的。众筹的金额，通常不超过人均 100 美元，这也可以理解为一款很酷的产品的早期买家享受的折扣价。你的支持者既不会收到股票，也不会收到债券。相反，你承诺将回馈一部分由他们资助开发出来的产品，或以其他的形式答谢。

一种新型的众筹——投资众筹——允许你通过众筹股权或债权来融资，Crowdfunder，CircleUp 和 AngelList 都是投资型众筹网站。个人的投资额可以低至 1 000 美元。截至我写作这本书的时候，在美国，股权众筹仍然要求投资人为合格投资者。[1]

表 23.1　众筹

| 融资方式 | 典型用途 | 具体要求 | 投资人或借款人的风险 |
| --- | --- | --- | --- |
| 通过众筹方式来奖励或捐赠（1~10万美元） | ——新产品开发奖励<br>——慈善或社会项目 | ——大家都想早点拥有的很酷的新产品<br>——大家愿意支持的有意义的任务 | ——产品还停留在概念中<br>——资金被滥用了 |
| 众筹方式投资（100 万美元以内）——债券或股权 | ——如果是债权，用途参见表 23.2<br>——如果是股权，用途参见表 23.3 | ——如果是债权，要求参见表 23.2<br>——如果是股权，要求参见表 23.3 | ——如果是债权，风险参见表 23.2<br>——如果是股权，风险参见表 23.3 |

注：股权众筹和债券众筹的投资年限与表 23.2 和表 23.3 中的规定相似。

如果你的公司没有客户、没有现金流，也不是很大或引人注目的潜力股，那就不太适合进行债权或股权融资。但如果你的产品对消费者有显著的吸引力，那你可以考虑附带奖励的众筹。一场成功的奖励型众筹活动可以持续 60~90 天，进而转换为投资型众筹，甚至还能引来风险投资。众筹可以作为你的公司的第一次外部融资。

## 债权融资与股权融资

无论是债权融资还是股权融资，你的投资者都可以期待获得回报，这是当然的事。如果是债权融资，他们希望收回本金再加上 1~5 年的利息。如果是股权融资，他们希望能在某个时间点以高于买入时的价格卖掉他们手中的股票，这通常需要 3~7 年时间。

当然，债权融资和股权融资的差异也是很明显的。只有当你有了顾客和现金流的时候，银行才愿意跟你谈，才会给你信用额度（参见表 23.2）。只有当你的公司有很大的成长潜力，很引人注目的时候，你才有资格去做股权融资。如果是贷款，则银行和其他金融机构无权干预你的公司的日常运营，也不会拥有你的公司的所有权。利息开支是可以抵税的。一旦贷款偿还完毕，你和银行之间的关系就结束了（如果还有下一轮贷款，那另当别论）。

表 23.2　债权融资

| 融资方式 | 典型用途 | 具体要求 | 借款人或投资人的风险 |
|---|---|---|---|
| 信用额度（1 年以内） | 短期现金需求：<br>——在收到应收账款之前，供临时周转的流动资金<br>——业务旺季的新增库存成本和工资 | 强大的现金流；<br>以月、季或年为结算周期 | 预期的业务旺季没有到来；<br>应收账款延迟 |
| 商业贷款（1~5 年） | ——设备升级<br>——扩大产能 | 可预期收入；<br>投资会增强你的还款能力 | 投资本金收不回来；借款人无力还贷（可能导致作为抵押品的设备被银行收回） |

相反，如果别人对你进行的是股权投资，则你不必还钱给他，你不必动用可贵的现金流去支付利息（参见表 23.3）。如果你的公司倒闭了，或你的股票失去价值了，那么你的投资人将血本无归。但投资人也是你的企业的产权共有人，直到企业被出售或你回购他们手里的股份。投资人对你企业的日常运营和决策拥有发言权。所以，选择谁做股权投资人是与选择联合创始人一样重要的决定。

表 23.3　股权

| 融资方式 | 典型用途 | 具体要求 | 借款人或投资人的风险 |
| --- | --- | --- | --- |
| 天使投资（通常在 100 万美元以内） | 引进从设计到市场的创新：<br>——能以独特的方式满足很广泛的客户需求<br>——能持续性地降低成本 | 你的机会跟天使投资人或 VC 的兴趣、投资方向和投资组合相匹配 | ——创业公司的业绩达不到预期<br>——下一轮融资时估值降低或破产 |
| 风险投资（通常在 100 万美元以上） | | | |
| 公司投资 / 战略投资（通常在 500 万美元以上） | | 你有投资人（战略投资人）需要的技术或其他价值 | |
| 可转换债券（通常在 100 万美元以内） | ——有利息的贷款转换成股权，通常是 1~2 年<br>——可推迟下一轮融资的时间 | 你的机会跟天使投资人或 VC 的兴趣、投资方向和投资组合相匹配 | ——创业公司的业绩达不到预期<br>——下一轮融资时估值降低或破产 |

如果你的业务已经有收入来源，有现金流，并且有很诱人的成长潜力，那么债权和股权融资都可以帮你发展壮大。不过，债权融资会给你的公司带来利息负担，并且，如果你违约的话，还得支付巨额罚金。股权融资将稀释创始人的股权。如果你确信自己违约的概率很低，那最好的融资结构应该是将股权和债权融合起来。

## 天使投资、风险投资和公司投资（战略投资）

典型的天使投资人都是个人，他们通常是一些卖掉了自己的公司之后用自有资金来投资创业公司的企业家。天使投资扮演了来自亲友的种子资金和风险投资之间的桥梁的角色。

跟天使投资不同的是，风险投资主要是拿别人的钱来投资，典型的来自高净值人群、养老基金、基金会、大学捐赠基金和保险公司等。结果是，风险投资的投资规模要比天使投资大得多。如果一批风险投资在同一轮融资中对你进行股权投资，那其中的一家风险投资就扮演着“领投”的角色。这家公司设定了交易的方式，并且通常还会在你的董事会里拥有一个席位。

公司投资者（战略投资者）通常会像看重财务回报一样看重你的技术和市场，因此，它可能对价格和投资形式没有风险投资那么敏感。但它会限制你与它的竞争对手做生意，并且，如果你的公司要出售，它会争取到优先收购权。在考虑公司投资者时需要评估这些限制条件的影响。尽管如此，我认为公司投资者的价值常常被创业者低估了。CustomerSat在引进了 J.D. Power & Associates 和 NICE System 这些公司投资者之后，有了更好的信用，增强了满足客户需求的专业能力，并且更能接近一些关键客户。

## 可转换债券

可转换债券是一种可以在某一轮股权融资结束时自动转换为股权的债券，通常是在 12~24 个月内。可转换债券可以将公司的估值和增资扩股推迟至新品发布等关键节点上。这个时候,公司往往可以获得更高的估值。

为了回报他们对公司的早期支持，这些早期投资者手中的可转换债券可以在一个限定的优惠价下转换成股票。因为可转换债券是债权，所以处理起来要比股票便捷得多。

## 你需要外部投资人吗

冒着被你们嫌啰唆的风险，我在这里列几条你可能不想出售股票的原因：

- 你相信自己有足够的能力把握住市场上的各种机会，可以带领公司发展壮大；并且，你不缺钱，因为你可以通过营收、商业贷款、信用额度取得现金。
- 你不愿意为了支付投资者回报，而有可能不得不出售或失去对公司的控制权。
- 你不想听命于外部投资者或董事会。

如果你的市场机会和未来愿景并不需要额外的资金，但你仍然接受了外部投资，在我看来，与尚未融资的时候相比，最终你将可能只剩下更少的股权，甚至会失去对公司的控制权。你浪费了这些融资，也惹得投资人非常不满。希望你不要走到这一步。

你需要警惕的是，一旦你的竞争对手"意外"地抢走了你的客户，然后，你的现金收入少得可怜或已经没有现金收入，那你就没有选择了。

相反，如果你的创新性方案所对应的机会确实需要额外的资金，你的现有客户或潜在客户很兴奋，并且，你并不介意自己要向董事会报告工作，也不介意出让公司的部分控制权，那股权融资对你来说可能就是最好的方式。

## 如何找到投资人

在你还不需要融资的时候，就需要提前寻找投资人了。去 AngelList 网站上看看哪些投资人跟你的兴趣点一致。在 YouTube 网上看他们的视频，看他们的博客。比如，如果你在推广、商业分析、信息安全、外汇等领域工作，投资者恰恰也对这些领域关注比较多，那他们就很容易看懂你需要满足的客户需求，并且可能会很欣赏你。

设想在你和投资人都很感兴趣的一个领域，有些知识很少有人知道，但你自己了解得特别多，因为那是你的激情和毅力所在。这时，你便可以与投资人分享这些“独家知识”了，你邀请他与你聊聊你们共同的兴趣和专业知识。当你们在电话上或会谈中交流时，如果你对自己的知识很自信，那你可以告诉对方，下次再有这类他感兴趣的投资项目需要你提供知识上的帮助时,欢迎随时给你打电话交流。跟投资人保持密切联系，说不定哪一天你的项目需要融资，就会有帮助。

## 在风险降低或升值潜力增大时融资

最理想的融资时间是什么时候？肯定不是在你手头没钱的时候。那个时候，你已经没有信用，也没有谈判筹码了。当然也不是在你能够预见到钱快用完的时候。

最好的融资时机是，你已经大大降低了公司的风险，或是增大了公司的升值潜力，投资者如果在这个时候向你投资，一方面风险比较低，另一方面收益也比较高。投资者不会轻易相信，如果是在你能接受的估值下投资你，他将来还能得到很高的回报。降低投资风险、提高升值潜力，都会让你与投资者有更多的合作基础。这样，你们双方也更容易达成共识。

创意—样品—用户—收入—净现金流，五个环节。你每通过一个环节，投资者的风险就能降低一些：净现金流消除了关于营收的风险，营收消除了关于客户的风险，客户消除了关于原型是否成功（或是否满足客户需求）的风险，能够运转的原型消除了创意能否成功付诸实践的风险。

这一切该如何转化为一种融资战略呢？

## 建立投资人对你的信心

在你的业务到达一个重要节点（风险降低和/或升值潜力增加的节点）之前启动融资，在达成重要节点之后完成融资。启动融资与完成融资的时间最好不超过几个月。在这期间，你的潜在投资人能看到你的执行力。

例如，在跟投资人初次见面时，你会展示客户需求、你和联合创始人的 STARS、你的方案、你的竞争对手以及你的优势所在。你还可能宣称你将在 90~120 天内达到这些具有标志性意义的指标：10 万下载量、1 万日活跃用户及每个季度营收 10 万美元，或者签下一个代理商、一纸市场准入协议。在随后的会谈中，你会向投资人证明你已经完成了原先承诺的那些指标。这就开始建立潜在客户对你的信心了。

在那个“具有里程碑意义”的时间点上，你的数据变现越理想，投资者就越信任你。显而易见的是，当你向投资者宣称你能取得某种成绩时，你会希望自己显得更自信。但这种“打包票”也是一把双刃剑：如果不能达成目标，还不如当初不要许诺。

这种方法有两种益处：你的融资是在降低了潜在投资者的投资风险、提高了他们的投资回报率的时候；在潜在投资人还未成为实际投资人时，你已经与他们建立了关系，具有了良好的业绩记录。

如果你处在投资人都知道你并且对你充满信心的罕见地位时，你也许只需关注第一项收益就可以了。即便如此，也不要对自己的过往业绩想当然。你应该意识到，在融资期间，公司的业绩和你个人的表现都会成为整体业绩中最受关注的一部分。

## 你应该融资多少

在融资之前，你就可以用我们在本章开头提到的那三种方法获得足够的资金，并在此基础上取得几个“具有里程碑意义”的指标。那么问题来了，你应该在哪个具有里程碑意义的时间点上开始融资？融资多少合适呢？

融资的时机和步伐取决于机会的大小以及公司的成长速度。机会大、成长速度快意味着你的公司可以发展更迅速,因此也需要更多融资。相反，如果你的公司机会比较小，成长速度比较慢，那它就不需要多少钱。

想一想下一个里程碑是什么。可能是公司发展的下一个阶段——原型、客户、收入、净现金流，也可能是下一个要满足的客户需求。你的融资金额及时机取决于下面三个因素，每个因素又包含一种特殊类型的不确定性。

- 到达下一个“里程碑”所需要的时间和金额取决于你自己的组织。尽管有不确定性，但这是这三个因素中最容易评估的。
- 到达下一个“里程碑”时，你的公司估值会增加多少。这需要收集一些可比较的情报（比如具有可比性的公司通过融资、并购或 IPO，价值增长了多少）。
- 在此期间，你的竞争力提高了多少。这需要评估你的竞争对手。

关于第 3 点，你越是与竞争对手不同，就越不必担心；关于第 2 点，竞争对手跟你的相关性越弱，你对自己公司最初估值的难度就越大；关于第 1 点，你对公司越关注，越能确定这一时间和金额。

## 设身处地地为投资人想一想

如果你购买了苹果或谷歌这种比较成熟的公司的股票，你就不会指望你的那点投资能够对推动整个公司的成功做出多少贡献。相反，你相信，无论投资与否，这家公司都会很成功，你只是想参与它的成功罢了。我们假定潜在投资者在投资你的公司时也有这样的想法。

除了你的商业计划听上去漂亮与否，你的团队能力、机会的大小等，让投资人认为你和你的公司“似乎已经很成功”的还包括以下几个因素：在创办这家公司之前，你取得了多少成就；在创办这家公司之后，你取得了多少成就（例如组建团队、开发原型、获取早期客户等）；在融资期间，你的公司取得了多大进步；还有谁打算投资和支持你的公司；你的热情、自信、毅力和远见。

不是所有的投资人都会有“似乎已经很成功”这种预期——一些投

资人有帮助你成功的准备——几乎所有投资人都会这么说，但如果你为自己设置了更高标准的话，你将在融资时取得更大的成功。

## 【模拟演练】

1. 在未来的 6 个月里，哪种形式的融资适合你的公司？如果是在接下来的 12 个月内呢？

2. 如果股权融资适合你，那么，降低风险、提高公司升值潜力的最好方法是什么？

## 【核心要点】

- 在时机成熟的时候去融资，你将在谈判中掌握主动权。并且，在那段时间内集中精力去融资，避免了来自其他事务的干扰，因而，融资也容易快速达成。
- 由亲朋好友的种子投资开始，开源节流，通过提供服务获取收入。
- 考虑包括众筹、债权、股权及可转换债券在内的各种融资方式的优劣势。
- 从现在就开始与投资人建立联系，尽管为时尚早。
- 如果股权融资比较适合你的业务，那么融资应选择在风险大幅度下降和升值潜力大幅度上升的那个时间点上。
- 假定投资者只有相信你的公司已经在通往成功的路上了，才会投资你的公司。

第24章

# 业务扩展（步骤10）

千里之行，始于足下。

——老子

## “可扩展性”的定义

世界上所有最伟大、最成功的公司，都是从小型创业公司起步的。苹果和谷歌最早是在车库里营业。麦当劳、沃尔玛和星巴克刚开始都只有一家店。脸书是在学生宿舍开始的。它们起步的时候只拥有一个客户（用户）。

要想让公司发展壮大，你就得有现金，而现金要么来自营业收入，要么来自融资。通过营业收入获得的现金越多，你对融资的需求就越小。“可扩展性”是指你的公司获得持续增长的现金流的能力。即每增加一美元投入，都会带来对应的现金收入的增加（参见图 24.1 的左侧图）。[1] 换一种说法，可扩展性也可以被界定为每一美元收入的增加，都会带来利润的增加（参见图 24.1 的右侧图）。[2] 无论如何，可扩展性衡量了当成本增加某个最小量时，你能服务的客户数量会增加多少，以及收入可以增加多少。

在图 24.1 中，深色部分的公司比浅色部分的公司的可扩展性更强，也更能吸引投资。

与可扩展性弱的公司（浅色部分）相比，可扩展性强的公司（深色部分）自动化水平更高、对人工劳动的需求更低——机器和计算机要比人更能应付工作量的大幅度增加。在可扩展性强的公司中，信息要素所占的比重也更高，无论是以知识产权——商业秘密、专利、商标、版权或软件——的形式，还是以关于客户、供应商、流程、市场、地理或技术的具体知识的形式。所有这一切都会给公司带来优势，也提升了那些包含这些要素却没有增加边际成本的产品和服务的价值。

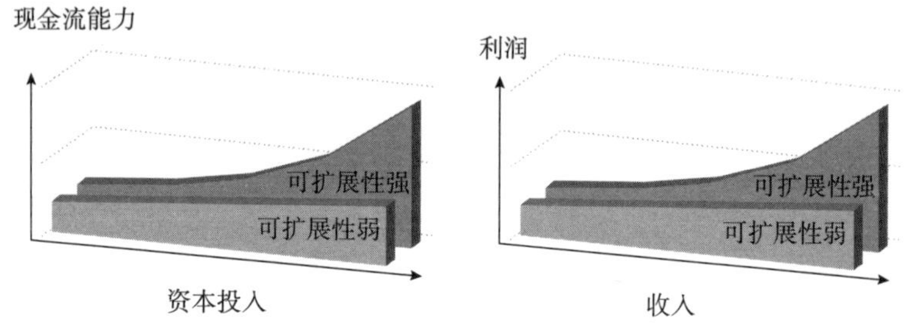


图 24.1 “可扩展性”的两种定义

SaaS（软件和软件及服务）类公司，尤其是像谷歌或脸书这种有客户自助服务功能和网络效应的互联网公司，是可扩展性最强的。对那些 SaaS 公司来说，用户规模增加 10 倍，不过就是增加几台服务器的事。

所有的业务都可以扩大规模。即便是你并没有想要成为“福布斯全球上市公司 2 000 强”中的一员，增加你的盈利能力、现金流和可扩展性都有这几项好处：帮助你的公司用更少的资金取得更快的增长和更高的销量；应对竞争对手或市场变化时，你有了更多的选择权；提升你在潜在投资者或并购者眼里的潜力。

所有伟大的事业，都是从不起眼的开始起步的。

——彼得·圣吉（Peter Senge）

## 提高可扩展性的两种方法

你可以通过以下方式提高公司的可扩展性：

- 改善你的经营业绩（执行力）。这意味着以更高效、更经济的方式管理好你的现有业务。
- 采用一个更有可扩展性的商业模式。这意味着满足相同或类似的客户需求，但并没有拘泥于你现在的业务流程。

现在，我们各举 4 个例子来比较一下这两种方式（见表 21.4）。

表 24.1　提高可扩展性的方法比较

| 改善经营业绩 | 采用更有可扩展性的商业模式 |
| --- | --- |
| 订单和发票采用流水线作业 | 不再使用订单和发票；采用信用卡和借记卡 |
| 增加电话销售代表以获得更多的电话订单 | 让客户自己在线上下单 |
| 技术支持员工每小时处理更多的询问和案例 | 激励、识别和认证互相支持的客户 |
| 向稽核员提供在线城市地图和 GPS 数据，以便更好地协调运载工具 | 与所有机动车辆共享上下车信息，让车队自行组织 |

改善经营业绩是一种追求“更好”的方式，采用更有可扩展性的模式是一种追求“不同”的方式。有的人可能会认为经营业绩没有商业模式重要，但对整体的可扩展性来说，两者都很重要（参见图 24.2）。

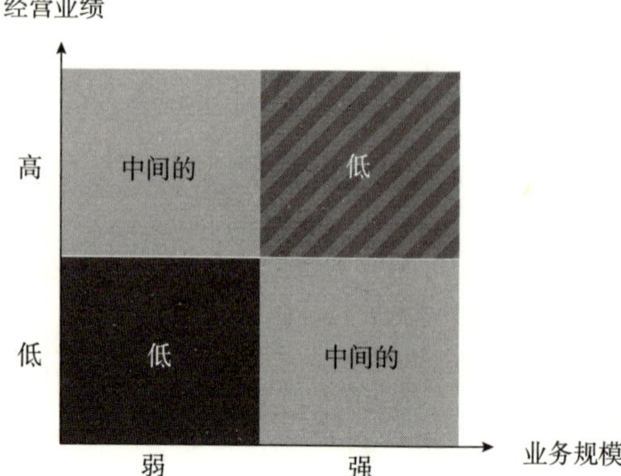


图 24.2　提高可扩展性取决于经营业绩和业务规模

## 改善经营业绩

经营业绩的每一次改善，都会提高你的增长潜力。绩效指标可以帮你衡量和管理经营业绩。这里是几个例子：

### 经营指标

- 回收应收账款平均所需天数：一家公司回收其应收账款平均所需天数。
- 退货率：产品售出后由于各种原因被退回的百分比。
- 库存周转率：在某一时间段内库存货物周转的次数。
- 毛利率：毛利（主营业务收入－主营业务成本）与销售收入（或营业收入）的百分比。
- 销售效率：每个账户每年的销售额。
- 主营业务利润：主营业务收入减去主营业务成本和主营业务税金及

附加费用所得的利润。

- 流动资金比率：企业流动资产与流动负债的比率。它是反映企业短期偿债能力的指标，说明企业资产的变现能力越强，短期偿债能力亦越强。
- 获客成本：指企业开发一个顾客所付出的成本（包括销售、市场、广告宣传等费用）。
- 客户满意度：通过客户接触点（例如网站、客户服务、帐户体验、安装、技术支持）和细分点（例如人口统计、科技消费学和消费心态学）得出的客户期望值与客户体验的匹配程度[3]；总体满意度：推荐意愿：净推荐值。
- 烧钱率（Burn Rate）：平均每月消耗的现金。
- 跑道（Runway）：现金余额除以平均每月消耗的现金数额，即一家企业用光其现有现金余额的时间。

如果你平均每月的现金收入或开支是 X 美元，那这个月的收入或开支有没有更多或更少一点呢？找出原因，你可以做得更好。如果你的会计或税收顾问也在其他公司兼职，或者你是本地 CEO 或创业者圆桌会议的成员，那么通过跟他们进行比较，你对自己的表现大概就心里有数了。表 24.2 提供了关于某些指标的几种提高经营业绩的方法。

表 24.2　改善指标的方法

| 所选的指标 | 可能的改善方法 |
| --- | --- |
| 销售效率 | 与客户签订长期合同，本期消费完成后自动续期，除非客户取消 |
| 应收账款 | ——为现款现结的客户打折<br>——接受信用卡和借记卡 |

续表

| 所选的指标 | 可能的改善方法 |
| --- | --- |
| 库存 | 通过以需定产来降低库存，收紧供应链管理 |
| 应付账款 | 超出预定费用限额时，根据团队成员资深程度进行审批 |
| 毛利率 | ——将非战略功能外包给成本更低的组织<br>——停止供应毛利率太低的产品<br>——涨价 |

在第 21 章“5 个定价原则”中，我们提到一个方案的“最佳价格”：价格太低意味着毛利率太低；价格太高则意味着需求不足。在任何一个极端，你的公司的净利润、现金流和可扩展性都会减少或受到限制。类似的是，一个既定的商业模式都有一个最优范围。如果你的公司不够精简，那你永远不可能有太多利润。而如果过度精简的话，你就会面临两种可能的风险：方案的质量打折扣或失去最有价值的员工。创业并不像在高速公路上畅通无阻那样简单，而更像是在一条狭窄陡峭的羊肠小道上小心翼翼地走夜路。测试、错误和经验都会帮你走向不断变化的最佳范围。

一旦你已经达到自己心目中那个用以管理当前业绩的“最佳指标范围”，你最好的机会便来临了。这个机会就是，如果可能，就采用一种更具备可扩展性的商业模式或流程。

## 采用一个更具备可扩展性的模式

### 通过资本性投入降低可变成本

通过厂房、机械、设备、自动化和 IT 等领域的资本性投入来提高生产效率或增加产能，对降低可变成本、增加毛利率与可扩展性至关重要。如果销量已经大到足以抵消更高的固定成本，那么你的业务就具备更强的可扩展性了。例如用自动化来取代人工劳动，或是提高人工劳动的效率；

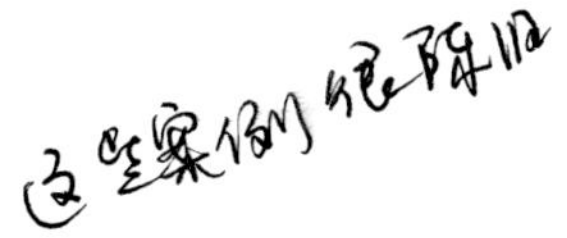

用 IT 系统在内部团队成员之间分享客户信息，或与客户分享产品和服务信息，使生产制程简单化，或加强客户的自助服务能力；通过开发软件，增加产品或解决方案的智能化水平。

2000 年前后，Customer Sat 为在线调查报告中每一个评级问题加入了一项统计分析。我们的研究顾问乔斯・维（Jose Ver）说，因为这个分析的加入，他每个月都能节省两天时间，从而有更多的时间为客户提供更有价值的分析和咨询。这便是用自动化来取代人工劳动或提高人工劳动效率的例子。

例如，在表 24.3 中，单位产品的净销售额是 10 美元。在进行自动化或市场推广方面的投资之前，可变成本为 8 美元 / 台、固定成本为 10 000 美元 / 季度，每季度的销量是 10 000 台，税后净利润为 8 000 美元。

表 24.3　在增加自动化和市场推广预算前后的收入对比

| | | 在自动化方面的投资（固定成本 50 000 元） | | |
|---|---|---|---|---|
| | | 之前 | | 之后 |
| | 之前 | 销售额：<br>10 美元 / 台 ×10 000 台 =100 000 美元<br>可变成本：<br>8 美元 / 台 ×10 000 台 =80 000 美元<br>毛利润：100 000–80 000=20 000 美元<br>固定成本：10 000 美元<br>经营利润：10 000 元<br>税收：20 00 美元<br>净利润：8 000 美元 | → | 销售额：<br>10 美元 / 台 ×10 000 台 =100 000 美元<br>可变成本：<br>4 美元 / 台 ×10 000 台 =40 000 美元<br>毛利润：100 000-40 000= 60 000 美元<br>固定成本：10 000+50 000=60 000 美元<br>经营利润：0<br>税收：0<br>净利润：0 |
| | | ↓ | | ↓ |

续表

| | | 在自动化方面的投资（固定成本 50 000 元） | | |
|---|---|---|---|---|
| | | 之前 | | 之后 |
| 市场开支（固定成本 10 000 美元） | 之后 | 销售额：<br>10 美元 / 台 ×20 000 台 =200 000 美元<br>可变成本：<br>8 美元 / 台 ×20 000 台 =160 000 美元<br>毛利：200 000−160 000=40 000 美元<br>固定成本：20 000 美元<br>经营利润：20 000 美元<br>税收：4 000 美元<br>净利润：16 000 美元 | → | 销售额：<br>10 美元 / 台 ×20 000 台 =200 000 美元<br>可变成本：<br>4 美元 / 台 ×20 000 台 =80 000 美元<br>毛利：200 000−80 000=120 000<br>固定成本：70 000<br>经营利润：50 000<br>税收：10 000 美元<br>净利润：40 000 美元 |

假定你每个季度在自动化上投入 50 000 美元，可变成本随之降至 4 元 / 台。如果你每个季度只能卖 10 000 台，那么你的季度净利润将降至 0，这再次验证了资本性支出可能为任何企业带来风险。

但如果你每个季度在市场推广上投入了 10 000 美元（固定成本和风险都增加了），便可使销量翻一番，变成 10 000 台。在没有实现自动化的情况下，你的税后净利润从 8 000 美元增长至 16 000 美元。你的税后毛利率则依旧维持在 8% 不变。相反，在自动化和市场投入都增加的情况下，你的税后净利润和税后毛利率将分别增加到 40 000 美元和 20%——是增加了市场投入但没实现自动化时的 2.5 倍，是最初净利润的 5 倍。

当然，只有当市场需求足够大的时候，你通过投资进行扩张才是值得的。如果你的业务即使找遍全球也只有 10 000 名个人客户，那么通过扩大产能来“服务更多的人”就不会让你捞着什么好处。

## 改造你的业务，使其具备可扩展性

在 1993 年全球的畅销商业著作《再造企业——工商业革命宣言》（*Reengineering the Corporation: A Manifesto for Business Revolution*）中，作者迈克尔·汉默（Michael Hammer）和詹姆斯·钱皮（Jim Champy）向经理人提出了如下建议：

- 业务分析不能局限于部门内，还应该跨部门进行；
- 不要盯着旧流程不变，勇敢地改造它们；
- 将 IT 作为改造时的主要工具。

这本书提到的一个案例是 IBM 信用公司（IBM Credit Corporation），这家公司原来运作某个财务项目需要一周时间。项目由四组专家来运作，每一组专家负责不同的环节，他们对该项应用做重复劳动。在对这个过程做了一番分析后，IBM 信用公司用一些通才替换了这些专才，每个人都负责从头到尾的全过程，并辅以 IT 支持。这就是一种流程再造。

新流程的最大好处是过去分散地掌握在各组专家手里的信息被集中在一个新的 IT 系统里，这让担任新角色的每一个个体都能发挥得更好，也减少了浪费。结果，IBM 信用公司将周转时间从一周减少到了四个小时。这些变化不仅提高了客户满意度，还缩短了导入新客户的时间，使新客户第一次支付的时间提前，同时增加了现金流。这些变化使 IBM 信用公司能够在员工数量不变的前提下满足更多客户需求，从而增加了可扩展性。

《再造企业——工商业革命宣言》写于互联网的商业应用普及之前，

并且，这本书也没有把可扩展性当做重点。但不管怎么说，尽管二三十年过去了，书里提到的理念和方法，仍然与可扩展性有关。今天，科技的进步速度比以往都快。因此，定期检查你的业务流程及其对最新的IT技术的应用水平，比以往任何时候都更加重要。任何一个超过5年没有改变过的业务流程，使用的可能都是已经过时的技术。

表24.4展示了互联网、数控机器和无人驾驶汽车三个可以通过利用现有技术再造变得更有可扩展性的例子。

表24.4　利用技术来扩张

| 客户需求 | 商业模式<br>可扩展性弱 ——→ 可扩展性强 | | |
|---|---|---|---|
| 约会 | 你的“职业配对师”通过与客户电话沟通或面谈来了解客户的大概情况；提出配对建议 | 客户通过在线资料来暗示自己喜欢或不喜欢；在资料完整基础上的系统配对 | 你可以访问用户的脸书或领英主页，自动抓取数据然后推荐“可能合适的人”给用户 |
| 定制家具 | 熟练的工匠根据客户提供的规格进行手工制作 | 客户在线设计适合自己风格、与空间相匹配的家具；零件通过数控工具自动加工而成 | 客户上传自己喜欢的家具的尺寸和照片；你设计出适合客户需求的产品；客户确认你的设计；机器加工出最终版的产品 |
| 快递服务 | 物流车队 | 与私家车车主签约，让他们成为合作伙伴 | 通过无人驾驶汽车收货、送货 |

## 特许经营

如果你的业务满足这样几个条件，即目前处于盈利状态，拥有一个能赢得客户忠诚度和拥护的商标或品牌，使用标准化、可复制、可训练的流程，那么它就有可能通过特许加盟的方式来扩张。作为一个特许权拥有人，你以很高效的方式将自己的商业模式和品牌授权给其他企业使用。加盟商负责房租、装修和员工工资等方面的投入，并承担相关风险；你根据门店的收入状况提取特许使用费。通过这种方式，你可以用较少的资金投入来扩大业务规模（一般是在地域上的扩张）。麦当劳和星巴克就是通过特许加盟的方式快速扩张到全球的。

除了快餐店和咖啡店，可以通过特许加盟的方式快速扩张的还有以下几种类型的业务：会计服务、广告和市场推广、汽车维修、汽车租赁、证券经纪人、地毯清洗、地产经纪人、化妆、健身房、理发、家居装修、酒店、税务筹划等。

在第 5 章“大处着眼，小处着手”中，我们提到 6SensorLabs 公司的创始人希琳·耶茨如何在早期阶段通过再造商业模式来提高可扩展性。希琳意识到通过搭建一个遍布全世界的面包供应链来服务数百万腹腔疾病患者的成本实在太高，即便通过特许加盟的方式，成本依然很高。所以，她跟联合创始人开发了一款很简单的、让任何人都可以测试食物谷蛋白的便携式设备。这款设备的成本远低于其价值，并且重量很轻，因此，可以被卖到世界的任何一个角落。所以说，这是一个很容易扩张的业务模式。

或许有一天，6SensorLabs 会将自己的技术和设计许可授予其他医疗设备制造商，除此之外，还允许支付过一定费用的客户在网站下载设备的规格，然后当地通过 3D 打印来完成。如果能做到这一步，6SensorLabs 就更具备可扩展性了。就像在今天选择纸质书或是电子书一样，在未来，选择直接购买硬件，或是购买软件然后自己去打印，客户将拥有越来越大的自主权。

## 【模拟演练】

1. 无论你的团队由几个人组成，哪怕只有你一个人，目前所承担的任务有哪些可以委托给其他人或外包给其他公司？有哪些任务是可以通过自动化方式完成的？有没有一个客户自助服务平台？

2. 对你的业务流程进行图解，展示一下各个环节。再列举一下，从初次接触客户到最后交付方案，一共有多少可能的路径，然后按照价值从高到低来排序。哪条路径或步骤可以省略？哪些可以实现自动化？哪些可以外包？

3. 有哪些业务或产业普遍没有采取特许加盟的方式？其中的障碍是什么？能否通过应用新技术消除这些障碍？

## 【核心要点】

- 可扩展性意味着你的公司每增加一美元的投入都会带来现金流的增加。同时，每增加一美元销售收入，也都伴随着利润的增加。
- 通常，那些可扩展性更强的业务，一般也都有更高的自动化水平、更高的信息密集性。
- 提高可扩展性的两种方式：改善经营业绩，采用更具备可扩展性的商业模式。
- 资本性投入对降低你的可变成本、提高毛利率及可扩展性至为关键。
- 采用 IT 技术来再造业务流程，提高其可扩展性。
- 特许加盟可以降低你的扩张成本。

第 25 章

# 创业伦理：让世界更多正和博弈与丰富性

与援助相比，投资能帮助更多的人脱贫。

——波诺（Bono，U 2 乐队主唱）

道德通常是指一个人诚实、值得尊敬、守法、富有同理心、关怀他人。如果从这个角度理解，创业者的道德水平并不比其他领域的人高，也不比他们低。尽管如此，基于一个完全不同的原因，我还是确信创业者有一套独特的道德标准。创业者在那些原先只有零和博弈和负和博弈的领域不停地创造一种新的“正和机会”。这会让每一个人都过得更好。

## 什么是零和博弈、负和博弈及正和博弈

零和博弈意味着，在一次交易和互动中，一方所得恰恰等于另一方或其他各方的所失之和。这支球队赢了，另一支球队就输了；这个赌徒赢了，别的赌徒就输了。[1] 蛋糕的大小是固定的：你要分得更多的唯一方法就是让别人分得更少。相反，正和博弈意味着所有参与方的处境都变得更好；因为有新的价值被创造出来，蛋糕变大了。负和博弈则意味着大多数参与方的处境都变得更糟糕了——价值被毁灭，蛋糕变小了。战争通常都是负和博弈，因为它给双方都造成了人员伤亡、武器消耗、财产损毁和混乱。

正和博弈往往并不那么显而易见，比如：

- 任何基于自愿的贸易、采购或销售，如果交易不是正和博弈，那参与方就没有动机来完成这笔交易。
- 富有成效的合作，比如你跟联合创始人的合作（例如第 12 章）。
- 两个人之间温暖、友爱或相互支持的关系。
- 如果过于关注排名的话，很多竞赛往往是零和博弈。因为，你的排名上升了，别人的排名就下降了。不过，如果排名下降的一方不计较输赢，而是很享受这个过程，并且也认为通过竞赛，自己变得更强的话，那么这场竞赛就是一次正和博弈。因为，所有参与方的处境都变好了。

像美国超级碗大赛和世界职业棒球大赛这样的零和博弈，吸引着数百万观众的注意力，像战争那样的负和博弈也总是能成为国际新闻。而正和博弈，尽管在数量上会更多，人类的天性也趋向于此，但很少上新闻头条。抢走我们的注意力的是冲突，而不是合作。正和博弈需要的两个条件是：双方通过沟通对交易达成共识；彼此信任，也就是相信对方会诚实履约。没有了承诺和信任，则正和博弈要么不会发生，要么变成零和博弈或负和博弈。

## “亚当·斯密法则”

也许，一次正和博弈带给我们的互惠回报是微不足道的，但如果把地球上数十亿人在几个世纪以来进行的正和博弈叠加在一起，会极大地提高全体人类的福利。[2] 250 年前，经济学的鼻祖亚当·斯密提出了保持这种进步所需要的 5 个条件：[3]

- 自由贸易：确保交易可以发生。
- 监管宽松：确保交易可以发生。
- 低税收：税收不会扼杀正和博弈的积极性。
- 对私有财产的保护：激励人们通过投资或者同别人进行贸易来使自己的财产增值。
- 健全的货币制度：使参与方清楚投入与所得。[4]

我将上述 5 条统称为"亚当·斯密法则"。[5]亚当·斯密没有说过"正反馈池"——他用了"看不见的手"这个表述，但正和博弈的各参与方之间确实存在这种正反馈池。

图 25.1　亚当·斯密（1723—1990）

## 企业家精神与正和博弈

良好的创业精神，就是在自愿的基础上进行一系列正和博弈。没有谁必须要买一家创业公司的产品或服务。恰恰相反，大家都可以找出成百上千个从那些已经声誉卓著的商家处购买产品和服务的理由。为了达成跟客户的第一单交易，你必须下苦功夫为客户提供价值，并满足他们的需求。想要促成第二单交易，你必须先确保客户已经对你很满意了。如果你不能持续地使客户满意，他们可能就另寻他处了。

正和博弈并不单单发生在你和客户之间。招聘新人并培训他们的成本，要比留住现有成员的成本高很多倍。因此，你必须持续地在团队成员之间创造双赢，这样，他们才愿意留下来。否则，他们将前往别处。

供应商、投资者和潜在的合作伙伴不是必须要跟你做生意。如果你希望自己能成为一个成功的企业家，你就必须跟所有的利益相关者一起创造正和博弈。

大多数人每天都会参与一些正和博弈，这很好，但企业家走得更远——他们创造一些能满足新的客户需求的新方案。这就让这个世界变得更加互惠，为每个人带来了更多的机会。为了搞清楚这种正和博弈是怎样发生的，让我们看看数百万年前的原始人或 50 年前的动画片中使用打火石的原始人吧。

## 原始人经济

想象一下，在一个经济体中，只有三个参与交易的人——威尔玛（Wilma）、巴尼（Barney）和迪努（Dino），并且只有一种产品——肉。这个单维经济结构（参见图 26.2 左上）只能满足人类的一种需求——填饱肚子。那个年代很冷酷，每个人都缺乏工具，猎食野生动物是有限的生存方式之一。由于缺乏其他产品，他们能拿出来交易的只有肉——用自己今天剩余的肉从别人那里换取明天的肉。那时候，经常有人企图偷盗其他狩猎者的肉，这就会引发争斗。在争斗中每次都会有人受伤，甚至会被打死，这就变成负和博弈了。

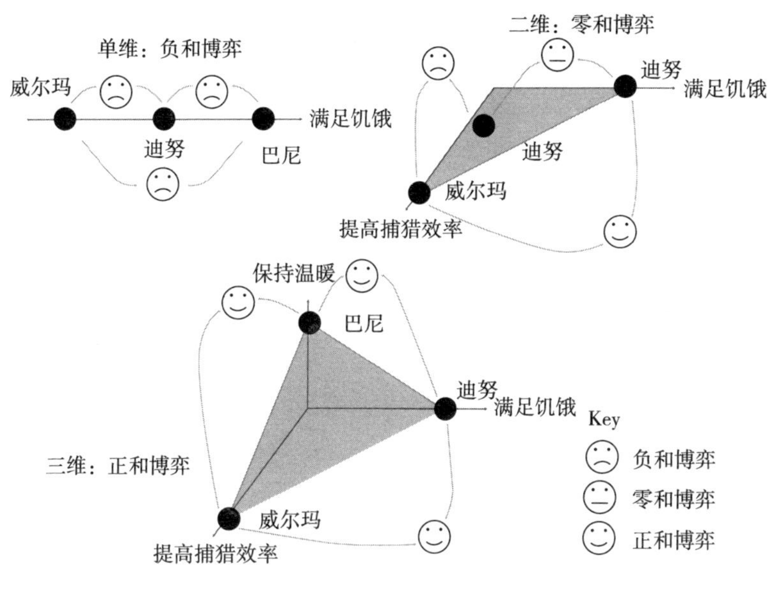


图 25.2　原始人经济

当威尔玛发明了一个用来诱捕小动物的陷阱的时候，经济结构就从单维扩展为二维了（参见图 25.2 右上）。这个结构能满足人类的两种需求：填饱肚子与提高捕猎效率。现在，这三个人都多了一些选择权：每个人都可以捕猎、铺设陷阱、交换肉、交换铺设的陷阱，或者兼而有之。

如果威尔玛对铺设陷阱感兴趣，迪努对捕猎感兴趣，那么他们两个都可以在各自的领域里进行专业化发展，然后再做交换，这就是一个正和博弈。即便不进行专业化发展和贸易，他们仍然有更多的自由将自己更偏好的两项活动结合起来。他们的谋生选择权在增加。如果巴尼没有参与做陷阱或捕猎，他可能仍然坚持跟迪努和威尔玛做零和或负和博弈。这样，他们三个人的世界算不上非常互惠，但毕竟，负和博弈要弱得多了。

现在，我们假定巴尼发现了取火的方法，这就可以满足人类的第三个需求——取暖。于是，经济结构就扩展到了三维（见图 25.2 下），这给每个人都带来比以往更多的选择权——每个人都可以捕猎、铺设陷阱、取火、拿自己的专长跟别人交换，或者将两个以上的选项结合起来。

如果三人都对其中一项技术特别有热情，那么他们就可以在这个领域内进行专业化发展，比如，威尔玛铺设陷阱，巴尼取火，迪努捕猎，然后，他们再拿自己的产品和服务去跟别人交换。即便他们都没有做到专业化，每个人都做其中的两项以上，与单维结构和二维结构的情况相比，他们仍然有更多的自由来追求自己更喜欢做的事情。仅仅凭借一个小小的创新，巴尼就为每个人提供了更多的生存选择权。并且，经济结构中的每个维度都让参与者避免了直接竞争，参与到更多的正和博弈中。

而现在，人类所创造的产品和服务的种类已经从以前的三种（肉、陷阱、火）增加到 500 亿 [6] 种以上，这要比生活在地球上的人口总量多很多。想象一下人类的需求空间并不是三维而是数十亿维度是怎样一种情形吧。[7] 这些维度结合在一起，为今天地球上的 70 亿人口提供了数以万亿计的生存选择权，也满足了我们个人的成就感。

尽管产品和服务的种类已经很庞大了，但每当某个企业家推出一种新的产品或一项新的服务的时候，它还是会给这个领域增加一个新的维度。

## 丰富和稀缺

我们都很熟悉的马斯洛（Maslow）需求层次理论（图 25.3）将人类的需求从最基本的生理需求（食物、衣服和安全感）堆叠至更高级的需求（归属感、爱、认同感、尊重、自我实现）。[8] 正如我们已经看到的那样，经济结构中的维度越多，我们就越有能力在不牺牲低阶需求的情况下满足自己的高阶需求。我们称之为丰富性。相反，如果人们必须通过放弃一些高阶需求来保证低阶需求得到优先满足，我们称之为稀缺性。[9]

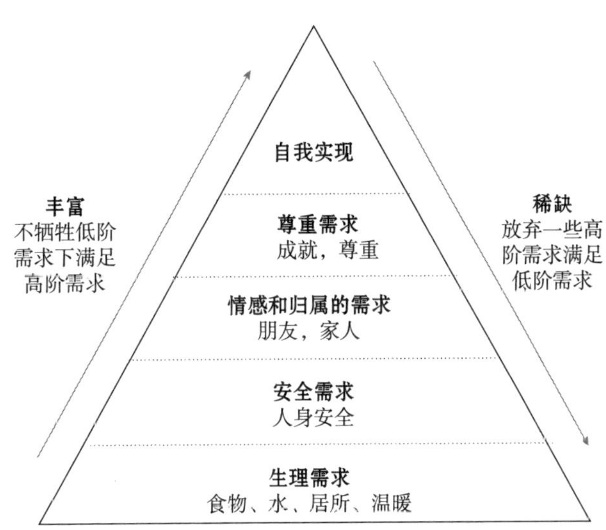


图 25.3　马斯洛需求层次中的丰富和稀缺

当企业家能够在“亚当·斯密法则”的指导下生活和工作足够长的时间，能满足越来越多的人类需求的时候，丰富性就会增加。在早期，丰富性意味着不必拿食物去交换来取暖。而在今天，丰富性主要体现在我们拥有数十亿之多的选择权和前所未有的机会。比如，考虑下面 4 种情况：

- 视频：有涵盖了娱乐、教育、培训、新闻和体育的 1 200 亿个视频可供选择。
- 医疗设备：在全世界，共有超过 50 万种医疗设备。[10]
- 音乐：数百种流行音乐。[11]
- 娱乐消遣：9 种捕鱼方式、8 种皮划艇、7 种剑术……

当越来越多的人可以既不牺牲自己的基本需求，又能从这些不断增长的选择中受益时，这就是丰富性了。

相反，如果你今天必须通过放弃时尚服装（高阶需求）才能得到在家里的安全感（低阶需求），通过放弃一辆新车（高阶需求）为孩子支付中等教育的学费（低阶需求），浪费了宝贵的几个小时（低阶需求）去排队，仅仅为了买到半罐燃气（低阶需求），这就是稀缺性。

1971—1974 年，尼克松政府施行的工资和价格管制使美国在近几十年来面临了最严重的匮乏。除了必须排队好几个小时才能买到半罐燃气之外，鸡肉和牛排这样的主食也遇到了全国性的短缺。为了跟价格相匹配，从木材到口香糖等各种产品的质量等都降低了。这次物价控制加剧了短缺，并且没能遏制通胀。

诚然，美国人民在尼克松时代所遭受的贫困跟非洲、拉美和亚洲地区居民所遭受的贫穷没有可比性。但很多早在当时就存在的稀缺性问题，在今天仍然很普遍，比如食物、自然资源、能源、干净的水、医疗。而这些短缺本来是可以避免的。

以食物为例，在 1870 年，美国 3 800 万总人口的 70%~80% 都在从事农业，而到了 2008 年，尽管我们所供养的人口是当时的 10 倍，可只有不到 2% 的人口在从事农业。[12] 是那些在过去几十年一直在“亚当·斯密法则”下生活和工作并做出或大或小的创新的数不胜数的企业家，使这一切成为可能。那为什么居住在非洲、拉丁美洲和亚洲部分地区的人仍然在挨饿呢？在任何一个国家或任何一片大陆上，看看“亚当·斯密法则”中有几条被遵守了。在尼克松进行工资和价格管制的短缺时代，美国至少放弃了其中的三条原则。

除食物之外，自然资源也常常被视为是稀缺的。在 1980 年，《终极资源》（*Ultimate Resource*）的作者朱丽亚·西蒙（Julian Simon）和《人口爆炸》（*The Population Bomb*）的作者保罗·埃尔利希（Paul Ehrlich）设了个很有名的赌局。这两位公众人物赌的是铜、铬、镍、锡、钨 5 种金属在 1980—1990 年的价格变化，赌博的标的物和时间段都是由埃尔利希定下的。当这几种金属的供应商都所剩无几的时候，埃尔利希很有信心，它们的价格会上升。然而，真实的情况却与此相反。由于科技的进步和光学纤维、塑胶等替代品的出现，这些金属的价格都下降了。在这里，企业家精神和“亚当·斯密法则”再次起作用了。西蒙赢得了赌局。[13]

有人说，丰富性毁坏了环境，但这是不符合事实的。西半球最穷的国家海地（Haiti），跟它的富裕邻居多明尼加共和国（Dominican Republic）共享着加勒比海（Caribbean）上的伊斯帕尼奥拉岛（Hispaniola）。海地的人均 GDP 为 1 300 美元，而多明尼加的人均 GDP 却高达 9 700 美元。[14] 然而，在多明尼加一侧，植被保存完好，而在海地一侧，植被破坏很严重。据《纽约时报》（*New York Times*）报道，海地因为破坏性的使用方式失去了 98% 的森林，比如，用作烧饭的柴火。[15] 而多明尼加共和国已经足够富裕，他们用天然气做饭。这样，森林就被保护起来了。可悲的是，如今，海地的柴火偷猎者正在多明尼加的森林里搞破坏。

一个事物越昂贵，我们就必须放弃更多其他的东西才能换得对它的拥有（稀缺性）。相反，这个事物越便宜，我们为了得到它需要放弃的就越少（丰富性）。我在麻省理工学院的同班同学和美国前财长拉里·萨默斯（Larry Summers）注意到，在过去10年里，几乎所有“不受政治影响”的产品和服务（例如电视、洗衣机、软件、计算机、财务会计、律师等）的成本都下降了。相反，那些“受政治影响”的产品和服务，例如医疗、食品和教育的成本则上升了。当政治开始凌驾于“亚当·斯密法则”之上的时候，资源就变稀缺了。因此，也会变得更贵。结果，企业家精神被抑制了。

## 合乎道德的企业家、领袖和机构

在这里，我对道德做个重新定义：那些将某种关系、共同体或世界从零和博弈引向正和博弈的，就是道德的。相反，将正和博弈引向零和博弈的，就是不道德的。（如图25.4所示）

这个定义并不全面，以至于关于道德的非常重要的方面经常被忽略。它提供的指南很宽泛，像一个指南针，而不是一个导航地图。从零和博弈转向正和博弈的例子有：推进自由和自由贸易；确立、实施和巩固财产权；减少那些无法保护生命和财产权的限制因素；共享那些有助于减少限制和稀缺性的知识；发现和识别别人身上的优点；兑现你对别人的承诺，建立信任感；创新。

有了这些定义，你现在大概明白我为什么称企业家是一个独特的道德群体了吧？他们创造新方案来满足新的客户需求，他们让这个世界更加

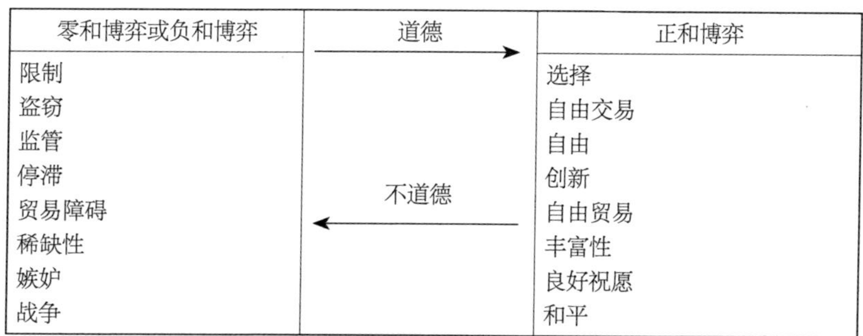


图 25.4　零和博弈、负和博弈与正和博弈

互惠，他们创造丰富性、减少稀缺性。让我们来看一下下面这两个例子，企业家通过减少限制将零和博弈和稀缺性变成了正和博弈和丰富性：线上共享或租赁，以 Airbnb、Uber 为代表的共享经济终止了购买或完全占有某个东西的需求；将商品和服务从实体的转化成虚拟的。

有形商品，通常在同一个时间里只能供一个人或同一组人使用，如果把他们转化为在线提供的虚拟商品或服务，就能供许多消费者同时使用了。

结果，任何地方的消费者都能买得起这些产品或服务了（表 25.1）。甚至，有的时候还是免费的。这一切，都增加了这个世界的丰富性。

随着公司团队规模的扩大，你最重要的工作就变成了建立和维持一个正和互惠的组织。这个组织要在你的团队成员、客户和你的股东、你自己之间创造双赢乃至多赢。通常，正和的环境允许团队成员展现个性、合作、变得优秀，这就很容易吸引并留住优秀人才。而当正和合作让位于零和斗争时，这个组织就离溃败不远了。帮助别的团队或组织明白正和的潜力，是你发现这个潜力的第一步。[16]

表 25.1　从稀缺性（零和）到丰富性（正和）

| 信息 | 城市和大学图书馆 | | → 家庭百科全书 | → - 谷歌搜索引擎<br>- 维基百科 |
|---|---|---|---|---|
| 交流 | ——邮件<br>——面对面会谈 | → 长途电话 | → 免费文字或语音通话 | → 免费长途视频电话 |
| 娱乐 | 剧场电影 | | → 通过邮件传输的 DVD 电影 | → 按实际需求下载的电影 |
| 交通 | 固定的路线和提前安排好的车辆 | | → 灵活和智能的共享车辆 | → 无人驾驶出租车和卡车 |
| 高等教育 | 学费、校园和住宅建筑 | | → 免费在线课程 | |
| 医疗 | 人类医生；昂贵、自上而下的临床试验；专利药品 | | → 医生或专家通过视频完成诊断<br>3D 打印开源药品 | |

研究型大学麻省理工学院，在某种意义上是个正和博弈，而在另一种意义上是零和博弈。自 1861 年建校以来，麻省理工学院在航天、建筑、航空、通信、生物、化学、计算机、电子商务、电子、能源、金融、材料、医药、机器人、交通等领域的研究和开发极大地推动了人类知识的增长，并推动了数千个公司的诞生，它还界定和满足了人类在很多新维度上的需求。与此同时，跟其他精英大学一样，麻省理工学院每年的新生人数严格限制在 1 050 人左右，然而，申请者的数量却是它的 17 倍。这意味着，平均每一个被录取的学生背后，都有 16 个人被拒绝。

不过，麻省理工学院正在将教育从零和博弈转型成正和博弈。从 2002 年开始，麻省理工学院的大多数课程都搬到线上了，任何人都可以免费学习这些公开课。在 2011 年，麻省理工学院决定将所有课程在互联网上开放。[17]2012 年，当 MITx 上的第一堂课“电路与电子”开课时，共有超过 15 万人注册，最终通过这门课程的考试的人超过 7 000 人，这跟麻省理工学院在过去 40 年里通过这门课程的考试的人数总量差不多。在

2012 年晚些时候，麻省理工学院通过与哈佛大学合作并形成 edX，对自己的课程做了进一步扩展。如今，edX 只是其中一个免费在线课程资源，其他的还包括可汗学院、Coursera 等。这些举措合乎我对道德的定义。这样一来，要享受高质量的教育，已经不再需要通过资格考试和缴纳数千美元的学费了。相反，现在最需要的是你的主动性、自律、坚持等。

要确定工作或其他活动是正和博弈的还是零和博弈的，其实是很难的。先考虑下面几项法律服务吧。

有的律师是对社会有益的：他们帮助起草和履行合同、解决争端、保护生命和财产。但也有太多的律师在怂恿零和博弈的立法。

如果律师的工作是帮一对要离婚的夫妇分割财产，那结果可能是零和博弈的（如果对律师费忽略不计的话），也可能是负和博弈的（如果扣掉律师费的话）。但如果一位律师努力将个人的律师费最小化，同时，在对财产进行配置时向更能发挥它的效益的一方倾斜、“将蛋糕做大”，这就是一个正和博弈。同时，如果另一方明显有失公平的行为或在谈判中缺乏诚信，那也许只有以“负和博弈”相威胁才能保护好客户的财产。

用某种强制的方式来解决争端，让各方没有寻找互惠方案的选择权，这就是很明显的负和博弈。但帮助养蜂人和附近的无花果栽培者实现庭外和解，并帮他们达成一个互惠型解决方案，这就是正和博弈的。[18]

实际上，也许没有哪一项成本 – 效益分析可以确定你是否让这个世界变得更加正和互惠。在某一时刻，只有你的良心可以告诉你答案。

## 不道德：将正和博弈变成负和博弈

把正和博弈的环境转变成零和博弈的环境的例子有：阻碍自由贸易；

游说官员或规则制定者以排挤竞争对手（贸易保护主义）；无视财产权或频繁对财产权进行重新定义，制造不确定性，挫伤投资积极性；激发恐惧或嫉妒；破坏信任与合作。

那些劝说官员或立法者以排挤竞争对手的企业家，肯定是不道德的。他们这么做，不仅使消费者和商家（客户一方）不能以最好的价格买到最能满足自己需求的产品和服务，而且，那些被禁止的商家也没法招揽客户了。两方都会有人受损，这便是负和博弈。所谓的“消费者安全”，只不过是他们为了打击对手所找的借口罢了。比如，传统的汽车经销商和生产商联合起来游说州立法者禁止特斯拉汽车（它不需要经过经销商的渠道）的销售；再比如，传统的出租车公司联合起来游说市议会禁止 Uber 和 Lyft 这样的网约车共享服务。

世界各地的专制者总是将社会上的一些群体与另一些群体对立起来，比如穆斯林、同性恋、黑人、亚洲人，拉丁美洲人等。专制者声称这些群体分走了原本不属于他们的那份蛋糕。专制者非常善于制造嫉妒心理，利用群众对稀缺性的认知，而这两点都成为了总统大选时专制者强有力的武器，他们会利用这种心理，承诺其他“对立”群体的选民，可以帮他们夺回应该属于他们的那份蛋糕。

但这样的零和政治最终只会让蛋糕越来越小，证据之一是委内瑞拉（Venezuela）已故总统乌戈·查韦斯（Hugo Chavez）。1999 年，他制定的 350 条宪法法规将石油和其他所有具有战略意义的产业国有化，轻视私有财产权；迫使人民互相告发；承诺国家不能维持的工资和退休福利，也因此吞噬了人民与国家之间的信任；宪法还赋予查韦斯控制国会、司法和中央银行的权力。短短 15 年后，委内瑞拉人民就已经开始排队领取救济品，如婴儿配方奶粉、面粉、牛奶和卫生纸（现在也严格配给）等必需品[19]。严重短缺使政府不得不派军队来护送国内的食品配送（包括鸡肉和洗衣粉的配送）车[20]。

委内瑞拉现任政府指责说，最近国内石油价格正是因为这些问题才不断下跌。但事实上，这些问题很多年前就已经出现了，而且影响的广度和深度远远不止油价下跌这么简单。哈佛大学教授史蒂文·平克（Steven Pinker）说："拥有大量不可再生、易于垄断的资源的国家经济增长更慢，而且暴力事件更多……因为（资源）将权力和财富集中在垄断它们的人手中，通常这个人是一个统治精英，有时可能是地区军阀。这样的领导者会变得痴迷于用摇钱树来对付竞争对手，并且没有动力去构建商业网络，但后者恰恰是一个社会取得长足进步的关键所在，同时也是国家领导者的义务所在。"[21]

## 让世界更加正和互惠

最后一个问题：大部分慈善基金的钱都是怎么来的？你可能已经猜到了：来自当下或之前的企业家。不赚钱的人很难成为慈善家。

乔布斯一度被指责为"不道德"，因为他参与慈善的积极性不高。对此，我坚决不同意。看看他通过 Macintosh（麦金塔电脑）、iPod、iPhone、iTunes 和 iPad 这些产品给全世界数百万人带来了多大的好处吧。办公、娱乐、教育、对孤寡老人的陪伴、提高业务的效率等。除此之外，苹果公司为超过 9 万名员工提供了全职工作，而它背后的供应商、制造商和开发者的员工规模，还要比这多十几倍。苹果公司的股票，是全世界最受欢迎的，它既是全球利润最高的公司，也是最有价值的公司。苹果公司的很多员工和投资者都变成了百万富翁。在人类历史上，很少有人在这方面的贡献超过乔布斯。是的，他让这个世界更加正和互惠。

你和我也能做同样的事。在这本书中，你自始至终都在做这样的事，这些都证明了你的激情和毅力。现在，开始吧，释放你内心的力量，去做吧。你行，你一定行的！祝你好运。

# 注 释

## 第 1 章　激情和毅力（步骤 1）：正反馈循环

1. 在周期性业务中，第四季度的收益下降这么厉害并不罕见，但是我们的盈利模式并没有很强的周期性，而且在过去多年，每季度都有约 20% 的增长，每年都翻倍。所以，尽管 20% 的降幅听上去不多，但实际上是很严重的。
2. Mihaly Csikszentmihalyi 的著作 *Flow* 让这个词流行起来了。心流中包括挑战、技能、目标和反馈。他将“心流”定义为这样一种体验：当一个人的技能足以应对某项挑战时，在实现目标的过程中，当事人能收到不断趋近目标的反馈。在这种情况下，当事人全神贯注，自我意识消失，时间仿佛静止。与此相关的还有 R.M. Ryan 和 E.L. Deci 的论文“Self-determination theory (SDT) and the facilitation ofintrinsic motivation, social development, and well-being”, *American Psychologist*，2000 Jan；55(1): 68–78。
3. 政府提供的服务由于远离市场竞争，往往在创新性、客户满意度和效率等方面蕴含着大量可改进的机会，但监管常常让这些改进障碍重重。
4. Cal Newport,“Follow a Career Passion?Let it Follow You”，Job Market Blog, New York Times，Sept. 29，2012，http://www.nytimes.com/2012/09/30/jobs/follow-a-career-passion-let-it-follow-you.html?_r=0.
5. Raman Kumar Jha, *A Short History of Grameen Bank*，Scribd,http://www.

scribd.com/doc/74392667/A-Short-History-of-Grameen-Bank#scribd.

6. 参见 Junkin Video, “Underwater Scuba Golf: Par with the Fishes” , Jan. 7, 2014, https://www.youtube.com/watch?v=PSM7T3wIQf8。

## 第 2 章　需求与优势是你唯一的需要：创业之路

1. 这个方法不仅可用于创业，而且能用于在现有业务中开发新产品、新服务、新流程，或者在现有产品和服务中增加新功能。

## 第 3 章　挖掘千万客户需求（步骤 2 和步骤 3）

1. 参见 “A computer network based conditional voting system” (www.google.com/ patents/US5400248), 这是我的第一个专利。它最终成为谷歌专利池的一部分，但据我所知，它还没有被应用到任何一款谷歌的产品中。
2. 参见 John Chisholm, “Decisive Survey for Windows”(1996), Nov. 10, 2013 , https://www.youtube.com/watch?v=PP4ht52_Lxo。
3. Steve Blank and Bob Dorf,*The Startup Owner's Manual: The Step-by-Step Guide for Building a Great Company* (K&S Ranch,2012),xxix.

## 第 4 章　别听客户的：发现他们的目的

1. 我们将在第 11 章讨论发明和应用技术的新技能。
2. 我之所以有信心这么说，是因为未得到满足的客户需求远远超过全世界的人口总数（大约 70 亿人）。

## 第 5 章　大处着眼，小处着手

1. 通过满足一小部分的客户需求来不断获得更大市场份额的“保龄球

模式”最早由 Geoffrey A. Moore 在 *Crossing the Chasm: Marketing and Selling High-Tech Products to Mainstream* Customers (HarperBusiness Essentials, 1991) 一书中阐述，从而广为传播。

## 第 6 章 未来在你的 STARS 中（步骤 4-1）

1. 鲁塞·康威尔（Russell Conwell，1843—1925), 美国费城（Philadelphia）天普大学（Temple University）的创始人和首任校长，他在 20 世纪初的演讲中让《钻石宝地》(*Acres of Diamonds*）中的故事家喻户晓。AmericanRhetoric.com 如今把这些故事列为美国最佳故事。
2. Stuart Anderson, “40 Percent of Fortune 500 Companies Founded by Immigrants or Their Children” ,*Forbes*, June 19，2011，www.forbes.com/sites/stuartanderson/2011/06/19/40-percent-of-fortune-500-companies-founded -by-immigrants-or-their-children/.
3. Sigrid Folkestad, “Entrepreneurs with Little Capital Are Most Successful” , *NHH Paraplyen*, March 15,2012, http://paraplyen.imaker.no/paraplyen/paraplyen_/ english_ve/english_ve/entreprene/.
4. CustomerSat 有两个很好的公司投资人，NICE Systems 和 J. D. Power and Associates，但没有风投介入。公司投资人通常对创业企业与自身现有业务的战略协同更感兴趣，而非关注创业企业的发展，因此往往不能像风投那样提供后续资金支持。当然，在互联网泡沫破裂的时候，风投也无力或不愿为很多已投资的企业提供更多资金。
5. 《创业家》(*Entrepreneur*) 杂志现在把哈佛商学院评为全球创业项目排名第一的商学院。参见 www.entrepreneur.com/slideshow/237323。

## 第 7 章　从内到外，实现心智的成长

1. “Randy Pausch’s Last Lecture”, Sept. 18,2007,http://www.cmu.edu/randyslecture/.
2. 四个创业公司中至少有一个成功的概率等于 100% 减去所有公司都失败的概率，即 1-（1-30%）（1-50%）（1-70%）（1-85%）=98.425%。
3. www.findagrave.com/cgi-bin/fg.cgi?page=pv&GRid=111931926&PIpi=81868608.

## 第 8 章　记住，你是一名技术主义者

1. 根据业务规则，当公司的高价值客户在调研中表示不满时，问题事项将被自动生成并分配给客户关系团队处理。这个名为“行为管理”的功能能够使客户调研形成业务闭环。

## 第 9 章　做得更好不如与众不同

1. 参见 Paul Cook 于 2012 年接受的采访。泰科国际 (Tyco International) 1999 年收购了瑞侃公司（Raychem）。

## 第 10 章　盘点你的资源（步骤 4-2）：还能满足哪些需求

1. HowStuffWorks.com.
2. “Incorrect Predictions” ,Wikiquote,last modified Feb. 27,2015,http://en.wikiquote.org/wiki/Incorrect_predictions.

## 第 11 章　老妈，快看！我在搞发明！——技术混搭和组合

1. 参见 Hyejin Youn et al., Invention as a Combinatorial Process: Evidence from

US Patents, June 2014。

2. 麻省理工学院数字商业研究中心主任 Erik Brynjolfsson 的访谈录。
3. NLP 是计算机科学、人工智能、语言学的交叉学科，主要涉及如何让计算机理解和处理（产生）人类（自然）语言。
4. 但有两点显著不同：一种技术可能有任意多个“父母”；该技术“出生”时，它的父母无须“活着”（正在被使用）。

## 第 12 章 1+1=3：选择联合创始人和团队成员

1. Dickey, Prabhjot Singh 与我从此共同创建了 Pyze,Inc.(www.pyze.com), 它是为 App 提供智能解决方案的供应商。
2. 或者业务合伙人。联合创始人在公司成立初期加入，业务合伙人可能在公司成立很久之后才加入，为公司提供资金而非直接参与运营，通过提供资源、经验、关系等来为公司创造价值。
3. Larry Reed, “The Deficit Americans Should Think Most About: Personal Character”, Jewish World Review, Dec.2, 2014, http://www.jewishworldreview.com/0611/character_deficit.php3#.VRCNcVrQmgE;Larry Reed, “Character: Nothing Is More Important”, *Atlanta Business Chronicle*, May 4, 2012, http: //www.bizjournals com/atlanta/print-edition/2012/05/04/character-nothing-is -more-important.html?page=all.
4. http://characterfirsteducation.com/c/about.php.
5. 大多数对品格的定义忽略了价值观（态度）和行为（表现）之间相互促进的作用，它们认为价值观影响了行为，但行为对价值观没有影响。例如，CharacterFirst.com 定义品格为“决定外在行为的内在价值观（态度）”，而 CharacterUnlimited.com 定义它为“承载价值观、伦理和道德的行为”。

6. 信任的另一重含义是，你能够预测一个人的行为（好的，坏的，中性的），不管他是怎么说的。例如，你可以确信（信任）他会如何穿衣打扮，会喝什么，会在某个特定时间来上班，积极还是消极，到你家是清醒还是醉醺醺。这种信任（可预测性）对任何企业来说都是有价值的，但没有我们在此章所说的那种信任价值大。
7. Naval Ravikant，“How to Pick a Co-Founder”，Venture Hacks, Nov. 12, 2009, http://venturehacks.com/articles/pick-cofounder.
8. 参见 Scott E. Page, *The Difference: How the Power of Diversity Creates Better Groups, Firms, Schools, and Societies* (Princeton University Press, 2007)。
9. Ibid。Page 也表示，生理的或身份的多样性的价值取决于大家对这种多样性的认知程度。
10. 这是“金发女孩效应”（Goldilocks Effect）的例子，指一个变量的最优值是两个极值的中间值。这个词源自童话故事“三只小熊”，一个金发女孩闯进了三只小熊的小木屋，尝了三碗粥，一碗太烫，一碗太凉，还有一碗“刚刚好”。

### 第 13 章　将需求与你的资源和激情相结合（步骤 5）

1. L. Pritchett &F. de Weijer，*Fragile States: Stuck in a Capability Trap? Background Paper to the World Development Report 2011*(World Bank,2010),http://siteresources. worldbank.org/EXTWDR2011/Resources/6406082-1283882418764/WDR _Background_Paper_Pritchett.pdf.
2. 例如，如果折扣从 10% 提升到 20%，客户点击的转化率会怎么变化？
3. 全方位数据（contextual data）提供了行为和态度的背景信息，可能包括人口统计资料（如年龄、性别、邮编）、技术信息（如手机类型、网络速度）和心理信息（如风险偏好、判断与感知的倾向性）。

## 第 14 章　俭朴的自由

1. 尼克的计数规则：不包括食品、卫生用品等日常消费品，不包括他太太克洛伊（Chloe）的物品；把经常捆绑销售的物品计为一件（如急救箱或一捆笔）。更多信息参见 www.nickwinter.net/things。
2. 这个简单的公式有很多假设，包括：你可以用变卖住房或生意的钱在此期间生活。它忽略了以下因素：投资利息收益、通胀、社保、任何未来可继承的财产以及卖掉资产后对你的年度支出的影响等。例如，卖掉住房可能会导致房租等新的支出。更详细的计算参见 http: //www.calcxml.com/calculators/i-am-retired-how-long-will-my-savings-last。
3. 计算的年数越多，该公式越低估真实的年数，因为公式忽略了你的储蓄和投资的利息收入。
4. 例如 , http://gosset.wharton.upenn.edu/mortality/perl/CalcForm.html。

## 第 15 章　缩小差距（步骤 6）：开发和获取 STARS 的 10 种方法

1. *The Perpetual Calendar of Inspiration* (Spirit, 2010)。
2. 除了发展和获得资源之外，提升匹配度（缩小差距）的另一种方法是精简或缩小客户需求，如第 5 章所说，这样一来，你已经拥有的资源就能更好地满足客户需求了。

## 第 16 章　避开竞争（步骤 7）

1. 皮尤研究中心“互联网与美国生活项目 2013 年春季跟踪调查”。

2. Dealer Text Solutions, "Mobile Statistics", http://www.dealertext.com/news /mobile_statistics.html。全部信息，包括传统的手机短信（SMS）和基于互联网的各种信息类 App, 如 WhatsApp, Facebook Messenger 和 iMessage ( 也被称为 over-the-top 或 OTT messaging apps, 它们本身也是一种 SMS), 每年增长率远超 100%。
3. Greg Bensinger, "Talking Less,Paying More for Voice", *Wall Street Journal*, updated June 5, 2012, http://online.wsj.com/news/articles/SB10001424052702304065704577426760861602618.

## 第 17 章　你的 STARS 在哪方面最突出：认清你的优势所在

1. 尽管这个例子中的供应商是真实的，但其中的评级数据是虚构的，仅用以例证我们的方法。由于这些供应商都已经有了一定的影响力，它们的资源包括它们的解决方案。
2. 你的优势不仅种类多样，而且重要性各不相同。如果你的服务包括提供完整电影和视频带宽，并且在伯利兹（Belize），视频带宽价格比在美国高，电影价格比在美国低，那么伯利兹的客户将更看重你的视频带宽业务，跟美国客户不同。
3. Suman Chowdhury, "Some Landmark Innovations of the 21st Century", *Brac*，Feb. 13，2014，http://learning.brac.net/index.php?option=com _ k2&view=item&id=507:some-landmark-innovations-of-the-21st-century.
4. Christine Erickson, "A Brief History of Text Messaging", *Mashable*, Sept.21, 2012, http://mashable.com/2012/09/21/text-messaging-history/。iPhone 于 2007 年上市。

## 第 18 章 合作、裁员与扩张

1. 他们不仅是你的客户，当你与他们联合开发和运营产品或定制解决方案时，他们也是你的伙伴。
2. 按需生产指的是，客户下订单时可自行决定尺寸，辅以 3D 打印、可重构机器人和制造系统的制造过程。按需生产减少了库存成本，也无须负担从工厂到仓库的运输成本。
3. 供应链管理（SCM）包括采购（寻找潜在供应商）、购买（谈判及购买）、物流（管理物资、服务、信息和资金流），广义上说，指的是一家公司与供应商和渠道合作伙伴之间的沟通协作。构成供应链的松散耦合的自组织业务网络有时被称为扩展的企业（*extended enterprise*）。更多信息请参阅供应链管理职业委员会（Council of Supply Chain Management Professionals）网站 http://cscmp.org。
4. 参见 Jeff Bercovici, “Amazon Vs. Book Publishers,By the Numbers”, *Forbes*, Feb.2,2014,http://www.forbes.com/sites/jeffbercovici/2014/02/10 /amazon-vs-book-publishers-by-the-numbers/。
5. 参见 Amy Dusto, “60% of U.S. Retail Sales Will Involve the Web by 2017”, *Internet Retailer*, Oct.30, 2013,https://www.internetretailer.com/2013/10/30/60-us-retail-sales will-involve-web-2017。
6. “网络效应”——其中更多的某种用户将吸引更多的互补型用户（例如信用卡用户和接受该信用卡的商户，电子设备用户和该设备的应用开发者，eBay 上的买家和卖家，相亲网站上的男人和女人，Uber 等打车软件上的司机和乘客）或者吸引更多的同类型用户（如 Apple FaceTime 的用户，或者 Facebook 上的朋友）——可以提高你的市场份额，增强你的整体竞争力。更多相关内容，请参见第 19 章。

7. 关于经济是一个复杂的自适应系统的更多内容，参见 Eric Beinhocker, *The Origin of Wealth* (Harvard Business School Press, 2006) 和 Brian Arthur, *Complexity and the Economy*(Oxford University Press,2015)。

**第 19 章　创造客户间的正反馈循环（网络效应）**

1. 我擅自做主，修订了达尔文的原文，使其更适和现代读者的阅读习惯。引文源于达尔文描述蚯蚓和植被之间的正反馈循环使牧场发展得更快的过程：更多蚯蚓→更多粪便→更多霉菌→更多沃土→更多植被→更多蚯蚓。*The Formation of Vegetable Mould, Through the Action of Worms, with Observations on their Habits* (1881)。
2. 衡量网络潜在价值的一个指标是其用户（N）两两配对的组合数，即 N（N–1）/2, 如果 N 的数值较大，则约等于 $N^2$ 。要想让网络的实际价值等于这个理论价值，则每个用户都要与其他用户有联系，且所有联系的价值都相同。由于往往只有部分用户直接和其他用户有直接联系，一些观点认为 NlogN 是衡量网络实际价值的更好的指标。当然，N（N –1）/2 也是第 11 章中 N 项技术的两两配对的组合数。大多数技术的组合没什么用，因此 NlogN 可能也更接近 N 项技术的实际组合价值。在任何情况下，网络的价值或技术组合增长的速度都远高于 N 的线性增长。更多内容参见 Bob Briscoe, Andrew Odlyzko 和 Ben- jamin Tilly, “Metcalfe’s Law Is Wrong”, *IEEE Spectrum*, Posted July 1, 2006, http://spectrum.ieee.org/computing/networks/metcalfes-law-is-wrong。梅特卡夫定律（Metcalfe’s Law）的名称来自以太网（Ethernet）联合发明人鲍勃·梅特卡夫（Bob Metcalfe）。我不赞同该文“梅特卡夫定律错了”的观点，因为网络的理论价值常常被误认为是实际价值。

3. FaceTime 实际上是双向网络的一部分。除了吸引更多的 FaceTime 用户（单向网络），FaceTime 也使 iPhone 的 iOS 系统对软件开发者更有吸引力，从而吸引了更多的第三方应用，进而降低了 FaceTime 和 iPhone 的使用成本 ( 双向网络 )。
4. 内在动力被称为择优连接（preferential attachment），网络节点（这里指用户或客户）为幂律分布。更多内容参见 M. J. Newman, *Networks*（Oxford University Press, 2011），247, 487。
5. 谷歌通过在用户键入搜索信息时显示完整的可能搜索条件和可能搜索结果，提升了搜索速度。完整的可能搜索条件和可能搜索结果来自于成百上千万其他用户的数据。
6. 相反，大多数在线约会网站向男方和女方收取相同的费用。在写作本书时，Tinder 不收取用户费，没有广告费和收入，但已经宣布将推出高阶收费版本。
7. 参见 Thomas R. Eisenmann, Geoffrey Parker 和 Mar-shall W.Van Alstyne 现已成为经典论文的“Strategies for Two-Sided Markets”，Harvard Business Review, Oct. 2006。
8. 参见 David Gelles, “Question-and-Answer Site Quora Raises $80 Million,” Deal-Book,April 9,2014,http://dealbook.nytimes.com/2014/04/09/question-and-answer-site-quora-raises-80-million/。该公司成立于 2009 年。
9. 参见 Sangeet Paul Choudary, “How to Buid a Two-Sided Marketplace Yelp Model”, *Platform Thinking* blog,platformed.info/yelp-craigslist-padmapper -two-sided-marketplace/。

## 第 20 章 选择最好的机会（步骤 8）

1. 这个方法是 SWOT（优势、劣势、机会和威胁）分析的一个变种。优势和劣势是你相对于竞争者的 STARS；机会和威胁分别是你的客户需求和外部风险。广义而言，优势和劣势来自你和你的组织的内部，而机会和威胁源自外部。当用一个四象限图表示时，SWOT 分析的一轴为有利－有害，另一轴为内部－外部。

## 第 21 章 5 种定价原则

1. 参见 Mark Stiving, "Value-Based Pricing (VBP)," *Pragmatic Marketing*, May 4，2010, pragmaticpricing.com/2010/05/04/value-based-pricing-vbp/。
2. 净收入和净销售额与毛收入不同，毛收入指一家公司在特定时间内的总收入，尚未减去佣金、其他折扣以及退货金额。
3. 如果客户退货后只收到部分退款，而所退回的货物你能够以最低成本或整修后再次销售，你的毛利率会上升、盈亏平衡点会下降。但是，退货往往意味着客户有不满，这些负面因素并没有在毛利率和盈亏平衡点中体现。
4. 尽管销售佣金各有不同，但它一般被看作销售额的扣减项（与给顾客和渠道的折扣一样），而非变动成本。对销售佣金的这种处理不影响边际收益或单位边际收益，但会影响毛利率。例如，如果销售额是 100 美元，销售佣金是 10 美元，变动成本是 40 美元，则单位边际收益为 50 美元，毛利率＝边际收益 / 净销售额 =$50/（$100－$10）=$50/$90=55.5%。如果销售佣金被视作变动成本而非销售额扣减项，则单位边际收益仍然是 $100-（$10+$40）=$50，但毛利率 =$50/$100=50%。
5. 如果 x 是你的盈亏平衡点的销量，则盈亏平衡点的收入 =x × 单位净销

售额 =x × 单位变动成本 + 固定成本，即，x 为当总净销售额等于总变动成本与固定成本之和时的销量。求解，x = 固定成本 /（单位净销售额−单位变动成本）= 固定成本 /（单位边际收益）。*

6. 正如我们刚刚看到的，盈亏平衡点的销量 = 固定成本 / 单位边际收益。同时，由于毛利率 = 边际收益 / 净销售额，相应的，单位净销售额 = 单位边际收益 / 毛利率。将上述两个等式代入公式盈亏平衡点的收入 = 盈亏平衡的销量 × 单位净销售额，可得，盈亏平衡点的收入 =（固定成本 / 单位边际收益）×（单位边际收益 / 毛利率），简化公式可得，盈亏平衡点的收入 = 固定成本 / 毛利率。*
7. 如果在玩具熊的案例中，你将货物卖给批发商、分销商或零售商，而非直接卖给终端消费者，你的盈亏平衡点的收入是指将货物卖给这些渠道商而非终端消费者的收入，则该盈亏平衡点的收入也可被称为批发盈亏平衡点的收入。*
8. 如这里展示的，你也可以把盈亏平衡点的收入用零售收入而非净销售额来表示，只需要把盈亏平衡点的销量乘以零售单价即可。你为了达到盈亏平衡点所必须销售的商品数量是一样的。*
9. 一个更复杂但是更真实的财务模型表明，大部分玩具都是在假期（10 月到 12 月）售出的。玩具商 2/3 的销售额，往往是在第四季度完成的。
10. 由 free（免费）和 premium（增值）两个单词组合而成。Freemium（免费增值）是一个名词（免费的产品或服务）或一个形容词（用来修饰这些免费的产品或服务）。

* 会计在概念上并不复杂，但它必须处理的各种商业情境和财务细节，以及各种会计术语使其显得复杂，这就是为什么现代社会产生了注册会计师（CPAs）和通用会计准则（GAAP）。

11. Erick Schonfeld, “Skype Files for IPO,Only 6 Percent of Users Pay”, TechCrunch,posted Aug.9, 2010, http://techcrunch.com/2010/08/09/skype-ipo/.

**第 22 章　设计、客户测试和发布你的 MVS（步骤 9）**

1. MVP（最简可行性产品）一词更常用，但我更喜欢用 MVS（最简可行性解决方案）这一说法，因为它包括了产品和服务。
2. 当 Decisive Survey1.0 于 1995 年发布时，几乎所有的电子邮件都是文本的，很少的电子邮件用户能够使用互联网和 HTML 表格，但之后它成了线上调研的标准。
3. “伽玛测试”（gamma test）一词也用于描述贝塔测试（beta test）的最后阶段。参见“Software Release Life Cycle”, Wikipedia,last modified March 11，2015，http://en.wikipedia.org/wiki/Software_release_life_cycle。
4. 此工作站为施乐 6085, 更广为人知的名字是施乐之星。它是硅谷此类笑话的笑柄，“你怎么称呼 Lassie, Rin-Tin-Tin 和施乐 6085? 两个星星一条狗”。公正地说，施乐之星的图像交互界面是跨时代的，Mac、Windows 和其他操作系统都抄袭了它。我认为，如果施乐公司当年把施乐之星聚焦于专业印刷（就像它最终被定位的那样），然后再用第 5 章所阐述的“保龄球模式”不断开拓市场，而非一开始就宽泛地用于办公自动化，它在商业上和技术上都将是成功的。
5. 如果你的客户是消费者，你也许希望在 YouTube、Instagram 和 / 或 Pinterest 上都露个脸。所有这些平台可以用几乎一样的内容，但各个平台有不同的要求。要小心，别让营销资源太分散。
6. Mike Blumenthal, “Hitwise: Google Maps Passes MapQuest”, *Blumenthals Blog*, Apirl 13, 2009, blumenthals.com/blog/2009/04/13/hitwise-google-

maps-passes -mapquest/.

## 第 23 章 不要在融资上浪费时间

1. 美国《乔布斯法案》[ The Jumpstart Our Business Startups (JOBS) Act ] 是规范创业企业和小企业通过非专业投资者融资的相关法案，在 2016 年 5 月 16 日正式生效。

## 第 24 章 业务扩展（步骤 10）

1. 就像利润一样，现金流也有多种定义，一种常见定义如下：（经营当期的运营）现金流 = 净利润 + 折旧 − 应收帐款增加额 − 库存增加额 + 应付账款增加额。相应的，现金流等于公司在经营当期实际收到的现金与实际支出的现金之间的差额。全部（与经营相区分）现金流包括源于投资行为的现金储备变化（购买或出售土地、建筑、设备、车辆等长期投资）与财务活动（融资、发债、偿债或分红）。
2. 经营利润 = 净销售额 − 变动成本 − 固定成本。
3. 科技消费学的客户细分基于所有权，使用率，对信息、沟通和娱乐技术的态度，消费心理学的客户细分基于个性、价值观、信仰和生活方式等因素。

## 第 25 章 创业伦理：让世界更多正和博弈与丰富性

1. 如果赌场或者"庄家"要从每位赌客的盈利中抽成，那么赌博对赌客来说就是负和博弈。
2. Robert Wright 有力地证明了，几千年来，文明的发展正是源自人类把零和博弈变成了正和的相互作用。参见 Robert Wright，*Nonzero: The*

*Logic of Human Destiny*（Pantheon Books, 2000）。

3. 参见 *The Theory of Moral Sentiments*（1759）和 *The Wealth of Nations*（1776）。
4. 经济学用工资和价格来传递关于供给和需求的信息。通货膨胀（货币供给增加）对经济的影响是不均衡的，并有滞后性，这导致工资和价格因供求之外的因素而变动。不健全的货币制度给工资和价格“信号”带来了“噪声”，破坏了正和交易。George Gilder 在 *Knowledge and Power:The Information Theory of Capitalism and How it Is Revolutionizing Our World*（Regnery, 2013）一书中描述了经济是如何成为信息系统的。
5. 如果没有关于自由贸易和保护私有产权的暗示，“亚当·斯密法则”的第六法将只是执行条约（合同）。
6. 在 *The Origin of Wealth: Evolution, Complexity, and the Radical Remaking of Economics*（Harvard Business School Press, 2006）一书中，经济学家 Eric Beinhocker 估计全球的产品库存（SKUs）约为 120 亿单位。我的保守估计是，这个数字从 2006 年到 2015 年大约翻了两番（年均增长约 15%）。
7. 世界上所有产品和服务的数量并不一定等于其所满足的人类需求的数量，因为：有的产品和服务满足的是同一种需求（例如两个完全相同的竞品），有的产品和服务满足了多种需求（例如，水能够用来喝、洗澡和游泳），有的产品和服务满足了不同人群的相同需求（例如，澳大利亚、非洲和亚洲的各种按摩服务）。
8. Abraham Maslow，*Motivation and Personality* (Harper & Row, 1970).
9. 经济学家用“稀缺”一词来描绘所有有限的资源——例如，可乐、书或晾衣架，不管其是供应不足还是供应充足，但在通俗意义上，“稀缺”指的是供给的不足。我在这用“稀缺”来表示“随着时间的推移，资源将减少”这一倾向，并非指其一定可获得。这接近于该词的通俗用法：如果一件商品最近更难获得或者更贵了，可认为其变得稀缺了（获得它需要付出的成本增加了）。根据我的定义，不管多原始或发达，任何经济体中都存在稀缺和丰富。

10. 参见“Medical Devices and Pharmaceuticals:Two Different World in One Health Setting”, Eucomed, http://www.eucomed.org/key-themes/medical-devices-directives /devices-pharmaceuticals。
11. “List of Popular Music Genres”, Wikipedia,last modified on March 12, 2015, http://en.wikipedia.org/wiki/List_of_popular_music_genres.
12. “Agriculture in the United States”, Wikipedia, last modified on March 11, 2015，http://en.wikipedia.org/wiki/Agriculture_in_the_United_States.
13. 在 *The Population Bomb* 一书中，Ehrlich 认为人类面临着人口的高速增长超过食物和资源供给能力的灾难，但现实其实相反：世界人口增长所需的人地比在持续下降，随着财富的增加，生育率也在自然下降。
14. “Haiti vs. Dominican Republic”, Index Mundi (Source *CIA Factbook*), http://www.indexmundi.com/factbook/compare/haiti.dominican-republic.
15. Nathanial Gronewold, “Environmental Destruction, Chaos Bleeding Across Haitian Border”, *New York Times*, Dec.14, 2009, http://www.nytimes.com/gwire/2009/12/14/14greenwire-environmental-destruction-chaos-bleeding-acros-35779.html?pagewanted=all.
16. 使大家认识到世界是正和博弈的思想大家包括：Matt Ridley，*The Rational Optimist: How Prosperity Evolves*（HarperCollins, 2010）作者；Peter Diamandis，奇点大学联合创始人，*Abundance: The Future Is Better than You Think*（Free Press, 2012）作者；Ramez Naam, *The*

*Infinite Resource: The Power of Ideas on a Finite Planet*（University Press of New England, 2013）作者；Byron Reese, *Infinite Progress: How the Internet and Technology Will End Ignorance, Disease, Poverty, Hunger, and War*（Greenleaf Book Group, 2013）作者；Arnold Kling 和 Nick Schultz，著有 *From Poverty to Prosperity: Intangible Assets, Hidden Liabilities and the Lasting Triumph over Scarcity*（Encounter Books,2009）。

17. "MITx" edX,https://www.edx.org/school/mitx.
18. 参见 Terry L.Anderson, "If Hayek and Coase Were Environmentalists: Linking Economics and Ecology," The Ends Capitalism conference,NYU School of Law，Feb. 25–27,2015。
19. Peter Foster, "Venezuela's 'Socialist Paradise' Turns into a Nightmare: Medical Shortages Claim Lives as Oil Price Collapses," Feb. 3, 2015，http://www.telegraph.co.uk/news/worldnews/southamerica/venezuela/11385294/Venezuelas -socialist-paradise-turns-into-a-nightmare-medical-shortages-claim-lives-as-oil -price-collapses.html.
20. Andrew Rosati and Noris Soto, "Venezuelans Throng Grocery Stores underMilitary Protection"，Bloomberg Business, Jan, 9, 2015, http://www.bloomberg.com/news /articles/2015-01-09/venezuelans-throng-grocery-stores-on-military-protection -order.
21. Steven Pinker, *The Better Angels of Our Nature: Why Violence Has Declined*,（Viking Penguin,2011）.

# 致谢

谨将此书献给我在四个机构的朋友和同事，他们在这些年深刻地影响了我的思想、性格和职业发展。麻省理工学院是创新创业精神的摇篮，它将求知欲和豁达的精神传授给了每一个学生。硅谷是我的创新工作坊和家，30 多年间，我在硅谷遇到了我的导师、我的合伙人、我的榜样，硅谷也带给我无限灵感。在早期职业生涯中，我有幸成为卡耐基公司的导师，如今它成为人类潜能运动的重要组成部分，它的领导力和人际关系原则可以应用在每个人的日常生活中。除了价格适宜，它的王牌课程也是我参加过的培训中最有价值的。圣塔菲学院（College of Santa Fe）——全球领先的关于复杂系统的研究机构——深深影响了我对创业、经济、法律、环境以及人性的理解。它的影响也贯穿在本书的所有内容中。

在此非常感激大伦·阿克莫格罗（Daron Acemoglu）、凯尔·安德森（Kare Anderson）、肯·阿罗（Ken Arrow）、布莱恩·亚瑟（Brian Arthur）、比尔·奥莱特（Bill Aulet）、迈克·比斯利（Mike Beasley）、埃里克·贝因霍克（Eric Beinhocker）、汤姆·贝尔（Tom Bell）、尼克·伯特兰（Nick Bertrand）、马克斯·博德斯（Max Borders）、埃里克·布林约尔森（Erik Brynjolfsson）、乔希·卡尔科特（Josh Calcott）、加布里埃尔·卡尔萨达（Gabriel Calzada）、伊丽莎白·谢奈（Elizabeth Chenette）、大卫·寇兰德（David Colander）、鲍勃·克洛匹（Bob Colopy）、格伦·克里普（Glenn Cripe）、杰森·库南（Jason Cunanan）、米迦勒·库

尔松（Michael Curzo）、埃文·达内尔（Ervan Darnell）、乔治·吉尔德（George Gilder）、莫妮卡·格鲁特（Monika Gruter）、加利·哈格尔（Gali Hagel）、约翰·哈格尔（John Hagel）、斯蒂芬·希克斯（Stephen Hicks）、希尔·李（Lee Hill）、吉安卡洛·应巴（Giancarlo Inbarguen）、卡洛斯·希门尼斯（ Carlos Jimenez）、桑普森·李（ Sampson Lee）、鲍勃·梅特卡夫（Bob Metcalfe）、奎尔·尼尔森（Quee Nelson）、杰瑞·奥斯顿（Gerry Ohrstrom）、汤姆·帕尔默（Tom Palmer）、迈克·帕里什（Mike Parrish）、吉姆·佩特卡斯（Jim Petkas）、本·鲍威尔（Ben Powell）、霍华德·雷法（Howard Raiffa）、埃德·罗伯茨（Ed Roberts）、罗伊·鲁德（Roy Rood）、阿·施莱弗尔（Art Schleifer）、迈克尔·斯特朗（Michael Strong）、奥尔顿·孙（Alton Sun）、内森·杜鲁（Nathan True）、爱丽丝·谢（Alice Tse）、马歇尔·范阿尔斯坦（Marshall Van Alstyne）以及瑞贝卡·祖尼加（Rebeca Zuniga），还要对Pyze（作者创办的一家在线咨询公司）、CustomerSat、Decisive Technology、马洛京大学（University of Francisco Marroquin，2011年我在那里做的TEDxUFM演讲给了我写这本书的灵感）、罗克福德大学（Rockford University）道德与创业中心（Center for Ethics and Entrepreneurship）、考夫曼与泰尔基金会（Kauffman and Thiel Foundation）、格鲁特法律与行为研究所（Gruter Institue for law and Behavioral Research）、自由基金（Liberty Fund）、奇点大学、TED、新经济济思维研究所（Institute for New Economic Thinking）、哈佛肯尼迪学院国际发展中心（Harvard Kennedy School Center of International Development）、克林顿全球倡议（Clinton Global Initiative）以及教学创业网络（Network for Teaching Entrepreneurship）表示感谢。也许所有人在生活中所拥有的最大的财富就是父母的爱与支持，我也不例外。在此对我的父母表达深深的感谢。